周道生 主编

中国创造学会特别推荐

『现代企业自主创新』丛书

Enterprise

现代企业组织管理创新

Management

肖旭 赵宏 梁莉丹 ◎ 编著

中山大学出版社
·广州·

图书在版编目（CIP）数据

现代企业组织管理创新/肖旭，赵宏，梁莉丹编著．—广州：中山大学出版社，2007. 1
（“现代企业自主创新”丛书/周道生主编）
ISBN 978 - 7 - 306 - 02829 - 7

Ⅰ. 现…　Ⅱ. ①肖…②赵…③梁…　Ⅲ. 企业管理—组织管理学
Ⅳ. F272. 9

中国版本图书馆 CIP 数据核字（2006）第 151923 号

责任编辑：张礼凤
封面设计：方楚娟
责任校对：宗　华
责任技编：何雅涛
出版发行：中山大学出版社
编辑部电话（020）84111996，84113349
发行部电话（020）84111998，84111160
地　　址：广州市新港西路 135 号
邮　　编：510275　　传真：（020）84036565
印 刷 者：广州市怡升印刷有限公司
经 销 者：广东新华发行集团
规　　格：787mm × 960mm　1/16　16 印张　296 千字
版次印次：2007 年 1 月第 1 版　2013 年 3 月第 3 次印刷
定　　价：32. 00 元　　印数：7001 – 8000 册

总　　序

进入21世纪，创新成为中国社会发展的主旋律。党的十六届三中全会提出了以人为本、全面协调的可持续发展观，要求坚持以科学发展观统领经济社会发展全局。在全国科技大会上，党中央明确了建设创新型国家的重要任务，制定了作为创新型国家战略纲领的《国家中长期科学和技术发展规划纲要(2006—2020年)》。面对全球化和环境资源的双重挑战，中国的科技工作将坚持自主创新、重点跨越、支撑发展、引领未来的方针。

在中国的历史上，从来没有哪个时代把创新提到这样的高度，在全面建设小康社会与和谐社会的关键时期，创新已成为时代的号角。个人要发展，企业要腾飞，国家要富强，民族要复兴，关键在创新。学习创新思维，培养创新智能，提高创新素质，开发创新潜能，这是21世纪对每个中国人的召唤，也是历史给予创造学研究工作者的研究课题和重要机遇。

创造学是研究有关发明创造规律及其应用的科学，与人的思维发展规律、人类社会发展规律和自然发展规律密切相关。创新时代赋予创造学以更强烈的发展动力和更广阔的发展前景。创造学作为一门新兴的科学，正受到政府管理部门、青年学生、科技工作者和创造发明爱好者的普遍重视，更受到广大企业的欢迎。

企业是自主创新的主体，创造学者应当为推动企业的自主创新做出应有的贡献。这套“现代企业自主创新”丛书，是中国创造学者推出的第一套面向企业的系列丛书。该丛书针对企业创新的实际要求，把创造学与经济学、管理学和心理学中的创新理论融合在一起，将创新的思想梳理成系统，贯穿到企业运行工作的方方面面，并力图以理论创新推动制度创新、技术创新、管理创新、文化创新和教育创新，这本身就是一种创新，是一种有益的尝试。

当然，作为一种尝试，丛书也还存在一些不够完善的地方，如部分内容与创造学的结合还不够紧密等。但是，瑕不掩瑜，相信再版时书稿内容会得到修正，逐渐完善。

专家预测，在未来的几十年中，世界科学技术将会出现重大创新。世界各国都在能源科学、信息科学、生命科学和材料科学等领域加强研究力量，并期待在自然科学和社会科学交叉领域中形成新的科学前沿，产生新的科学奇迹。这将推动世界范围内生产力、生产方式和人们的生活方式进一步发生深刻变革，也将进一步引起全球经济格局的深刻变化和利益格局的重大调整。为了民族和国家的振兴，为了人类发展的共同利益，创造学研究工作者们任重道远。

愿大家携手奋进，使中国创造学研究水平有一个大跨越。

2006 年 11 月

万钢，全国政协常委，中国创造学会理事长，同济大学校长，新能源汽车工程中心主任，教授、博士生导师。被科技部聘任为国家“863 计划”电动汽车重大专项首席科学家。曾应邀于 2004 年 12 月 27 日为中共中央政治局作“面向 2020 年中国科技发展战略”的专题报告。

丛书前言

自从党中央确立了建设创新型国家的战略决策后，“自主创新”已经成为中华民族最关注、最渴望、最期待的关键词之一，它更是企业界需要为之奋斗的最重要目标之一。

当今世界，经济环境、市场环境、技术环境等迅猛变化，经济全球化及新技术革命的突飞猛进，好像“催化剂”，使得本已十分激烈的竞争日趋白热化。任何一个企业，不管其主观意愿是什么，都卷进了全球范围的剧烈竞争之中，“优胜劣汰”是企业必须面对的严酷现实。当竞争的优胜者在尽情品尝美酒、庆祝暂时性胜利的时候，一定有更多的失败者不得不吞下失败的苦果。

现代企业的成功之路在何方？综观世界一切成功企业的发展，我们不难得出结论：企业的成功缘于持续不断的创新。正如美国3M公司总裁刘易斯·莱尔所说：“一个明智的企业家，应该在他的企业中创立一种有利于创新的组织环境，鼓励并保护创新者，只有这样，企业才有活力和希望。因循守旧、墨守成规注定要被市场所淘汰。”

中国的很多企业缺少核心竞争力，始终处于世界经济价值链的低端，成为跨国集团的“苦力”，其关键是缺少创新能力。如果中国企业要在国际市场的竞争中获得发展性竞争优势，要在国际舞台展示“中国气派”，那么，努力提高自主创新能力就应该成为每个企业家的共识，成为现代企业发展的核心战略。

世界各国企业发展的无数事实证明，自主创新的主体只能是企业。对于企业家、企业技术人员和企业管理者来说，仅仅知道要自主创新和为什么要自主创新是远远不够的，更重要的是要知道企业怎样进行自主创新，怎样提高企业自主创新的能力。

20世纪50年代，美国诞生了一门研究人类的发现、发明、创造、创新活动规律和创造创新能力开发的崭新学科——创造学。它不仅揭开了人类创造活动的神秘面纱，还以特殊的魅力激发出人们创造创新的欲望，使创造创新能力得到神奇般的提高。创造学在美国的传播，促进了美国科学技术的迅猛发展；创造学在日本的普及，造就了600万如痴如醉的发明迷，成了日本经济腾飞的推进器；创造学在中国的推广，虽然还不到30年，就已经显示出巨大的威力，它已经成为企业开发创造创新能力的首选课程，成为各级学校开展创造教育、素质教育的主要理论依据和方法宝库。

为了提高中国企业的创新能力，发挥创造学理论在自主创新中的特殊作用，在中国创造学会理事长万钢教授，中国创造学会的创始人、著名创造学家袁张度教授和中国创造学会秘书处的大力支持和帮助下，在广东省创造学会筹备委员会各位同仁的共同努力下，我们根据目前企业自主创新的实际需求，针对在创新活动中遇到的实际困难，策划、组织和编写了这套丛书。

本丛书的目的在于：向中国企业界提供一套体例新颖、内容科学、结构完整、案例丰富、具体实用、深入浅出的企业创新通用读本和教材，重点解决怎样自主创新的实际问题，成为实现自主创新战略的宣传队、播种机、推进器和工具库，为推动企业的自主创新尽微薄之力。我们特别注重的是该丛书的新颖性、可读性、实用性和可操作性，努力使读者通过学习和实践，破除创新的神秘感，坚定自主创新的信心，增强创新意识，培育创新精神，提高创新思维能力，掌握创新技法，把创造学的理论用到技术创新、营销创新、品牌创新、战略管理创新、组织管理创新、人力资源管理创新、心理与行为创新、文化创新和教育创新之中，使中国的企业家、专业技术人员、管理人员以及基层员工都真正乐于创新、敢于创新和善于创新，成为提高企业创新能力和核心竞争力的主力军。

本丛书以创新为主导，无论是内容、结构，还是实用性等方面，相信会受到高等院校工科、经管、商贸等相关专业师生的欢迎。

丛书的编写和出版得到许多领导和朋友的大力支持。万钢理事长在百忙中为丛书作序；袁张度教授向我们提出许多有益的建议；年逾古稀的江苏大学吴守一教授亲自审阅了部分书稿并提出重要的修改意见；中国创造学会秘书处给我们许多支持；佛山市青年企业家协会特地组织部分企业家与丛书作者会面，对丛书的编写提纲提出非常宝贵的意见；中山大学出版社叶侨健社长、蔡浩然总编、文科编辑室刘学谦主任以及各位责任编辑自始至终都十分重视丛书的出版并付出了辛勤的劳动；广东省企业家协会、广州市国税局等也给予了各种形式的支持，借此机会一并致谢。

虽然我们力求让每一位读者开卷有益、各有所得，但是，由于我们对自主创新的研究还很不够，水平有限，丛书必有不足之处，敬请有关专家和广大读者不吝赐教。

中国创造学会“现代企业自主创新”丛书编委会

2006 年 10 月 31 日

前言 Preface

XianDai QiYe ZuZhi GuanLi ChuangXin

当接到这本书的写作任务时，我感到前所未有的压力：我能够完成这样一个艰巨的任务吗？众所周知，创新是这个时代的主旋律，从中央到每一个企业都在倡导创新。然而，创新又谈何容易。一提到创新，人们首先想到的往往是技术创新。在技术创新方面，我国与国外的差距可以通过数据来反映：近15年来，外国企业和中国企业在我国申请发明专利的比例是6.4∶1，外国企业在我国申请专利的比例为：信息领域占90%，计算机领域占70%，医药领域占60.5%，生物领域占87.3%，通讯领域占92.2%。事实上，创新绝不仅仅只是技术创新，组织管理创新也是创新的重要组成部分，而在组织管理方面属于中国人的创新可以说是凤毛麟角。有一次，我对一位朋友说起我要写这样一本书，他听后大赞：了不起！如果真的搞出组织管理创新，你必将留名史册。我听后，大感羞愧。确实，诚如朋友所言，从提出科层制的马克斯·韦伯到推行事业部制的斯隆，从提出流程再造的钱皮和哈默到提出学习型组织的彼得·圣吉，他们无一不是留名史册的大家，他们的理论产生的影响力其范围之广、时间之长、程度之深都足以说明组织管理创新意义之重大，当然，也说明组织管理创新之不易。我自认达不到他们的高度，甚至一度产生了放弃的想法。

问题必须到实践中去解决。在压力的迫使下，我走访了众多的企业，企业家的想法是最切合实际的，他们给了我很好的建议：不要为了创新而创新。企业需要的是更好地解决企业面临的实际问题的方法，而不管这种方法是前所未有的绝对的“新”，还是别的企业已经在用而我们还没有用的相对的“新”。

企业家们的建议给了我继续写下去的信心，也明确了本书的定位：将相对“新”的组织管理模式和方法介绍给企业，以帮助他们解决实际的问题。同时，不局限于模式和方法，更重要的是灌输组织管理的理念和思想，只有掌握了这种理念和思想，企业才能更好地选择最适合他们的组织管理模式和方法。事实上，对一个企业来说，最适合的组织管理模式或者方法很可能是相对较

“旧”的而言。

2000年我撰写过一部专著，书名叫《企业进化论》，当时是以广州市总工会委员的身份调研过309家各类企业，所获得的第一手资料实为珍贵，通过几年以来的企业内测、企业项目工作和企业某项问题分析，我深感有必要再次紧贴企业，采集最新的动态信息和成功的实例，以便传递给更多的企业认识、了解、运用。恰巧广东省创新学会的一批专家、学者也邀请我参加“现代企业自主创新”丛书的编写，我们项目组便认真参加了一系列的活动，几经多次征询各方贤言，最终定下了本书的主线和书名。

本书的特点可归纳为综合性、系统性和实践性。本书综合性地介绍了组织管理方面的前沿理论和发展趋势，并以逻辑为基础将其整合成一个完整的体系，这样便于读者系统地把握组织管理创新的脉络。书中的一些内容虽然在其他著作中也分别有单项的介绍，但综合性地出现在一本书中，将会极大地方便希望系统地了解组织管理动态的读者。本书立足于实践，通过大量的案例及可操作性的措施和建议，指导企业实施组织管理创新。

本书对于那些希望在组织管理方面有所改进的企业是一个很好的参考和指南，如果读者在本书的启发下，无论在管理研究还是在管理实践上能够有所感悟、有所突破，那将是非常令人欣慰的。

本书共八章，各章具体分工如下：第一、二章由肖旭编写，第三、四、五章由赵宏编写，第六、七、八章由梁莉丹编写，全书由肖旭总体策划、设计并最终定稿。

本书在写作过程中，参阅了大量的国内外文献，谨此对有关作者表示感谢！主要参考文献已附书后，如有遗漏，敬请谅解。另外，由于成书仓促，加上作者水平所限，书中难免有错误及不足之处，恳请专家、学者及广大读者批评指正。

肖　旭

2006年11月

目录
Contents

第一章　组织管理创新概述

第二章 组织管理理念创新

第三章 组织形式创新

第四章　组织结构创新

第五章　价值链与流程再造

第六章　组织运行创新

第七章　组织变革与创新的实施

第八章　组织管理创新的机制

XianDai QiYe
ZuZhi GuanLi
ChuangXin

第一章　组织管理创新概述

一项著术所闪耀的理论光芒可能是变化万端、复杂难辨的，但其理论源头一定是简明而清晰的。本章作为《现代企业组织管理创新》一书的理论铺垫和准备，力求以宏观的纵向视野来逐一辨析“个人与组织”、“组织与企业”、“企业与管理”、“管理与创新”、“现状与未来”等逻辑节点，最终为现代企业组织管理创新理论的构建还原一个清晰的思维脉络。

一、管理中的困惑：追求组织的目标错了吗

组织是人类社会高度制度化和正规化的群体形式。在经济活动主导的社会人际交往关系中，企业组织的影响力几乎覆盖了每一个人的工作和生活。在多样而复杂的存在形式和运作过程中，似乎组织的目标以及实现目标的过程就代表了个体的一切。但作为个体的人是有价值标准、动机和情感的，面对一条条有些机械而生硬的企业规则，个体的目标与追求就可以真的隐匿起来而被忽视掉吗？如果不是，那么追求组织的目标又错了吗？要回答这些问题，还得从组织与个人的关系说起。

（一）组织的含义

组织是人类生存的基本方式。辩证唯物主义认为，人是社会的人，没有一个人能脱离社会而单独存在。这其实说的就是人的社会属性问题。而组织，就是其社会属性的集中体现之一。其实人类的生活从一开始就是一种群体生活，群体的共同努力使人们的才能和力量联合起来，实现单个的人和分散的个人无法实现的较大的目标。但这种“联合”不是无序和任意的，必须有一定的规则，即有意识的分工与协作。人们在这种分工与协作中被固定下来的稳定的联系就是组织。

有了组织，才能使个人集中精力去从事他最擅长的事务，而不用做为生存和发展所需要的每一件工作。而人类的生存和发展包含许多内容，于是就有了经济组织、政治组织、社会组织、文化组织等组织门类。所谓企业组织就是经济组织的存在形式之一，它具有组织的一般性特征，同时又具有自身的特殊性。

从组织概念的内涵来看，组织一般包含三个方面的含义，即表示一种状态或结构、代表一个过程、表示一种实体。当作为状态或结构讲时，组织是指全部组成部分互相联系的任何稳定的模式，以及该组织成员所具有的社会关系所构成的体系；当作为过程讲时，组织是指组织各组成部分之间相互作用的动态

过程，这种过程是人们为了实现统一的目标而作出选择与安排的结果；当作为实体讲时，组织是指经过人们有意识地选择与安排后，形成的具有相对稳定模式或结构的社会关系的个人集合体。

一般认为，组织具有以下特点：

1. 特定的目标体系

组织目标是组织活动所指向的某种事物的预期状态或结果。目标是组织活动的灵魂，也是区分组织类别的重要内容。没有目标，组织不能产生也无法存在。现代组织的目标一般根据实现目标所需要的预期时间分为战略目标、长期目标、中期目标和短期目标。它们之间存在很强的逻辑关系，从而构成一个目标体系。

2. 成员的角色化

组织中的成员都处于特定的职位或层级体系中，他们在组织中的行动是由组织制度规定好的，具有特定的角色意义，不能以个人的面目随意出现。而担任一定的角色需要一定的角色适应能力，这就决定了组织对组成它的成员都有一定的审查资格，这也是组织的边界之一。

3. 正式而明确的规章制度

组织对成员在组织中的活动以及成员之间的关系都有明确的规定。一个组织的规章制度反映出组织的正式结构，组织的性质、目标、机构、纪律、成员资格和权利义务，以及成员的分工与协作关系、行动准则等都从规章制度体系中得到体现。

4. 权威体系和科层化的管理

组织是一个复杂的分工与协作系统。按照管理学中组织理论的代表人物马克斯·韦伯的观点，任何组织都以权威为基础，只有权威才能变混乱为秩序，但不同的组织赖以建立的权威不同。而由于个体的主观局限性，这种权威体系只有以权力中心和权力地位的分层网络系统的形式出现，才能达到控制、指挥和完成组织活动的功效。现代企业组织普遍实行科层化管理制度，用以协调和控制由于专业分工和权力分配而处于不同职位的成员的行为。

在企业管理活动中，组织既是管理的主体，又是管理的客体。说它是主体，是指专门进行具体管理工作的组织机构，比如管理学上常说的财务部、人力资源部、信息管理部等部门，它们在实施管理活动时，就代表着组织。当组织作管理的客体讲时，是指在组织活动中，无论是负责操作的部门还是负责决策的部门，把它们分开来看，本身就是单个的组织，而联结起来，则构成了整体的组织，而管理当然是对整个组织的管理。

（二）组织中的个人

从组织产生的逻辑过程可以看出，组织与个人是相辅相成的。没有组织，个人无法实现生存和发展的目标；没有个人，就根本不存在组织，因为组织的产生要服务于人的需求的满足或目标的实现。所以，作为个体的个人是组织的细胞，是组织存在的意义。那么，组织中的个人有哪些特点呢？

1. 有选择地让步

个人之所以要加入组织是因为自身存在自然的和社会的局限性，从而为了实现自己的目的而不得不参与组织的分工与协作。如果这种分工与协作像个人事先预期的那样，能够通往组织所标示的目标及个人自身的目标，同时，个人又能适应分工与协作的角色要求，那么他就会放弃一部分自身行为的控制权，而接受组织的角色安排。可见，个人从来不会单纯地为了分工与协作而参与到企业的分工和协作中来，接受分工与协作不过是为了满足自身在自然属性和社会属性方面的特定需求。

2. 有个人的需求

从某种意义上说，个人加入组织是因为组织能提供某种激励。行为科学理论认为，激励是指一定的外部刺激，激发人的动机，诱导人的行为，使其发挥内在潜力，为追求欲实现的目标而努力的过程。此过程可简单地表示为：需求→动机→行为→满足。

在以上过程中，需求是指个体缺乏某种东西时产生的一种主观状态，它是客观需求在人们头脑中的反映。动机是指为了满足某种需求而进行活动的念头或想法，是推动人做出特定行为的直接原因。动机的产生取决于两个基本条件：一是由于个体缺乏某种东西而引起的需求、欲望和驱动力等；二是个体身外客观存在的刺激。行为是指人们受某一需求所驱动，为达到某个目标所表现出来的活动过程。也正是组织全部成员的行为构成了组织的活动，指向了组织的目标。也只有组织的目标得到满足时，个人的需求才能够满足，从而为个体动机的产生提供了另一个重要的外部条件，即以精神和物质上的报酬构成个体外部的客观刺激。否则，个人是不会做出组织事先所预期的行为的。考察所有的激励理论，可以证明：人们只愿意做那些能够从中得到报偿的事情。

因此，在组织层面里，尽管个人的需求，比如房子、车子、地位等等，是不作表现的，但它却时刻存在着。

3. 有个人的价值观

所谓价值观，是指个体认为某个事物应该是什么样时，或判断某个事物的重要性如何时所遵循的主观标准。一般认为，每个人都有自己的价值观，只不过有的人已经比较全面而成为体系，有的人还未构建完成。一群人经过分工与协作构成了一个组织，而此分工与协作中所集中体现出来的某种意志便构成了组织的价值观，它往往以分工与协作所指向的组织目标为表现形式。由此可见，个人的价值观和组织的价值观是可以不同的。

现代组织管理理论认为，组织中的个人应该认可并接受以组织文化的形式所表现出来的组织价值观。但即便如此，认可和接受某种价值观并不代表某种价值观就一定是主体自己的价值观。在很多人治思想盛行的企业组织里，"个人的成功导致企业的失败"等现象，也无不说明了这一点。

4. 有个人的情感和关系网络

众所周知，每个人都有自己的情感世界，但问题是，在组织层面里个人的情感应不应该受到重视呢？在管理学上，关于这个问题的认识是有一个历史过程的。在古典管理理论时期，科学管理之父泰罗认为，一般工人只是为了自身的经济利益而参与组织，其目的是为了钱，而对钱这一自我利益的追求相对不受情感和态度的影响。泰罗对于工人人性的这种假设，被称为"经济人"假设。正是基于这一人性假设，以及由此引发的人与组织的关系，泰罗认为，通过适当操纵物质刺激，就可以产生出组织所期望个体产生的行为。后来的研究表明，这一观点显然是不完整的，组织中的个人行为还受到大量非经济变量的影响。

1927 年至 1932 年，早期行为科学理论的代表人物梅奥在美国西方电器公司设在芝加哥附近的"霍桑"工厂主持了一项研究，即后来为管理学所称道的"霍桑实验"。该实验的本意是为了确定车间照明同工人工作效率之间的精确关系，但梅奥却意外地发现了许多非经济变量与工人工作效率之间的重要关系，并加以阐述：①企业职工都是"社会人"，是复杂的社会系统的成员；②劳动生产效率主要取决于职工的工作态度及其人际关系状况；③企业中存在着非正式组织。

梅奥认为，现代工业管理不能满足人们的社会和心理需求，割断了他们之间的感情纽带，使之成为“孤独者”，产生“失落感”，这是造成效率低下的主要原因。由于职工在正式组织中得不到情感上的满足，便在共同劳动的过程中，因共同的爱好、情感等因素而自发形成了各种各样的非正式组织。因此，在组织通过规章制度、权威和职能科层体系所确定的个人、部门、组织三者相互间的正式关系外，还存在着个人自己的人际关系网络。

虽然梅奥的“社会人”理论存在着使人性认识理论由一个极端走向另一个极端的嫌疑，但其“正式组织中存在着重要的个人情感因素和个人非正式的人际关系网络”这一观点始终为后来的管理学理论所支持和引用。

（三）组织与个人间的三种关系状态

既然组织有组织目标，并以组织目标的实现来刺激个人产生动机，从而做出组织所期望的行为，而个人有个人需求，并以需求的最终满足而参与组织的分工与协作，那么组织与个人之间实际上是一种由个人需求、个人动机、个人行为、组织目标、个人满足等节点所构成的连锁反应关系。当其中一个节点出现问题时，组织与个人之间必将出现排斥。

1. 组织排斥个人

当个人的行为不是组织所期望，必然会偏离组织目标的实现需求，从而组织也就不会提供个人所需的精神和物质刺激。没有了外部的客观刺激，即使个人存在生理的和社会的需求，也无法再产生行为的动机。此时，组织与个人的关系就表现为组织排斥个人。在现实中，个人的行为不是组织所期望的原因是多种多样的，主要有：个人因素质太差，无法适应职位层级体系的要求；个人的价值观与组织价值观构成矛盾冲突；个人不按照组织规则行事；等等。

2. 个人排斥组织

当个人做出了组织预期行为，但组织目标实现后，组织却不能带来员工个人需求的满足，无法提供个人所预期的物质和精神激励，从而使个人无法产生继续做出组织预期行为的动机。此时，组织与个人的关系就表现为个人排斥组织。在现实中，个人排斥组织的原因也是多种多样的，主要有：工作待遇太差、利益分配不公平、组织没有发展前途、出现职业疲劳等等。

3. 组织与个人的和谐

当个人需求、个人动机、个人行为、组织目标、个人满足等节点都能通畅响应时，组织与个人之间就具备了和谐的关系。通过分析组织的特征和组织中个人的特点，可以发现要实现组织与个人之间的和谐关系，主要取决于以下因素：

（1）个人让步与组织规则相统一。前文已述，个人不会为了分工与协作而参与分工与协作，因为分工与协作本身不是目的，更何况分工与协作所形成的模式是以组织规章制度的形式表现出来的，组织正是通过规章制度把分散的个人纳入组织体系，把众人的行为纳入实现组织目标的轨道。因此，个人一旦加入组织，他必须将一部分个人行为通过遵守规章制度变成组织行为，而这种转变所表现出来的就是对人们自由意志的一种束缚和限制。如果个人无法接受此束缚和限制，或者说在太过严谨和生硬的组织规则面前，个人无法让步，那么很显然，组织与个人间的平衡将会打破。

（2）个人需求与组织目标相统一。严格来说，组织目标的实现并不直接导致个人需求的满足，因为个人需求的内容与组织实现目标的需求内容往往是不同的。人个需求多种多样，有精神上的、有物质上的，常常表现为具体的、个性化的对象，比如社会地位、房子、车子等。而组织目标往往表现为比较稳定的利润指标、社会美誉度、品牌影响力等。如果组织目标的实现无法让个人得到物质上和精神上的满足，比如待遇太低、福利太差、对员工关心太少等等，个人终将对组织不满，甚至跳槽走人。

（3）个人价值观与组织价值观不冲突。个人价值观会对一个人的行为长期产生导向作用。从理论上讲，组织价值观与个人价值观的关系应该像大磁场与其内部小磁场的关系那样，时刻保持磁场方向的一致。尽管在现实中这是不可能的，就像地球上的一切事物总是靠合力前进一样，因为影响个人价值观变化的因素多种多样，但这并不意味着个人的价值观可以与组织价值观相冲突。现代管理理论之父巴纳德认为：“人群中被动的结合不会长久，因为他们被迫去做一件事，而组织的实质就是一种合作性的努力。”而所谓被动的结合，就是指违背个人价值观的结合。在组织文化建设理念不断兴起的当代企业管理实践中，这一点的影响尤其明显。

（4）个人人际关系与组织正式关系不冲突。从某种意义上说，组织实际上就是一个关系网络。个人因共同的情感、爱好、价值标准等而形成的人际关系网络属于非正式组织，个人因分工与协作中的职能、权力、层级等而形成的人际关系网络叫正式组织。现实中，非正式组织的作用也是一分为二的，既可以削弱正式组织的影响，也可以强化正式组织的影响，就看怎样加以利用。如果在一个正式组织中，非正式组织无孔不入，随意干扰组织的正常信息传播，影响控制指令的执行，“山头主义”严重；反过来，正式组织对个人需求的正面响应不够，那么个人的人际关系与组织的正式关系就会构成冲突，正式组织的内部平衡势必会被打破。

由此可见，要实现组织与个人间的和谐，实现上是一个规制与情感、局部与全局、现实与长远等矛盾关系问题，而在企业组织运作实践中就表现为组织结构、组织关系、组织流程、组织目标等具体的组织管理问题。如果不能根据企业内外部环境的变化，适时地创新企业组织管理，那么，势必会引起组织目标与个人目标之间的冲突等问题。

二、企业组织管理的内涵

企业组织管理是管理的基本内容之一，它包括组织结构的设计与维持，促进组织的发展和变革，其目的是为了更有效地实现组织目标。组织与外部环境之间时刻发生着物质、能量、信息的交换，而外部环境随着人类社会的发展是不断变化的，因此，为了维持组织的生存，组织管理不是一个一蹴而就的过程，而是动态的经常性自我调整过程。在具体的管理实践中，这种调整就表现为组织的设计和变革。

（一）企业组织管理的含义

要回答什么是企业组织管理，首先要知道什么是管理。一般认为，管理是指在社会活动中，一定的人或组织依据所拥有的权力，通过实施既定措施，对人力、物力、财力或其他资源进行协调或处理，以达到预期目标的过程。也可以简单地认为，管理就是组织为实现特定的目标，而不断进行决策、计划、组织、控制、指挥的活动过程。

而所谓企业组织管理，是指为了有效地实现企业目标，根据企业内外部环境的特点，对组织进行设计、建设、维持，处理好组织中的各种关系，确保组织的各项职能都能够顺利地发挥的管理过程。它主要表现为企业依据一定的理念对组织目标、组织职能、组织结构等要素的设计和调整。

任何组织都需要管理，小到一个家庭，大到一个国家，所有组织都是由具有共同目标的人组成的集合。而各个人的观念、志趣、经验、能力不尽相同，矛盾也在所难免。因此，组织成员之间的协调和沟通是组织存在并正常运行的前提，也是企业组织管理的基本内容之一。对企业组织而言，外部竞争环境可谓瞬息万变，企业内部分工与协作模式也应相应地进行调整，组织管理的重要性更为明显。

（二）企业组织管理的对象

企业组织管理的对象是指具体的管理活动所针对的对象，主要包括组织目标、组织结构、组织职能、组织流程等与组织运作密切相关的要素。

1. 组织目标

企业组织也和其他组织一样是一个特定的目标体系，且在现实中具有目标的一致性。组织作为管理的主体时，他们的建立和活动都是为实现一定的目标服务的。管理的目标，也就是作为管理主体的组织的目标，离开了共同的目标，也就失去了组织存在的灵魂。也正是组织成员的共同目标使此组织与彼组织区分开来，一旦组织的共同目标发生变化，组织也就发生了变化。在既定组织目标的指引下，组织成员互相进行沟通，各尽其责，实现组织目标，共享组织发展带来的成果。也就是说，组织是通过把管理目标的每项内容落实到具体的岗位和部门来实现管理职能的，从而保证管理系统中的每一件事情都有人做，每一项任务的具体要求和工作程序都有人贯彻和执行。

2. 组织结构

任何企业组织都是由作为组成要素的人按照一定的结构建立起来的系统，具有系统性。基于人的主观局限性，企业组织必须具有纵向的上下层次关系和同层次之间的横向或交叉关系。上下层次是一种权力和责任分配的关系，横向层次则是一种专业分工的关系。其实，权责关系与专业分工关系在本质上还是权力与责任的问题，是管理系统中的每一件事都能做好的保证。管理系统中的每一个岗位和部门必须权责一致，权力过小担不起应负的职责，权力过大虽然能保证任务的完成，但也会导致不负责任的权力滥用，甚至影响到整个系统的运行。就整个组织的运行而言，它既要有对内的封闭性，又要有对外的开放性，保持一种封闭与开放的辩证统一，才能实现组织的持续发展。

3. 组织职能

企业组织工作和组织活动在于合理地向分系统和成员分配工作，调整各个分系统的关系。当组织内部因素变动或外部生存环境变动而引起组织的不适应时，组织的职能就在于经过调整而重新适应，以便统一组织的各种行为。企业组织活动的职能就在于消除不断产生的各种无序状态，使之保持系统的有序性。如果企业组织完成不了这种职能，无序状态不断加剧，就有可能导致组织的崩溃。

4. 组织流程

当企业组织管理的焦点集中于部门内部人与人之间的关系，就是对职能的关注。而当企业组织管理的焦点集中于部门与部门之间的关系，就是对流程的关注。此时的组织关系管理主要指宏观和微观层面的流程管理，即把企业内部所有部门之间的职能和本企业与其他企业相关的产品功能进行时间上和空间上的搭配与组合。只有使所有职能关系都按照实现企业目标的要求，纳入企业的分工与协作体系，并体现出高度的系统性和逻辑性，企业才能在不断变化的外部环境面前及时做出有效的回应。如果部门与部门间、此企业与彼企业间的信息沟通不畅，目标体系不配套，相关控制指令不统一，那么组织流程必将效率低下，甚至彻底失败。

（三）企业组织管理主要理论概述

管理科学产生于19世纪末20世纪初，是随着资本主义工业的发展而逐渐形成和发展起来的。一般认为，管理科学是从美国管理学家泰罗开始出现的，至今历经古典管理理论、行为科学理论、现代管理理论三个阶段。组织理论作为管理理论中发展得最为成熟的一个门类，它的发展过程与整个管理学的发展过程是一致的。因此，企业组织管理的主要理论依据的发展，也可以划分为古典时期的组织管理理论、行为科学时期的组织管理理论和现代组织管理理论三个阶段。

1. 古典时期的组织管理理论

古典时期组织管理理论主要是指以泰罗为代表的组织科学管理理论，以法约尔为代表的一般组织理论与原则和以马克斯·韦伯为代表的组织管理理论。

被称为“科学管理之父”的美国工程师泰罗（1856—1915年），于1911年出版了他的代表作《科学管理原理》。尽管泰罗在该书中并没有专门讨论组织管理理论问题，但他的组织管理思想包含在他的管理思想中。泰罗的科学管理原理中具体涉及组织管理的思想主要有：一是主张将组织中管理者的管理职能与工人的作业职能加以分离，各负其责，同时又强调组织管理者与工人之间的合作；二是强调组织管理职能的专门化，所有的管理人员应当尽可能专门地分担某一种管理职能；三是强调组织工作要计划化、标准化、程序化；四是强调组织管理中的例外原则，即高层管理人员只处理平常惯例没有论及的问题。

在泰罗以经济组织为对象提出组织科学管理理论时，法国的法约尔则试图从更宏观的视角提出包括各种组织在内的一般的组织管理理论。1916 年，他在其出版的《工业管理与一般管理》一书中表达了他的思想：第一，组织与管理密切相关。他认为组织是管理的基础，同时，没有管理，组织也将无法维持与发展；第二，正确的管理理论应该适用于所有的组织；第三，分析了组织的层级结构。他主张要正确处理管理层级与管理幅度的关系；第四，把计划、组织、指挥、协调、控制作为管理的五要素；第五，提出了包括精密分工、权责一致、统一指挥、集体精神等在内的 14 条组织管理原则。

被称为“组织理论之父”的德国社会学家马克斯·韦伯（1864—1920 年）则站在更高的层次和更广阔的背景上来考虑组织问题。他的官僚制理论，是其庞大的政治社会思想的一个有机组成部分。他认为任何组织的存在都是靠权威来维持的，而合法的权威主要有三种类型：一是基于习俗惯例的传统权威；二是基于领袖个人超凡魅力的超人权威；三是基于理性法规的法理性权威。他认为每一种权威各有其理想的组织，而官僚制则是法理权威最合适的组织形式。需要特别指出的是，马克斯·韦伯所说的官僚制不是现实生活中作风不正的官僚主义，而是学理意义上的一种设科分层的组织形式。官僚制的特点有：第一，组织内的每个成员都占有一个明确了具体职权的职位；第二，组织成员的报酬、晋级和提薪相对固定，并与个人的能力和表现有关；第三，组织内层级制，应有严格的隶属关系；第四，强调组织的专门化；第五，组织靠规章制度加以管理；第六，组织机关的管理，以文书档案系统为基础。

2. 行为科学时期的组织管理理论

行为科学兴起于 20 世纪 30 年代，主要指综合运用人类学、社会学、心理学等学科的方法对人类行为作出客观的、科学的研究的学说。一般分为早期行为科学、后期行为科学两个阶段。早期行为科学时期的组织管理理论主要为以梅奥为代表的人际关系组织理论为代表。

梅奥是人际关系学说也是行为科学的创建者，1933 年他在《工业文明里的人的问题》一书中提出了他的人际关系组织理论：组织成员是“社会人”，而不是泰罗所假设的“经济人”；在正式组织中还存在着非正式组织；作为新型的组织领导者，其能力主要表现在通过提高组织成员的满足程度来激励人的工作积极性与创造性。

梅奥的这些富有创造性的理论，成为早期人际关系组织理论和行为科学学派的基本思想，并在后期行为科学时期不断得到深化和创新。主要表现为：

（1）马斯洛的需求层次理论。认为人存在生理、安全、社交、受人尊重和自我实现五种需求，且一个人首先产生的是最低层次的需要，当这一需要基本满足后，才依次产生高层次的需要。

（2）赫茨伯格的双因素理论。认为影响人们心理和行为的因素可以分为两大类，即保健因素和激励因素。具备保健因素只能消除员工的不满，具备激励因素才能调动员工的积极性。

（3）弗鲁姆的期望价值理论。认为管理中各种激励因素作用力的大小，取决于员工对他所能得到的结果的全部预期价值乘以他认为可能得到该结果的概率。

（4）麦格雷戈的"X－Y"理论。认为人并不是被动的，人的行为受动机的支配，只要创造一定的条件，他们会视工作为一种得到满足的因素，能主动把工作做好。麦格雷戈把该理论称为"Y"理论，而此前与此相对立的理论称为"X"理论。

（5）西蒙的决策组织理论。认为组织首先是一个决策过程，组织的基本功能就是决策，"管理就是决策"。组织的目标就是追求决策的合理性，而合理性取决于合理选择的手段。组织是由人组成的平衡系统，组织为组织成员提供诱因和组织成员为组织所做的贡献间存在相辅相成的关系。组织通过权威、组织认同、信息沟通、培训、效率等因素影响组织成员的决策。西蒙还基于他的决策理论而对组织设计提出了新的设想。

3. 现代组织管理理论

现代组织管理理论主要指系统与权变理论、组织文化理论。主要由柏森斯、卡斯特和罗森茨韦克等人提出。

柏森斯认为，任何一种组织，其本身就是一个处在各个社会系统之中的社会分系统，在此社会系统之内又包括了许多小的社会系统。处在社会系统中的组织，必须具备适应环境、达成目标、统一协调、形态维持四个方面的条件，并通过决策层级、管理层级、技术层级三个层级来体现。

继柏森斯之后，美国华盛顿大学的管理学教授卡斯特和罗森茨韦克发展了柏森斯的理论。卡斯特和罗森茨韦克在《组织与管理——系统方法与权变方法》一书中指出，组织是一个开放系统，且时刻在与环境的持续互动中保持动态的平衡。他们强调，组织是一个整体系统，是一个与外界环境有一定界线的社会技术系统。任何组织都由目标与价值分系统、技术分系统、社会心理分系统、结构分系统、管理分系统组成。卡斯特和罗森茨韦克还进一步提出了组织管理的权变观念。他们认为，权变观念的研究对象是组织与环境之间和各分系统之间的相互关系。他们强调组织的多变量性，并认为既然组织的外部环境和组织的各分系统都处在动态的变化之中，因而不存在普遍适用于所有情况的组织原则和管理方法。

企业组织文化理论研究热潮兴起于美、日经济的比较研究。日本作为“二战”后的战败国，20 世纪 50 年代开始引进美国的管理方法，60 年代开始经济起飞。70 年代出现世界石油危机，日本经济又经受住了考验。80 年代，日本成为了一个超级经济大国，呈现超欧赶美的趋势。与此同时，日本产品大举进入美国市场，使许多美国本土的汽车、电子、银行等企业受到巨大的冲击。这一现象引起了美国朝野的很大震荡，更引起政府、企业界和学界的反思。在分析了日、美企业的差异后，得出的结论是，日本企业比较普遍地注意到了建设有利于生产发展的企业组织文化。从此，美国开始了研究日本企业组织文化的热潮。

企业组织文化理论认为，日本的兴起在于文化，在于特有文化基础上的新管理模式；企业管理本身就是一种文化现象；企业文化的要义，主要体现在企业内部成员间共同的信念、价值观、方向意识和日常行为准则；作为企业领导，在完成战略、组织、制度等管理的同时，应把主要精力用在企业文化的塑造上，企业文化实际上是一种“领导人文化”。从组织管理理论的发展史来看，企业组织文化理论的研究，意味着管理学的一场革命，是一场用人文精神取代管理中的机械操作的运动，反映了今后组织管理理论的发展方向。

（四）企业组织管理活动

企业组织管理活动是一项以确保企业组织协调运行为目标的有意识的管理活动。就企业组织的诞生、发展过程来看，企业组织管理活动主要包括组织设计与组织变革。

1. 组织设计

合理的组织结构是组织分工与协作有效进行的保证，而合理的组织结构来源于组织设计。所谓组织设计，是指对构成组织的各个要素、各部门进行总体的规划，以保证这些要素和部门所构成的组织是一个有机整体，能够协调地运行。从广义上来说，组织设计应该存在于一个组织生存的全部阶段，因为组织设计完成以后，任何一次组织调整与变革，都要遵循组织设计的原则和标准，所谓组织创新与变革不过是一次再设计而已。组织设计是组织实体的构建过程，主要集中在对组织结构的设计、调整和安排上，也属于一般管理职能上的“组织”范畴，即作为活动和过程的安排与规划。

在组织内部，存在着许多部门或单位，这些部门和单位之间的相互依存和相互影响直接影响到组织的效率。同时，组织不过是社会大系统中的一个子系统，其生存和发展无不依赖于其自身与外部系统间的物质、能量和信息的交换状态。因此，组织设计必须要根据组织环境、组织战略、组织规模以及组织技术和权力体制等内外部环境的状况来进行。一般来说，组织结构的复杂程度与其内外部环境的不确定性是成负相关关系的，组织内外部环境越不确定，组织结构就越简单。组织环境越是稳定，组织结构的规范化程度就越高；组织内外部环境越复杂，组织结构就越趋向于分权。

2. 组织变革

所谓组织变革，是指根据变化了的内外部环境，对组织结构、组织关系、职权层次、指挥和信息系统进行的有意识的调整和改变。组织建立起来，是为实现管理目标服务的，当管理目标发生变化时，组织也需要通过自身的变化来适应这种新的变化的要求。即使管理目标没有变化，影响组织生存的外部环境系统发生了变化，组织也必须相应作出变化。因为组织不是一成不变的，组织管理也不是一蹴而就、一劳永逸的。

一般说来，组织变革主要有两大原因：一是为了使组织适应环境，以便在不断变化的环境中求得发展。虽然我们说组织与外部环境之间的物质、能量和信息的交换是相互的，组织的行为能够影响外部环境，但环境的变化是客观的，任何组织管理者都无法阻止，也无法控制外部的环境因素。他们唯一能做的就是连续不断地检查组织在运作中存在的不协调问题，并相应做出变革处理；二是为了改变组织成员的观念、态度、交往手段和人际沟通模式。就组织的生存生态而言，凡是影响到组织运作、与组织有关的因素都是构成组织生存的环境因素。因此，组织的兴衰成败也与组织内部的人员变动、人员素质、信息传递等等有关。任何一种工作设计的变化，组织发展战略的变换，都是为了改变人们的观念，调整人们的行为方向。所以，变更组织成员的观念和行为，也就像使组织适应环境一样，是组织变革的一个最基本依据。

三、企业组织管理创新的意义

创新是新时期继决策、计划、指挥、协调、激励等传统管理职能后的又一管理职能，是现代管理的重要功能之一。企业组织管理创新随着外部竞争环境的急剧变化，特别是近代以来第四次技术革命浪潮的兴起，而逐渐成为现代企业管理的一项重要内容。

（一）企业组织管理创新的内涵

按照辩证唯物主义的观点，创新就是淘汰旧的落后的东西，创造新的先进的东西。它是一切事物向前发展的根本动力，是事物内部新的进步因素通过矛盾斗争战胜旧的落后因素，从而推动事物向前发展的过程。而所谓企业组织管理创新，是指为适应企业管理系统内外变化而对组织结构、组织目标、组织关系、组织行为等进行有意识的局部或全局性的调整。

在管理学上，所有的创新都是相对于原有状态的维持来说的。在现实中，企业组织管理也无非是维持与创新的矛盾统一，任何组织系统的任何管理工作都是在维持或创新中实现其管理目标的。而就有效的管理而言，就在于对组织如何保持适度的维持与适度的创新的结合。维持是保证企业活动顺利进行的基本手段，一个企业中绝大部分管理人员特别是中层和基层管理人员的绝大部分精力都是花费在维持组织的稳定，维持组织行为的有序性，保证企业决策、计划能够顺利实施，以实现组织的既定目标。企业组织管理如果不能有效发挥维持功能，企业员工就很难适应经常变动的组织形式，他们的行为就可能偏离企业战略和目标的要求，企业组织系统的各个要素就可能相互脱离，各自为政，各行其是，政出多门，从而严重破坏企业内部的系统性。所以，维持也是保证企业生存和发展的基本管理职能之一。

但是，企业组织管理如果仅仅发挥维持的功能是不够的。因为任何企业都是由众多要素构成的，是一个相对开放的系统，需要不断地与外部发生物质、能量、信息的交换。外部环境的不断变化必然会对系统内部的各种要素产生不同程度的影响；同时，管理系统内部的各种要素也在不断发生变化。特别是在信息网络技术迅猛发展，国际经济交流大大增强的当代世界，企业所面临的内外部不确定因素越来越多。在这种情况下，如果管理系统不及时根据内外变化的要求，适时进行局部或全局的调整，则可能被变化的环境所淘汰，或为改变了的内部要素所冲击。

维持与创新作为管理的两个基本职能，对企业的生存和发展都是非常重要的，是相互联系、缺一不可的。所以，任何企业的组织管理都必须正确处理维持与创新的关系。一般认为，创新是维持基础上的发展，维持是创新的逻辑延续。同样，创新则为更高层次上的维持提供了可能，维持则是为了实现创新的成果。企业组织管理如果只有创新没有维持，必将导致组织混乱无序、效率低下；而如果只有维持没有创新，则必将造成组织因循守旧、停滞不前，甚至变成一潭死水，最终遭时代所淘汰。

现代企业组织管理是在新的技术变革浪潮蓬勃兴起，社会快速变革，人们思想观念日新月异的时代背景下提出来的，它必然要求管理者比以往任何时候都具有更强烈的竞争意识，自觉把创新能力的培养作为管理企业的一项基本修炼。

（二）企业组织管理创新的意义

由于企业组织管理活动主要包括组织设计和组织变革，因此企业组织管理的创新内容也应该包括组织设计和组织变革，即以新理念、新方法、新模式来指导组织设计和组织变革，目的是使组织目标对企业行为的规范和引导作用更明显，组织结构更加合理，组织职能更加集中而有效，最终更好地实现企业的目标和战略。

1. 创新的现实意义

（1）方向准确。在分工更趋专业化、生产愈加社会化的今天，企业的目标或战略的制定及实施，是企业实现发展的首要内容。在管理实践中，一个企业做什么，不做什么，都是一件十分严肃的事情，因为它将决定一段时期内组织成员的行动方向。因此，企业战略的变更往往会引起组织结构的明显变化。企业组织管理创新的一项重要内容便是根据市场需求的变化和竞争形势的变化，准确地确定新的企业战略或目标，从而在企业内部对组织结构、权责系统、信息系统等进行相应地调整，最终使员工行为纳入到一个实现新组织目标的轨道上来。

（2）提高效率。效率是指企业的投入与产出或成本与收益之间的比例关系。相对投入和产出而言，企业就好比一个开放而又独立的“盒子”。“盒子”内部的结构及样式便是企业借以实现各种分工与协作的权力体系、科层制度，以及由所有部门组成的一个个的业务流程。当内部沟通不畅，小道消息风行，部门绩效长期低下，政出多门时，企业组织管理系统就应该考虑采取新的政策和措施，引入新的技术和制度，减少内耗，提高企业生产效率。

（3）降低成本。在市场经济环境下，企业降低了成本就等于增加了利润。在企业组织管理层面，以降低成本为目的的创新，主要着眼于组织职能的调整、组织规模的控制、生产流程的成本控制等。就现代企业而言，规模不代表收益，人员越多不代表效率越高，职能越全不代表组合越科学，单个的流程很规范也不代表每个流程都是必要的，管理者管的事越多，不代表他管的都是对的。因此，现代企业组织管理必须具备系统观念和权变观念，通过不断的创新探索和实践，挖掘降低成本的空间。

（4）方便客户。企业组织管理创新的目标当然是为了更好地实现企业的战略或目标，而企业的战略或目标往往表现为迎合某一特定市场的需求，也即客户的需求。因此，我们判断一项创新是否有效与有没有必要的标准不在于企业内部，而在于这种创新是否有利于企业更好地为客户提供产品和服务。因此，如何组织更合理的业务流程，使市场的需求信息能及时变为企业的决策行动，使客户的感受能及时变成企业的再决策信息，以及营造一种“客户至上”的企业文化理念是企业组织管理创新的一个重要出发点。

2. 创新的价值意义

企业组织管理创新在拥有现实而具体利益诉求的同时，还存在着更加长远和宏观的价值追求。

（1）保持组织与外部环境间的和谐。从社会生态理论来看，企业的生存和发展不过是一个和外部环境保持和谐相处的过程。而外部环境包括政治、经济、文化等等，多种多样，可以说几乎每天都在变化。企业从这种变化中寻找到商机，从而生产出外部环境所需要的产品或服务，而外部环境又以报酬的形式回馈企业。就企业组织管理创新而言，其动机、出发点和落脚点都离不开对外部环境的考虑，改变策略，调整部署，从而更好地处理与普通受众、政府、传媒等对象的关系。一个组织的衰亡往往是从这种内外部平衡与和谐关系的打破开始的。

（2）实现组织内部的和谐。只要是对人的管理都存在着一个是否和谐的问题，它一般包括公平、有活力等基本价值内涵。在企业内部，人与人之间不仅有组织规则所确定的正式关系，也有基于共同的爱好、心态、价值观而结成的非正式关系。如果企业对员工的激励不够，内部的公平与效率缺失，人与人之间充满着隔阂和猜忌，那么这个企业迟早要衰亡。因为它违背了人与组织之间的关系准则，即组织成员有自己的情感和价值观，企业目标不能简单等于员工个人目标。因此，实施企业组织管理创新需要不断关注企业内部的各种关系状态，处理好“做人与做事”、“管人与管事”等类比概念之间的关系。

（3）求得企业的持续发展。当前，世界各国的经济社会环境可谓都处在一种前所未有的激烈变革时期。以中国、印度为首的东方亚洲国家正在积极实施社会转型，充满潜力，努力促成本民族的再次腾飞，而欧美等西方发达国家正垂涎于东方转型带来的市场商机。从某种意义上，企业组织管理创新的目的更像是大战前的排兵布阵。创新的最高宗旨应该在于瞄准今后的竞争形势，为企业谋划一个适应性更强、组织更严密、行动更有力的一个存在形式。正所谓“不谋一域者，不足于谋万世”，求得企业的持续发展是企业组织管理创新的最高追求。

四、企业组织管理创新的历史沿革

在梳理企业管理发展的历史进程的时候，“是先有企业还是先有管理”一类的问题是很难界定的，这就如同“是先有鸡还是先有蛋”一样。但有一点是可以肯定的，那就是管理一定服从和服务于企业的发展。正是伴随着企业这种组织形式的形态演进，企业组织管理理论才不断前进，并以创新的方式为新旧事物找到了各自的掘墓人与催生婆。

（一）企业组织管理创新伴随企业形态的演进

企业作为一种社会组织，从诞生至今已经走过了相当长的一段历史。当我们试图分析企业组织管理创新的历史沿革的时候，作为这种创新不可或缺的背景，企业本身所发生的许多变迁是不可忽视的。

1. 企业制度演进

在长期的企业发展过程中，伴随权利、利益分配形式的变化，企业先后走过了三种法律制度形式，即个人制、合伙制、公司制。

个人制是最简单的企业制度，只有一个企业所有者。企业本身就是这个所有者的个人财产，一般这个所有者同时还是经营者。这个所有者享有该企业的全部经营所得，同时对它的债务承担完全法律责任。如果经营失败，资不抵债，这个所有者就要搭进自己的其他家财来偿还。这类企业的建立与歇业都很简单，只要小资本便可以开张，当有问题时便关闭了事。作为历史上出现最早的企业制度形式——个人制企业，它一般指那些投资不大的个体理发、个体农业、个体餐饮等企业形式。

随着社会经济的发展，个人制企业主渐渐感觉到仅凭个人的资产难于抓住越来越多的商机，同时“单打独斗”抗击经营风险的能力实在太弱，于是，合并两个或两个以上企业主的个人财产所组建的企业形式，即合伙制企业，诞生了。合伙人分享企业经营所得，共同为企业债务承担法律责任。由于合伙后，资本规模比个人制大，故经营的复杂性也相应提高。然而，合伙经营后企业主们仍不得不以个人全部财产承担债务责任，且合伙人之间的关系在企业控制权的掌控面前随意性太强，缺乏一整套约束规范机制，于是公司制企业形式应运而生。

公司制的产生可追溯到15世纪地中海沿岸的商业发达地域，再往前甚至可以追溯到古罗马时期。17世纪上半叶，英国最早确立了公司是独立法人并且具有和自然人同样的民事能力的思想，从而把公司与作为自然人企业的个人制企业和合伙制企业区分开来。17世纪下半叶，英国已有了稳定的股份公司组织，现代意义上的公司制形式基本形成。

关于公司的定义有很多，我国于1997年7月1日起施行的《中华人民共和国公司法》规定：公司是由出资者出资组成的，以赢利为目的，有法人资格的经济实体。一般认为，公司制相对于个人制和合伙制来讲，有着明显的特征：第一，公司是社会资本尽可能大、尽可能好的集中方式；第二，公司制企业是法人而不是自然人；第三，公司一般实行有限责任制，出资人仅以出资额为限承担债务偿还责任。

2. 企业规模演进

企业作为一种社会经济组织，其生存和发展与社会经济的发展是息息相关的。在个人制企业时代，社会生产力水平比较低下，人们对商品的需求不够强烈，从而导致社会交换只是在局部地域内的个别物品上进行。因为企业成员太少，企业一般是手工作坊式的，专业化的分工与协作尚未建立起来。因此，企业经营的维系仅靠企业主一个人的家财就可以支撑起来。

随着社会生产力的发展，特别是人类社会三次工业革命的陆续兴起，社会劳动效率有了革命性的提高，社会化大生产方式逐渐走进企业的工厂、车间、流水线，社会财富不断积累，商品交换开始盛行，客观上需要企业提供更多的商品。因此，面对逐渐增多的商机，企业资本越来越雄厚，雇佣工人越来越多，个人制企业形式最终被合伙制企业形式所取代，到此时，企业规模较以前有了明显扩张。

但合伙制带来的规模扩张，还只能适应企业纵横某一地域的需要，如果企业要把追逐利润的拳脚伸过海洋，甚至伸向位于另一个洲际的国家，这种组织规模就显得相形见绌，于是更大规模的公司制企业形式出现了。16 世纪末至 17 世纪初，伴随着国际贸易的发展，英国出现了一批以进行海外贸易和海外殖民掠夺为目的的公司制企业，其中最臭名昭著的莫过于以经营鸦片为业务的东印度公司。

进入近代以来，人类经过两次世界大战的洗礼，发展经济重新成为国际社会的主要潮流。以新能源、信息技术等为代表的第四次工业革命，使人类社会生产力水平获得极大提升。国际贸易、国际技术合作等国家间的经济交流活动日益增多，使企业在世界政治舞台扮演的角色越来越重要。于是，一个前所未有的企业形式出现了，这便是跨国公司。在国际化市场战略的主导下，跨国公司的地域规模可以遍及全球的绝大多数国家，组织成员可以来自世界五大洲，资本规模可以比得上一个中小国家的年收入。

3. 企业信息技术水平演进

科学技术作为第一生产力，对所有企业的基础性影响莫过于信息技术的作用。企业作为一个分工与协作的共同体，从诞生的第一天起，就促进了人类对信息沟通与传播的需求。但在个人制企业时代，由于规模太小，人员太少，这种信息传播方式是最简单的、可视的、点对点的口头或文字交流，与普通家庭内部成员间的交流没有什么差别。随着 16 世纪欧洲文艺复兴的到来，人类在电学、光学、磁学领域陆续取得重大发现，电话、传真等通信方式由战场走进企业，给正处于人员、地域规模不断扩张中的企业带来了神奇的技术效应。此时，距离不再是问题，人多也不影响信息寻址，客观上克服了企业扩大规模、提高管理效率过程中遇到的困难。这种状况自从进入 20 世纪 50 年代以来，以人类第一台电子计算机的问世为标志，又有了革命性的提升。网络化信息技术不仅彻底颠覆了企业传统的运作方式，还把人类社会带入了信息文明的时代。

4. 企业成员关系演进

在个人制企业时期，企业主与工人之间是一种简单的控制与被控制、剥削与被剥削的关系。企业是企业主个人的家产，那么对其有着依附关系的工人当然也不例外。但进入合伙制企业时期，由于企业规模有所扩大，人员开始增多，这种由上而下的控制关系开始减弱。特别是当企业主们意识到办企业不一定要管企业，尤其是不一定管得好企业的时候，所有权与经营权的分离开始了。这种分离本身就是权力控制的直接放松。而当这种直接放松过渡到公司企业的时候，企业所跨的区域面积和所雇佣的人员数量都有了一个飞跃式的增长，同时，社会民主政治运动风起云涌，原本为企业主服务的管理科学也开始向人本理念的纵深领域迈进。此时，企业主与普通工人之间和管理者与被管理者之间的剥削关系，再也不能也再无必要表现得那样赤裸裸了。特别是近代以来，在以西方发达国家为代表的资本主义世界里，为了缓和阶级矛盾，喊出了“人民资本主义”的口号，在一定程度上促进了人与人之间关系的平等化。

5. 企业组织结构演进

企业制度不断演进，要求企业设计更加规范；企业规模不断扩张，要求企业科学处理层级与幅度的关系；企业信息技术不断演进，要求企业不断改变控制指挥的方式；企业成员关系不断演进，要求企业合理分权，注重民主式管理——这便是企业组织管理创新的内在动力。也正是在企业组织形态的演进过程中，企业组织管理创新先后经历了传统组织结构时期和现代组织结构时期。

（1）传统组织结构时期。传统组织结构时期是指围绕古典组织理论所强调的组织结构，特别是马克斯·韦伯式官僚集权组织结构的基本原则进行组织管理创新的时期。这一时期的组织管理创新基本上只集中在组织结构的设计和维护上，强调组织的稳定和明确的相互关系，强调专业化和分工，清楚而严格地界定职权、沟通渠道和管理层次与跨度的适应性。它先后经历了直线制结构、职能制结构、直线参谋制结构和直线职能参谋制结构四种基本形式。

（2）现代组织结构时期。现代组织结构时期是指为了适应现代化大生产的需要，在传统组织结构的基础上，进一步创新企业集权与分权关系模式的时期。其特点是从集权向分权转变，从以直线领导为主向纵横协调、多维多层的系统结构转变。它先后经历了事业部制结构、矩阵制结构和多维立体结构三种形式。

（二）企业组织管理创新的类型

1. 组织结构创新

随着技术进步和市场的扩展，企业组织形式迅速发展，组织结构也逐步扩大并日益复杂。威廉姆森在《市场与层级组织》一书中将组织结构分为U型、H型和M型三种，即一元结构（Unitary Structure）、控股公司结构（Holding Company Structure）和多部门或事业部结构（Multidivisional Structure）。在企业组织发展进程中，组织结构通常会依次由简单到复杂进行演变。关于组织结构创新的经验，可以参阅钱德勒的著作《战略与结构》。

2. 组织过程创新

组织过程创新的核心是业务流程再造。传统的业务流程基本上是由两种方式来整合企业活动的：一是按照活动的相关性，将从事相关活动的人整合在一起形成流程型群体，如将产品的设计、工艺、生产、检验等人员整合在一起形成流程小组；二是按活动的相同性或相近性，将从事相同或相近活动的人整合在一起形成职能型群体，如将从事销售活动的人整合在一起形成销售部门。对于前者来说，管理和协调的难度很大；对于后者来说，完整的业务流程常常被人为分割得支离破碎。传统的组织过程已经越来越难以适应变化了的环境，而“那些试图破除科层制的企业，完全是在本末倒置”，因为“企业的问题源自过程的架构，而非组织的架构”（哈默）。把新组织放在旧流程上，就好比新瓶装旧酒，是难以取得突破的，所以，要实施以核心业务流程再造为基础的组织过程创新。

3. 组织体系创新

当今组织所面临的基本环境正在发生着根本性的变化：随着世界经济一体化进程的加快，随着一个以服务为中心、以信息为基础的经济时代的到来，随着电脑技术对商业和企业管理的本质的改变，所有组织已经处在或者将要进入一个相当长的充满迅速、剧烈、持续变化的时期。这些变化也为组织创新注入了新的变量，并向传统组织赖以存在的基本假设提出了挑战。这种挑战要求人们重新思考组织本身以及组织与组织、组织与环境之间关系的本质，从而对组织实行彻底的变革与创新。学习型组织、虚拟组织以及战略联盟等全新组织观念与组织创新形式的出现，正是组织体系创新的反映。组织体系创新是对组织的革命性变革，这种变革通常发生在外部环境急剧变化的时候。

五、企业组织管理创新的现状及展望

随着企业组织管理创新的演进，企业组织形式不断变化，企业组织管理创新的方式也发生了深刻变化。在社会化大生产飞速发展，市场竞争日趋白热化的当代，企业组织管理面临着多方面的挑战，创新也必须相应地向企业组织结构、权力关系、存在模式等要素的更深领域挺进。

（一）从渐进式创新到突变式创新

在对企业组织管理创新的历史沿革进行分析时，我们不难感觉出无论是传统组织形式时期还是现代组织形式时期，企业组织管理的创新，基本上都没有违背马克斯·韦伯时期关于组织设计的一些基本原则，所谓创新也大部分是指为了适应企业制度、规模、信息技术、成员关系等因素的变化而在分工、职权、统一指挥和控制幅度上不断进行调整。这实际上是一种渐进式的组织创新，因为它始终贯穿着传统组织理论关于组织设计的一些基本思路。一般说来，自马克斯·韦伯提出官僚集权式组织形式到20世纪80年代发生的组织变革为止，组织管理创新的方式基本上都是渐进式创新。渐进式创新的最大特点在于，它是企业组织与外部环境在一种相对较为稳定的状态中保持动态的平衡关系，是对企业制度、规模、技术、关系等要素所进行的渐进性调整。

外部环境的变化突出表现在两个方面：其一是不确定性，其二是复杂性。不确定性和复杂性的程度越高，意味着外部环境的变化速度越快。企业组织所面临的不确定性主要是经济、社会和技术环境的不确定性。我们说企业存在的价值就在于从外部环境中找到值得自身去满足的需求，也即提供社会所需要的产品或服务。而外部环境的不确定性，就会直接影响到企业自身的战略目标，进而影响到战略目标的支持系统，即协调和控制、权力分配、结构和人员等要素系统。然而，人都是有主观局限性的，每一次组织变革与调整都会涉及组织成员的刚性利益和变革成本的约束。那么，一边是外部环境的变化，一边是内部变革的阻力，怎么办呢？答案便是在外部环境的变化不太剧烈的时候，在企业内部设置“缓冲区”，并以“缓冲区”的动态变化适应环境需求，换来企业内部其他区域的相对稳定。

当我们对企业组织形式由直线制到矩阵制的演变过程进行分析，不难发现这其中“缓冲区”的出现和变化。表1-1为制造企业“缓冲区”随组织形式变化而变化的情况。

表1-1

组织形式	企业外部环境	缓冲区	稳定区
直线制	稳定	无	生产部门、决策系统
职能制	市场变大，产生扩张欲望，设备复杂，专业性强	人事、财务、营销、研发等部门	生产部门、决策系统
直线参谋制	外部环境变化加快，决策困难，要求企业行动统一	集人事、财务、营销、研发等职能于一身，但无指挥权的参谋部门	生产部门、决策系统
直线参谋职能制	外部环境变化持续加快，企业事务增多，单一指挥困难	集人事、财务、营销、研发等职能于一身，且有一定指挥权的参谋职能部门	生产部门、决策系统
事业部制	外部环境变化持续加快，企业规模持续扩张，难于做到决策与执行的统一	被增加的一级参谋职能部门、被增加的一级决策系统	生产部门、决策系统、参谋职能部门
矩阵制	企业经营项目增多，单一控制困难	从各部门抽调人员组成的临时项目小组	生产部门、两级决策系统、两级参谋职能部门
多维立体制	在竞争环境挑战下，企业经营业务向其他地区延伸	地区管理部门	生产部门、两级决策系统、两级参谋职能部门

在表1-1中所述制造企业的具体运作当中，为了保证生产活动的正常进行，通常要设计库存制度，包括原材料、产成品的库存，这是为了抵消供应商和消费者供求的不确定性。又如，该企业往往还会设置营销机构乃至进行广告宣传等活动，其主要目的在于试图把消费者嗜好上的差异统一到企业内部核心技术所提供的标准化产品中。这些都是企业设置“缓冲区”的体现。

应该说，在很长一段时期内，企业外部环境的变化比较平稳，社会价值观念、人群的流动性、家庭规模的大小等未出现大幅度的变化。但当社会发展进入20世纪80年代以后，企业外部环境发生了根本性变化，如差异化的顾客需求、信息技术的发展和全球经济一体化、环境资源枯竭的挑战等。这些外部环境的变化使企业原有的工作方式和工作内容也发生了急剧变化。一方面，由于环境变化急剧，企业组织管理创新不可能通过对原有组织形式进行简单的修修补补解决问题；另一方面，原有的组织形式已经日趋庞大、繁杂，企业不堪重负，效率出现下降。

因此，在市场竞争日趋剧烈、产品需求更加丰富、信息技术水平突飞猛进的当代社会，渐进式的企业组织管理创新方式开始让位，突变式创新方式出现了。

（二）企业组织管理创新在当代

突变式创新方式到来的主要标志为内部企业与内部市场、虚拟企业与网络企业的出现。

1. 从项目团队到内部企业

从表1－1中可以看出，矩阵制企业的出现，是因为企业经营项目开始增多，任务发生变化，所以专门从各个部门抽调人员组成一个个项目小组，任命项目经理在高层管理部门的指挥下领导小组工作。芮明杰在他的著作《现代企业持续发展理论与策略》一书中认为："在急剧变化的环境中，意味着企业长期面临着新的而不是重复的任务，这就需要有永久性矩阵小组，从形式上看它就是内部企业。"因此，内部企业实际上就是一个项目团队。与以前项目小组不同的是，项目小组是由高层管理部门根据需要组织起来的，而内部企业则是通过竞争机制筛选出来的，这里的竞争机制是企业内部的一套制度安排，称内部市场。因此，内部企业与内部市场通常联系在一起。

众所周知，美国是当今世界经济实力最强盛的国家，因此，许多企业管理上的创新都是从那里开始的。1981年，美国卫生管理部门首次发现了艾滋病病毒。当时，美国纽约血液总库为了跟踪杜邦公司向市场发放的血液质量，急需在90天内开发出一个庞大的数据库。为此，它要求杜邦公司的药品部提供援助。平时，药品部只向血液总库提供血液解析仪，不提供软件系统。但纽约血液总库是自己的大客户，况且这一要求关乎生死、影响重大。药品部不得不向公司总部和其他部门求助。这场类似于招标的技术服务就这样在公司内部开展起来了。

在杜邦公司巨型的组织体系中，有一个很小的执行特殊任务的信息技术小组。要不是因为后来发生的事，作为庞大的纤维部下面的一个小组，它可能永远不值得一提。纤维部主要制造纺织、地毯及工业用纤维。这个信息技术小组刚好不久前受命开发了一种计算机辅助的信息工程技术，以通过建立数据库来跟踪每一个进入市场的纤维产品的质量。这个小组很快注意到不久前解决的问题与纽约血液总库要解决的问题十分相似。于是，他们很快就建立起了跟踪血液质量的数据库，解决了药品所面临的紧迫性难题，而这种快速的服务也使纽约血液总库感到十分意外。

按照传统科层制组织体系的原则，纤维部不应该染指属于药品部的主要业务，但生命攸关的紧迫性打破了科层之间的限制。纤维部信息技术小组的成功很快在杜邦公司内部引起了巨大反响，其他部门纷纷要求其提供相关服务。这就给纤维部的主管带来了苦恼，他抱怨说："我付工钱的部门怎么能尽力为别人服务？"为了解决这一问题，杜邦公司财务部门制订了一种简便的"谁享受服务谁付费"的制度。正是这一制度使原本不知名的信息技术小组成为了杜邦公司的第一个"内部企业"，从而掀开了当代企业组织管理创新的新篇章。

杜邦公司的这一创新使其他所有部门都能得到良好的技术服务，新的技术迅速越过组织边界，客户也从中受益。它的出现证明，随着企业外部环境的变化，企业组织中的每一个项目团队或个人都有可能成为利润中心；传统的组织结构使得企业在面对客户时，只能由分工后的特定部门来服务，每一个部门实际上"垄断"了这一服务。当客户面对企业提供的可供选择的服务时，企业内部实际上已引进了竞争机制，这种现象便是企业内部市场。内部企业出现以后，高层的任务不再是直接地发号施令，而是如何设计一种更为灵活的内部竞争机制，把内部企业与内部市场纳入企业的产品和利润控制体系。

2. 从虚拟企业、网络企业到战略联盟

如果从严格意义上来说，内部企业相对于企业核心技术业务来说，也可以认为是一种"缓冲区"，只不过这种"缓冲区"不是由企业管理高层通过指令性控制来组建，而是在内部竞争机制的作用下自发形成的，甚至它的领导人员都不是由上而下指定的，而是团队自选的。这就再一次验证了竞争机制的确是资源配置的高效办法。因此，随着外部环境不确定性程度的继续上升，组织结构中传统意义上的缓冲区都可以采取内部企业的组织形式，这样处理类似于将这些附属部门从组织结构中剥离出来。高级的内部企业组织就是剥离到只剩下核心技术生产部门为止。

一个高级的内部企业组织与虚拟企业很相似，即它们的内部都有一个或几

个简单的科层组织直接对高层负责，完成特定的任务，直接为客户创造价值。这种简单的科层组织就是“核心企业”或“核心部门”。在内部企业的公司组织中，核心部门所需要的服务或产品均由公司的内部企业提供，这些内部企业受内部市场的控制，是企业的一部分。而在虚拟企业的公司组织中，向它提供产品或服务的企业是完全的外部企业，受外部市场机制控制。

所谓网络企业，就是指内部企业组织与虚拟企业组织的结合。在网络企业中，核心企业所需要的产品或服务不仅可以在内部企业购买，而且还可以在外部企业购买。此时，某一内部企业和外部企业如果同核心企业提供相同的产品或服务，对这一内部企业来说，内部的市场机制和通常意义上的外部市场机制合二为一，实际上，此时的内部企业已经被“外部化”了。

如果一家网络企业的核心企业或核心部门假设为最擅长提供某种产品或服务，而其所必需的原材料刚好是另一家网络企业的核心企业或核心部门最擅长提供的产品或服务，那么多家这样存在上下游供求关系的网络企业就构成了一段产业链。为了节约成本，稳定供求关系，这些虚拟企业往往会趋向于建立一定的合作共生关系，而这种合作共生关系所联结的多家网络企业便构成了一个战略联盟。

（三）企业组织管理创新在未来

有人用“3C”来描述企业未来生存和发展的空间环境，即竞争（Competition）、顾客（Customer）、变化（Change）。分述如下：

竞争——技术进步使竞争的方式和手段发生了根本性变化。越来越多的跨国公司越出国界，在逐渐走向一体化的全球市场上展开各种形式的竞争。美国企业面临日本、欧洲企业的竞争，中国企业面临全球产业结构分工的调整。

顾客——买卖双方关系中的主导权转到顾客一方，竞争使顾客对商品有了更大的选择。随着生活水平的不断提高，顾客对各种产品和服务也有了更高的要求。

变化——市场需求日趋多变，产品寿命周期的单位已经由“年”趋于“月”，技术进步使企业的生产、服务系统经常变化，这种变化已经成为持续不断的事情。

事实上，上述“3C”中最核心的因素便是竞争，因为企业相互竞争改变了市场的供求关系，使顾客越来越成为卖方市场，是竞争推动着企业不断提高效率，降低成本，推陈出新，从而进一步改变了社会大系统的整个面貌。一方面，市场更加开放，在世界统一市场形成的条件下，任何一个行业中都有一两个竞争优势极大的现代企业，因此某个企业如果不能肩并肩地与世界上最好的企业站在领导世界新潮流的企业行列之内，便会很快在市场上消失。另一方面，市场上不断涌现出新的企业，这些企业观念新，有新产品，负担轻，往往具有很强的竞争力。此外，竞争的另一方面则是一些原来的竞争对手在某一段产业链上结成了战略联盟。他们联合瓜分市场，而不像过去那样相互竞争互抢市场。在未来的世界市场上，企业与企业之间的竞争，可能成为国家与国家的利益和实力的较量，政府很可能进入企业的竞争之中。2005 年，中国海洋石油有限公司（中海油）考虑对美国同业对手优尼科公司发出了逾 130 亿美元收购要约，但因为美国政府的严格审查，最终收购失败，便是一个证明。

也许面对未来如此充满不确定性和复杂性的竞争环境，要试图就组织管理创新做出一个具体的描述是不太现实的和不太科学的，但这并不妨碍我们就一些热门的思想和潮流做一些介绍。

1. 企业流程再造

“企业流程再造”或称“企业再造”，是时下一种比较热门的企业组织变革理论，它最早出现于 20 世纪 90 年代初期的美国。1993 年哈默和钱皮两位管理专家出版了一部令理论界和企业界都为之震动的书——《企业再造》。书中认为，近 20 年来，没有一个管理思潮能将美国的竞争力倒转过来，如目标管理、多样化、Z 理论、零基础预算、价值分析、分权、质量圈、追求卓越、结构重整、文件管理、走动管理、矩阵管理、内部创新及一分钟决策等。因此，哈默提出，应在新的企业运行空间条件下，改造原来的工作流程，以使企业更适应未来的生存发展空间。按照哈默的定义，企业再造是指为了飞跃性地改善成本、质量、服务、速度等重大的现代企业的运营基础，对工作流程进行根本性重新考虑并彻底改革。

在管理发展的新浪潮下，通过企业再造工程或称为业务流程重整（Business Process Reengineering，即 BPR），企业组织尝试打破以往由上而下的、重视组织垂直层次的管理模式以及部门界限的概念，建立新的“水平企业”。在这种组织中，组织结构是依据工作流程或者营运过程而非职能部门而产生的，其基本的组织单位是过程小组。小组之间紧密相连，环环相扣，各负其责，各施己任完成整个组织的营运过程。高层管理者的主要工作是协调各小组的工作，加强他们之间的联系，而非由上而下地发号施令。最终的目的是通过授权制和例外原则以及合理地安排工作，来提高企业组织的整体效能。

组织向横向结构转变，这是组织管理创新的一个重要趋势。而向横向结构（即横向联系模式）转变通常与组织的再造工程密切相关。后者是 20 世纪 90

年代席卷整个美国企业组织的一个最新管理概念。所谓“再造工程”，简单地说就是以工作流程为中心，重新设计企业的经营、管理及运作方式。按照该理论的创始人原美国麻省理工学院教授迈克尔·汉默与管理咨询顾问詹姆斯·钱皮（James Champy）的定义，组织的再造工程是指“为了飞越性地改善成本、质量、服务、速度等重大的现代企业的运营基准，对工作流程进行根本性重新思考并彻底改革”。迈克尔·汉默在2001年10月出版的新著《行动纲领：未来10年称雄企业须知》中强调，组织流程再造过去是、现在仍然是“为了取得明显的改进，对经营流程进行根本性的重新设计”。

在企业再造工程取得成功的同时，也有学者在探讨企业再造工程在企业实施中高失败率的原因。他们认为，企业再造工程理论在实施中易出现的问题在于：①流程再造没有考虑企业的总体经营战略思想；②忽略作业流程之间的联结作用；③没有考虑经营流程的设计与管理流程的相互关系。有些管理学者通过大量研究流程重建的实例，针对再造工程的理论缺陷，发展出一种被称为“MTP”（Manage Through Process）即流程管理的新方法。其内容是以流程为基本的控制单元，按照企业经营战略的要求，对流程的规划、设计、构造、运转及调控等所有环节实行系统管理，全面考虑各种作业流程之间的相互配置关系以及与管理流程的适应问题。可以说，“MTP”是再造工程的扩展和深化，它在企业经营活动的所有流程实行统一指挥，综合协调。因此，作为一个新的管理理论和方法，组织的再造工程仍在继续发展。详见本书第146~159页第五章第三部分。

2. 打造学习型组织

1990年美国出现了一本被誉为“朝向21世纪的管理圣经”的管理书籍，它便是《第五项修炼——学习型组织艺术与实务》。该书的作者为圣吉博士，他提出，学习是现代企业的根本。由于竞争环境的急剧变化，传统的角色和方式也在经历巨大的考验。曾被彼得斯在《追求卓越》一书中选为“经营最佳”的43家美国公司，在该书出版2年后，已有14家因“经营不善”而面临严重的财务问题。1970年列入《幸福》杂志的“世界500强企业”，到20世纪80年代初就有1/3销声匿迹。据估计，众多高速成长的企业平均寿命不超过40年。造成这种局面的因素有很多，但就企业本身而言，其寿命长短还是取决于企业内部。圣吉博士进一步认为，企业内部之所以存在着种种总部，根本原因就在于内部存在着“学习智障”，它阻碍了企业的成长和发展。有限思考，专注于个别事件，逃避责任，缺乏整体观念，对缓慢变化的麻木以及错误的经验等都是“学习智障”的体现。

为此，圣吉提出了学习型组织的理论。他认为，学习的真正目的是拓展创造力，而学习型组织就是一个具有持续创新能力，能不断创造未来的组织，它通过培养弥漫于整个组织的学习气氛，充分发挥员工的创造性思维能力，建立起有机的、高效的、扁平的、符合人性的、能持续发展的、能充分发挥每个员工创造性能力的组织结构，使组织在个人、工作团队及整个系统三个层次得到共同发展。

（1）学习型组织的基本要素。①合适的组织结构，最好是一种小型的、精简的组织架构。②学习型企业文化。高度重视学习，只要能从中学到东西，任何试验都不算失败。③授权。企业要求减少依赖性，把责任落实到每一名执行者。④环境审视。关于实行改变的企业是那些最能够适应环境的企业。⑤知识的创造和转移。⑥学习技术。技术促进信息的收集、分析和传播水平。⑦质量。企业把全面质量管理当做企业生存的一种方式，实际上就是在建立一个学习型企业。⑧战略。学习成为企业的一项“基础业务”。⑨协作气氛。企业成就来源于愉快、有创造力的员工。⑩团队。人际关系按团队进行工作，能够最大限度地利用各种知识和各类资源。⑪愿景。人们只有从事真正为之心动的事情，才会卓有成效地发挥创造力。

（2）五项修炼。圣吉指出，在学习型组织中，有五项新技能正逐渐汇集起来，使学习型组织变成一项创新。这五项新技能被圣吉称为五项修炼。

第一项修炼：自我超越。要成功实现自我超越，必须建立个人愿景，保持创造性张力，看清结构性冲突，诚实地面对真相，运用潜意识。

第二项修炼：改善心智模式。新的想法无法付诸实施，常是因为它和人们深植心中、对于周边世界如何运作的看法和行为相抵触。因此，学习如何将我们的心智模式摊开，并加以检查和改善，有助于改变心中对于周边世界如何运作的既有认识。心智模式实际上是一种心理上的思维定势，包括思维方法、习惯、风格等，它影响着人们对客观世界的认知。

第三项修炼：建立共同愿景。在人群活动中，愿景能激发出强大的力量，是个人、团队、组织学习和行动的坐标。建立共同愿景要注意鼓励个人愿景，创造共同愿景，同时又不使愿景仅来自于企业高层领导人员。

第四项修炼：团体学习。团体学习是建立在发展“共同愿景”和“自我超越”之上的，是发展团体成员整体搭配与实现共同目标能力的过程。团体必须学习如何组合出高于个人智力的团体智力，既需要个性突出又需要协调一致，要重视团体成员的不同角色与影响。

第五项修炼：系统思考。系统思考是五项修炼的核心所在，是其他四项修炼的基础。现实世界的信息让人头晕目眩，到处都是动态性复杂关联的问题，如不进行系统思考，就有可能迷失方向。

尽管学习型组织的前景十分迷人，但如果把它视为一贴万灵药则是危险的。事实上，学习型组织的缔造不应是最终目的，重要的是通过迈向学习型组织的种种努力，引导出一种不断创新、不断进步的新观念，从而使组织日新月异，不断创造未来。

圣吉关于管理者如何培养学习能力的观念就已经涉及到组织自身的特征：在学习型组织中，每个人都要参与识别和解决问题，使组织能够进行不断的尝试，改善和提高它的能力；学习型组织的基本价值在于解决问题，与之相对的传统组织设计的着眼点是效率；在学习型组织内，员工参加问题的识别，这意味着要懂得顾客的需要；员工还要解决问题，这意味着要以一种独特的方式将一切综合起来考虑以满足顾客的需要。因此，组织通过确定新的需要并满足这些需要来提高其价值。它常常是通过新的观念和信息而不是物质的产品来实现价值的提高。当生产出物质产品时，观念和信息仍然提供竞争的优势，因为产品要不断变化以满足环境中新挑战的需要。学习型组织的基本理念，不仅有助于企业的改革和发展，而且它对其他组织的创新与发展也有启示。人们可以运用学习型组织的基本理念，去开发各自所置身的组织创造未来的潜能，反省当前存在于整个社会的种种学习障碍，思考如何使整个社会早日向学习型社会迈进。或许，这才是学习型组织所产生的更深远的影响。

3. 开创无疆界的世界

无疆界世界（Borderless World）是由美籍日本管理学家、资深管理顾问大前研一在1990年提出来的。这一概念提出的背景是，随着全球经济的一体化的趋势和世界各国经济的高度互相关联，跨国企业和国际管理都必须注意如何战略性地分布企业的地理布置和市场范围，因此，在全球范围内的管理系统的复杂性就由此而产生。大前研一提出“无疆界世界”这一概念，指出跨国公司在全球战略方面，不应宥于疆界，总部不一定要设立于自己的国家，而生产、营销、科研等也可以战略性地分布于全球各地，管理人员应以“全世界”作为经营的范围，而非某一个特定的国家或地区。这一概念对于全球化战略的制定、国际多元化投资等问题有深远的影响。

这里，应当注意全球化战略与多国化战略是不同的。按照大前研一的说法，公司进入国际范围（无疆界世界）进行经营的一个重要战略问题是，是否以及什么时候使用一种全球化战略，而不是多国化战略。全球化战略意味着产品设计和广告在全世界范围内是标准化的。多国化战略意味着在每一个国家所进行的竞争与其他国家是彼此独立的。

由于全球化的考虑，企业要面对多元化和多文化的问题，企业内可能有多民族的人共同工作，这些经济、文化、价值观不同的人如何共事、合作是管理学上所关注的课题。严格地说，从跨国家或跨文化的角度来看，不同国家或地区之间，管理行为是有差别的，其主要原因在于文化的差异。在这种情况下，可以说“管理是有文化界限的”，这与统一学派的看法是不一致的。不同国家的人的行为，不同文化氛围的组织管理，分歧的趋势强于聚合的趋势，因为组织内人员的文化特质难以改变。

无疆界的世界导致了有关全球工作团队（Global Team）概念的特殊问题。团队领导者和成员必须学会适应他人的文化价值观和背景，学会在通常是高速变化的条件下与别人进行协作。一种称为 GRIP 的全球团队效率模式，主张团队应注重在目标、关系、信息与工作流程四个关键方面提高共识。这样才能使团队在高度的协作中拧成一股绳，对全球团队的需求和应用很可能将扩大。如果团队成员能够将他们不同的背景和利益融合成一种团队文化，而这种文化关注的焦点是为组织的全球目标服务，这种团队将会大大提高公司的全球竞争力。

4. 超越界线的管理

舒曼特拉·高沙尔和克里斯多弗·巴特列特认为，新的复兴的组织形式可以并且正在显现，这种组织形式最终导致了组织的超越界线的管理（Managing Across Borders）。对这种形式来说，重要的是对于世界不同地区的跨国公司的认识，他们有着各自的管理传统，每个企业都有一个基本的竞争优势来源。

舒曼特拉·高沙尔和克里斯多弗·巴特列特指出，跨国公司的第一种类型是“多国公司”（Multinational Corporate）或“多省（州）公司”。它们的实力源于对当地市场的灵敏反应。它们是各个分散经营的当地公司的联合体（如联合利华、飞利浦等），通过人事控制网络互相联通（本国公司向海外派员，所派人员在海外公司身居要职）。第二种类型是以美国公司（如 20 世纪初的福特）和日本公司（如松下）为典型代表的“环球公司”，它们的实力源于规模效益和成本优势。拥有大规模的生产设备（通常集中于本国），制造出标准化的产品。海外机构则被视为使产品源源不断流入环球市场的运输管道，在战略决策、资源和信息等方面受控于总公司。第三种类型是“国际公司”。它们的竞争力来自它们能将知识和专业技术转移至较不发达的海外。它们是由各个协调经营的当地公司组成的联合体，受控于完备的管理系统，掌握在互相协助工作的员工手中。总公司由于对核心业务有较全面的掌握，态度有时会显得狭隘固执。这种做法是许多美国和一些欧洲公司的传统做法。高沙尔和巴特列特认为，全球竞争正迫使许多公司转型为第四种类型的公司，他们称之为“越国公司”。这些公司既要考虑到当地的实际情况，又要考虑到全球效益，还需要考虑技术转移问题，力争做到更好、更廉价、更迅速。

“越国企业”是一个网络工程，组成网络的各单位各具特色，互不相同。工程既着重考虑了各地企业之间经营一体化的联系，也考虑了本部。子公司以前只是总公司的一只胳膊，现在一跃成为总公司的宝贵财富。发达的制造技术可以渗透到任何条件许可的地方。

案例　毁了大庙，富了和尚：从组织与个人的关系看“旭日升”的覆灭

在中国企业的发迹史上，“旭日升”算得上一个经典的反面教材。

“旭日升”最初真正进入业界的视野起缘于它缔造的“低成本快速扩张”神话。1995年，面对源源不断的市场订单，旭日升集团采用“借鸡生蛋”的资本运作模式，租赁全国各地企业闲置的71条饮料生产线和5条啤酒生产线，一口气在全国开设了23家分公司，在河北乃至全国一度被传为佳话。1998年，“旭日升”的销售额已达到30亿元。2000年，据中国饮料行业协会统计资料显示，“旭日升”的总产量达到103.6万吨，在中国饮料十强中排名第二，一度占据茶饮料70%以上的市场份额。

然而，就是这样一个红极一时的企业，2004年，即便是不惜一切代价的公关活动，即便有了政府参与筹措的600万元资金，也扭转不了被破产拍卖的命运。随着“旭日升”内部所谓的“秘密”一点一点外泄，人们看到了并不陌生的真相——“旭日升”失败了，内部少数个人却“成功”了。

旭日升集团的前身为冀州供销社，其市场初期的销售队伍大都是从冀州本部工厂临时选拔上来的，属于“子弟兵”。因此，“旭日升”的许多分公司经理都是企业创业阶段的骨干，他们在集团内部有相当好的人际关系，因此能“摆平”很多事情。譬如，在销售管理政策上，许多分公司经理经常向总部“要政策”，政策要来之后，分公司经理与经销商共同瓜分其中的利益；而各地销售政策的不同导致了不同的经销商能拿到不同的产品价格以及不同的返利政策，使得冲货窜货屡禁不绝。冲货严重打击了正当经营的经销商的积极性，也导致了

其产品市场日益萎缩。2001年，“旭日升”的市场份额迅速从最初的70%跌至30%，市场销售额也从高峰时的30亿元降到不足20亿元。

在某些城市，“旭日升”保健公司是直接做终端，销售款压在分公司处，结果分公司常常压住货款不发回总公司；对于一些经销制下的区域，分公司经理由于和经销商串通一气来骗取总公司的利益，导致分公司经理催款不力，或者将货款自己压下来。而压下来的货款则被许多分公司经理拿去炒股票或者存银行拿利息。2002年3月，“旭日升”所在地公安局逮捕了其一名分公司经理。据查，该经理在公司工作期间，利用自己的职权之便，贪污各类款项达到300多万元，而这300多万元已经被他挥霍殆尽，无法追回。有供应经理就每罐产品向制罐商索要一分钱，这N个一分钱于是被转嫁到了公司头上，导致公司生产成本的急剧上升；更有区域市场负责人在投广告的时候与当地广告公司“合作双赢”，以合法的手段开发票，做账，配合得“天衣无缝”。也许上梁不正了，下梁才会歪。一位集团老总在北京买了一套豪宅，而钱实际是由北京公司方面出的；而更为要命的是，在公司最风光的时候，高层为了照顾当地的关系户以及周围的亲戚朋友，进行了没经批准的集资活动，通过分红的形式把钱弄到了私人的腰包，到了2001年，由于公司经营开始出现明显的困难，高层开始把自己的集资款提走了，这种做法使公司的经营更加困难。一位被拖欠货款的供应商在接受记者采访时说：“除了市场因素之外，旭日的管理混乱，让人触目惊心，公司里几乎所有的管理层都把公司当做一个宝库，肆无忌惮地利用职权抢钱。我想这是这个公司衰落的一个主要的内因。”由于内部管理的松懈，造成组织与个人关系的混乱，最终使个人的获利与组织的利润追求相背离。

“旭日升”昙花一现般的成长史不得不让人反思：作为企业的设计者应如何处理好个人与组织之间的关系？如何防范组织与个人之间的关系危机？

XianDai QiYe
ZuZhi GuanLi
ChuangXin

第二章 组织管理理念创新

组织管理创新的最高任务是为了不断实现组织的目标，并为此而设计出一种合适的控制方式。而内外部环境的变迁主导了组织由上而下的控制方式的更迭，并直接表现为在组织发展史上一种种组织形式的先后登场。变的是存在形式，不变的是目标追求和控制意志，这便是直线式、矩阵式、事业部式、网络式等不同组织存在形式之间最深层的奥秘。而作为企业组织的设计者和维护者，如何去主导这种“变”与“不变”呢？唯有抓住“理念的创新”这一切入点。

一、管理中的困惑：做人还是做事

在中华民族几千年的商业文明中有一个奇怪的现象，即创造了巨额财富的商人领袖，与其企业的规模、产品、影响力常常不匹配，甚至形成了较大的反差。晚清首富胡雪岩可谓富可敌国，然而，人们所看到的企业产品，仅仅是一些根本支撑不起其巨额财富的传统医药；即使是今天的华人首富李嘉诚，以上百亿美元的个人财富与比尔·盖茨同登《福布斯》全球富豪榜，但人们很少能像感受微软那样去感受长江实业集团的规模、产品、影响力。有人分析认为，出现这一现象的根本原因在于，长期以来，中国的企业、商业组织里“做人”高于“做事”，从而使个人的成功可以与组织目标相分离。那么，在企业组织的影响力日益增长的今天，我们是做人还是做事呢？要回答这个问题，得从做人与做事的内涵说起。

（一）做人：以人际关系为导向

进行做人还是做事的取舍，实际上是一个以什么为价值标准去判断结果的问题。一般来说，“做人”当然是以众人的感情、感受和喜好为标准，而“做事”强调的是以事情的结果是否有利于达到组织的目标为标准。事实上，以众人的感情、感受和喜好等主观因素为标准是不太容易形成统一的结论的，因为它常常受被判断者与判断者之间的人际关系状况所决定。因此，“做人”实际上是一种以人际关系为导向的活动方式。

每一名组织成员在企业里一般有两种人际关系：一种是由组织分工与协作所形成的职位系统所赋予每一名组织成员的正式关系，主要表现为企业流程上的前后参与关系，包括权力关系、职责关系、层级关系等；另一种是由组织成员间基于共同的兴趣、爱好、情感、价值观等主观因素所形成的非正式关系，主要表现为“业余派对”、“朋友圈”等。

就第一种关系而言，正是组织成员间正常的权力关系、明确的职责关系和有序的层级关系才使组织的每一项工作都有人去执行，企业的各个流程才能顺畅地运行。而就第二种关系而言，当正式关系不能照顾员工的工作感受、不能兼顾工作内容与员工个人的喜好、不能及时排解员工心中的不满时，非正式关系的存在就为员工提供了一种相补的缓冲地带和释放空间。所以，正是从这个意义上说，良好的人际关系是企业效率的基础。

但非正式关系有时候也有干扰良好正式关系的可能，比如企业里常见的“小圈子”、“山头主义”、“强龙难压地头蛇”等现象的出现常常意味着对企业正式关系的打破，它不利于企业目标的实现，甚至严重影响组织其他成员做好工作的积极性。

因此，以人际关系为导向本身并没有什么不妥，“做人”同样可以实现企业的目标，但问题是以哪一种人际关系为导向。

（二）做事：以组织目标为导向

所谓“做事”，当然是指由组织成员去完成与实现组织目标有关的事情或公务。一般认为，这种与企业目标有关的事情或公务的内容是由企业内部的分工和层级体系所决定的。因此，“做事”是最容易和企业目标保持一致的，也是企业最期待的组织行为，因为能否有效实现组织目标直接决定着企业今后的生存和发展质量。虽然“做事”是企业最期待的组织行为，但在现实中，企业总会有员工不会这样做。其原因主要有两个：

（1）个人需求与组织目标不统一。在一个企业内部，如果激励机制不健全，员工个人干多干少一个样，对行为错与对的正负强化乏力，利益分配严重不公，管理者与工人之间等级差别思想严重，那么员工个人很难把企业的目标当做自己的行为导向，从而不得不寻求通过非正式的渠道来实现个人需求的满足或达到某种心理上的平衡。为此，在这样的企业里，往往腐败滋生，权力寻租、办事效率低下、拖拉扯皮、人浮于事等现象突出。

（2）企业规章制度的负面强制效应。所谓负面强制效应，是指一旦某项规章制度制定并实施以后，它所针对的某类行为会有何种结果就是一定的，但任何规章制度都有两面性，一旦它本身出现偏颇，会造成“错上加错”，给企业带来损失。规章制度是企业追求自身目标的意志体现。企业通过机械式的规章制度把员工行为与结果的关系限定下来，虽然有利于员工去参照和执行，能在一定形式上保证企业活动的稳定性乃至不同员工间的公平性，但有些规章制度的偏颇标准是很难把握的。这种偏颇给企业带来的损失，可以称之为规章制度的机会成本。而此“机会成本”的存在往往意味着员工无法按照正式的规章制度去执行工作任务。

（三）做人与做事的统一

从以上“做人”与“做事”的分析可以看出，实际上，两种活动方式都是有前提的，在条件合适的情况下，可以殊途同归，都可以实现组织的目标。我们认为，这些合适的条件主要包括：

（1）理顺关系。理顺关系主要包括三个方面：一是合理安排企业职位层级体系所确定的职责、权力等正式关系；二是正确处理正式关系与非正式关系的关系，正式关系中不可能没有非正式关系的存在，关键在于能为企业目标服务；三是适时干预企业中非正式关系的状态。非正式关系必须是健康的和相对开放的，并主动分析非正式组织的具体存在基础，积极从中发现企业中的不足，并有针对性地加心解决。

（2）优化结构。组织结构是企业目标的重要支持系统。优化结构一方面要科学处理好管理幅度与层级的关系。企业结构应该根据员工素质、信息技术水平、领导水平等因素适当扁平化，因为纵向的管理层级太多、横向的管理幅度太宽，都有可能影响到组织成员对企业目标的感知力度；另一方面要及时对组织的职能、流程等运作要素进行审查，以核心技术或业务为中心进行企业再造，最终形成更加严密而精简的规章制度体系。

（3）协调目标。协调目标不等于简单的目标管理，因为前者的关键在于如何使企业目标的实现会导致员工个人需求的满足，而目标管理只强调企业任务等于全体员工个人任务的总和，它强调的是企业目标的系统性和个人目标的可选性。因此，要协调目标，一方面要尽量避免企业目标只局限于从企业高层产生，要引入民主管理，解决员工参与决策的权力和机制问题；另一方面，要建立反应灵敏的激励机制。不仅要注重员工个人的纵向差别，还要注重不同员工间的横向差别。不断丰富激励的手段，引导员工学会珍惜学习和培训的机会，看重接受工作挑战的经历。

二、组织管理理念创新的多元导向：矛盾还是统一

（一）以工作和任务为导向的组织管理理念创新

不可否认，企业目标定得再大，员工们每天都还得从一项项具体的工作和任务做起。把所有员工的工作和任务加起来，才能看到组织的身影以及目标的存在。而要完成一项企业的工作或任务，往往靠一个人乃至一个部门是不行的，这就产生了一个组织与协调问题。以工作和任务为导向推动企业组织创新，目的是为以完成工作和任务为管理视野的组织设计一个有利于组织和协调人员的结构形式。一般认为，以工作和任务为导向的创新主要包括职能制形式和矩阵形式。

1．职能制形式

（1）职能制形式的产生逻辑。职能制形式是由组织理论之父亨利·法约尔于20世纪早期设计出来的，并在许多企业组织中得到应用。作为一种组织形式，与当代网络化组织、战略联盟等比起来确实显得有些传统。但传统的东西不代表就是落后的东西。职能制的最大特点，就是按照企业运作业务所涉及到的社会专业门类，确定需要具备的职能，以低成本、高效率为原则，组织相关人员去完成每一项工作任务。这里面已经包含了最基本的分工与协作思想，只不过这种分工与协作的安排有了一个更为明确的规则——专业或职能。所以，职能制组织形式的出现和应用与组织诞生的逻辑是一致的。此外，当我们从更宏观的层面来审视社会巨系统与企业子系统，我们会发现每个企业都在以自己最擅长的业务的方式给自己进行定位，在市场交换中找到自身的存在价值。特别是随着市场竞争的加剧，各现代企业之间最擅长的业务的差异化程度会越来越大，因为业务与别人雷同的低效率企业最终将被吞并。从某种角度上说，这也是一种职能制形式的分工与协作。事实上，不管企业选择何种组织形式，职能制形式总会存在其中，比如现代网络化企业，其核心技术或业务部门

的设计往往还以职能制形式为基本的组织形式。

（2）职能制形式的适用原则。职能制形式的适用原则主要包括：

1）规模和层级适中。规模太大，必然造成部门数量增多，沟通协调困难。职能制形式是以员工努力、以工作和任务为中心来进行组织设计的，所以它只能在总经理一级才能使生产、研究和发展、销售等活动取得协调，故它只适用于作业工作，而不适用于高层管理和创新工作。

2）权力和责任明确。职能是所拥有的职权与要达到的功能的结合体。职能制组织中之所以出现相互扯皮、推诿的现象，没有明确地界定好每一个部门的职权与职责是重要原因。在工作和任务面前，各个部门总是有着难于避免的自利性，通过加强教育，增强员工的工作积极性是必要的，但制定刚性的权责规范同样必不可少。事实上，部门与部门之间的职能关系是构成企业每一个业务流程的基础。如果各部门没有明确的权力，业务流程就会因节点响应不到位而无法构建起来。反过来，如果各部门有权力而不用承担责任，业务流程则会因节点的随意响应或乱响应而偏离目标。

3）注重协调。在职能制组织形式内部，同一层级部门间一旦出现矛盾和分歧，往往只有通过共同的上一级组织来解决。而在一个现代企业组织里，两个发生冲突和摩擦的部门在很多情况下并不一定隶属于同一个上级，如果按照一般的做法，只有把矛盾和分歧逐级上交，直至共同的上级为止。一方面，这使原本没有矛盾和分歧的某些同层级部门也受到冲突和摩擦的强化；另一方面，逐级上交势必延误时间，影响企业效率。为此，企业在有意识地控制组织规模的同时，可以考虑在某一层级部门间发生矛盾和分歧时，规定哪一个部门拥有最后的主导权，或者鼓励双方跨部门协商，成立协调机构，减轻共同上级的负担。此外，由于矛盾和分歧常常是由于各自为政，不熟悉对方情况造成的，可以考虑进行管理者定期轮岗交流，一方面增进相互理解，另一方面也有利于弥补职能制不利于培养企业领导人的弊端。

（3）职能制形式的存在模式。企业组织管理的创新和发展历史实际上也是一个企业管理人员不断根据原有组织形式的优缺点，结合自身实际情况，不断扬弃和整合的过程。因此，纯粹意义上只用一种模式来设计企业组织的情况是非常少见的，也没有哪一个企业可以说是纯粹意义上的职能制组织形式。在职能制组织内部，各职能部门分别有权指挥包括生产、销售、研发等部门在内的相应下属单位，而企业领导人只需要管理几个职能部门。实际上，领导人与企业基层的信息联系是不通的。这样一来，一旦领导人员发现企业目标上的错误，要进行调整，还得通过职能部门来实施，势必影响了企业的快速反应能力。所以，领导人员又在职能制的基础上，收回一部分指挥控制权，在必要时直接调度基层部门，而职能部门在缩小后的权限范围内继续指挥下级基层单位。此时的组织形式实际上是职能参谋制形式。

随着组织规模的扩大，各职能部门之间的矛盾和分歧有增多的趋势。领导人员发现，矛盾和分歧的增多一方面是因为职能部门的数量增长过快，另一方面，矛盾和分歧总是经常性地发生，说明相关部门之间存在的交叉关系确实紧密。此时，增加协调机构还不如直接把这些有着紧密交叉关系的职能部门整合成一个部门，这样的效果更为理想。从此，随着按纯粹职能制形式设立的部门数量的减少，一个个直线制组织形式开始在企业的二级或更下一级结构中出现了。实际上，这便是现在绝大部分企业中机关管理部门与生产业务部门并存的由来。

2. 矩阵形式

（1）矩阵形式的产生逻辑。我们知道，职能制形式是以工作和任务为中心的，而当组织某一方面业务的工作和任务频繁增加，且耗时很长时，靠以往职能制形式下的垂直管理体系应付起来就很困难。因为职能制组织各部门履行职能是以本部门为单位的，部门内部存在着如何统一意见的问题。这样一来，企业要完成某项长期性的工作，总经理只有把各部门的负责人经常集中起来，开会、商讨，这样做显然费时费力且影响各职能部门的正常运转和企业其他方面业务的开展。正是基于这样的情况，人们想到了由上级向下级授权。总经理也不可能只专注于某一方面的业务，所以他就从下属的规划部门中专门指定一个人负责这项业务，各职能部门负责人也在部下中指定一个人参与这项业务。从此分别获得上级授权的一群人为了完成某项业务而集中在一起，他们可以进行一般性的决策，除了组织上要服从授权人或授权部门的领导外，业务上可以相对独立，只是该项业务的负责人须向总经理报告进展情况。从他们各自的职权和功能来看，也可以算得上是一个小企业，只不过在现实中被称为“项目小组”、“业务小组”或“工作团队”。由此可见，矩阵式组织形式把管理中的“垂直”联系和“水平”联系、集权化和分权化更好地结合起来，以一种变通的组织形式，加强了各职能部门之间以及职能部门同规划部门之间的协作关系。矩阵式组织形式也是以工作或任务为中心的，它最初被美国洛克希德飞机公司等企业用来执行巨大的军事生产计划，以后逐渐推广应用到各个领域和其他国家。

（2）矩阵形式的适用原则。矩阵形式实际上是在一个大职能制结构中通过授权产生一个小职能制结构。从矩阵形式的产生过程可以看出，矩阵组织形式要发挥作用，一方面离不开赖以存在的大职能制结构正常发挥作用，另一方面小职能制结构的临时组建也必须合理。这决定了矩阵式组织形式在职能制形式适用原则的基础上还有着比职能制形式更为严格的适用原则。

1）人员要精干。以职能制部门为单位参与企业业务项目有一个好处是，它能充分保证参与业务项目的人员往往是最精干的。因为各部门负责人一般是通过工作能力的高低、资历经验的多少排序产生的，他们应该代表了企业最强的工作能力。但组建项目小组后，往往是他们的下属参与进来，这就难以保证他们的能力素质能够符合工作要求。为此，在组建项目小组时务必精挑细选人员，其知识、能力、智能、性格等都要加以考虑。选中的人不一定是最强的，但一定是最合适的。在人员要求上，最关键的莫过于项目负责人的确定。因为他掌握着整个项目小组的具体行动，并且要善于预测判断、组织指挥、人际交流和应变创新。

2）授权要适中。授权太宽，企业会对项目小组失去控制；授权太窄，项目小组行动迟钝，发挥不了它的优势。因此，在组织建设项目小组时，要在挑选合适人员的基础上，因人授权，并且明确授权范围，一般属于业务项目上的事情可以由小组成员自行做主，涉及通过组织关系调用原所在部门的资源等方面的事务仍由原所在部门决定。总经理在对项目负责人授权时，除了在小组负责人与其所属部门间区分业务关系与组织关系外，还应明确规定哪些事务可以当机立断，哪些事务必须请示总经理。一般可以通过对财务控制、目标控制等手段加以明确。总而言之，要保证项目小组是一个相对独立的结构。

3）激励要跟进。项目小组是一个因特定的工作或任务而临时组建起来的工作团队，并且一旦任务完成就要解散，所以，它具有很大的不确定性和不稳定性。如何发挥团队成员的主观能动性，让他们尽心尽力，忠于职守，是一个重要着力点。特别是有时由于业务项目耗时很长，小组成员可能要长时间脱离原所在部门，如何处理组织关系也是一个难点。为此，应建立与项目小组的业务目标相配套的激励机制，使小组成员能感受到在小组工作的成就感和以更直接的方式为企业做贡献的荣誉感。同时，通过自上而下的物质和精神激励，强化所有部门对项目小组的参与意识和支持意识，为工作团队营造一种尊重人才、不畏挑战、敢于冒险的外围环境。

(3) 矩阵形式的存在模式。矩阵形式的出现实际上是在企业中临时创设了一个小企业，并且它的职能门类齐全。因此，它的最大特点就在于它因涉及企业众多职能的工作或任务而诞生。在企业组织的演变过程中，类似这样涉及众多职能的工作或任务是很常见的。可以认为，凡是牵涉众多员工利益，涉及众多部门职能的事务，都会有矩阵形式存在的影子。比如，为了解决牵涉工资、福利、加班津贴等企业员工重大利益的问题而建立了各种委员会，为了降低能源消耗而成立的节能降耗委员会，为了做好年终分红工作而成立的红利发放委员会等等。这些机构尽管可能会长期存在，但它们一般不占人员编制，且只在特定的时候发挥作用，平时可以视作不存在。在这种协调性机构中，除一两个负责人要相对固定外，其他成员不需要固定，负责人也要对主管这项事务的总经理或其他领导人员请示和报告工作。

此外，当某一方面业务带来的工作或任务频繁增加，使得临时建立的项目小组无法撤销，与成员原所在部门的组织关系已经失去意义，而成为了一个比较稳定的组织，实际上这就是正式的内部企业。如果从它的职能门类以及它与企业领导人之间的权力关系来看，它更像一个以产品或项目为划分标准的事业部。

（二）以成果为导向的组织管理理念创新

在企业运作实践中，成果可以理解为实现了的目标，它是企业在人力、物力、财力等方面的投入和工作过程所指向的逻辑结果。如果把成果或目标作为管理的核心视野，那么管理者就必须做好投入，同时又放松对过程的关注——实际上，这就是授权。以成果为导向的组织创新，旨在通过一种合理授权的方式，解决企业规模扩大带来的管理压力问题。因为相比时间、空间等过程控制来说，结果控制是最不容易偏离企业总体目标的。这种控制方式引起的组织创新一般包括事业部形式和超事业部形式。

1. 事业部形式

（1）事业部形式的产生逻辑。以职能制形式与矩阵形式来设计企业是以完成某项工作或任务为导向的，它的目的在于使工作或任务有合适的人去做，强调的是在特定事务面前的快速反应能力，所以一旦特定工作或任务完成以后，“快速反应小组”（或项目小组）就会撤销。当以成果，也即完成特定工作或任务后达到的功效为管理视野时，“快速反应小组”就找到了得以长期稳定存在的物质基础。另一方面由于企业规模的持续扩大，传统职能制式的垂直管理体系越来越难以应付种类日益增多、数量更加集中的企业业务项目。此时，“快速反应小组”就找到了得以不断扩大规模的需求基础。于是，一个长期稳定存在且职能齐全、规模不断扩大的内部企业就出现了。并且由于此内部企业会长期存在，与派生它的各职能部门间先前存在的组织关系就失去了存在的意义，它只需要向以总经理为代表的企业高层负责。而企业高层仍像管理一个项目小组一样，通过财务、人事、核心价值观等控制手段，来保证逐渐增多的内部企业不偏离企业的战略目标即可。

事业部形式最初是由皮埃尔·杜邦于1920年改组杜邦公司时提出的，1921—1922年斯隆在美国通用汽车公司推行了更为完善的事业部形式。此后，有许多企业加以模仿和改进。事业部形式现已成为大企业组织结构的标准模式，其原则同样可以用来组织自治单位内部的小单位，也适用于工商业以外的各种服务机构。

（2）事业部形式的适用原则。根据事业部形式的产生逻辑和优缺点，事业部形式有以下适用原则：

1）规模适中。规模适中是指只有上了一定规模的企业才有设立事业部的必要，同时还指所设立的事业部的规模应该适中。如果企业规模不大，传统的职能制形式和矩阵形式就足以应付企业的各项业务。否则设立事业部，在原来的垂直体系中再增加一个层级，势必会造成人力、物力资源的浪费。所谓事业部的规模要适中，是指事业部事实上也是一个实行职能制形式或矩阵形式的内部企业，它同样存在着一个反应效率的问题。规模太大，事业部反应迟钝；规模太小，事业部就像一个工作团队，事业部的领导人员无法发挥经营管理能力。

2）控制到位。如何解决控制问题可谓事业部形式的最关键问题。财务和人事控制是事业部形式常用的控制方式，但现实中，财务体系究竟要怎样设计才能既不让资金流失去总部控制，又及时满足事业部对财务支持的效率需求呢？如果什么开支都要事先向总部请示汇报，如何保证事业部的积极性和能动性呢？另外，把事业部高层管理人员的调配由总部统一管起来，会不会影响到事业部政策的稳定呢？这些都是事业部形式中的控制问题。总之，控制缺位，势必使事业部的发展偏离公司的宏观目标，控制越位，又会使事业部优势难于发挥。

3）整体优势。一般来说，现代大型公司企业往往不只一个事业部，而是以产品或地区为单位，划分多个事业部。这些事业部之间从表面上看可能能够发生的联系不多，但事实上，它们仍然是一个有机的整体。一方面体现在公司总部对目标体系的构建与引导上，另一方面体现在公司统一的品牌战略和文化模式上。因此，设计事业部形式时，应突出整体优势的把握，使各事业部生产的产品或提供的服务能够配套，同时，各事业部的经营管理水平、生产能力也要大致匹配，并导入统一的CI体系，实施共同的品牌战略。各事业部在处理内部经营管理事务时，也应强化系统整体观念，积极把事业部的目标纳入总部战略目标体系中，并善于处理与其他事业部间的关系。

（3）事业部形式的存在模式。事业部形式最大的特征在于分权和目标管理。因此，只要是以这两种方式来构建主体与客体之间关系的，都可以找到事业部形式的印迹。在计划经济时期，如果说作为社会管理者的政府有着使社会商品更加丰富、企业上缴利润更多的目标的话，那么任何一家具体的国有企业都可以算作是一个事业部。它的总部即政府也是通过下达年度生产指标、任命高层领导人员等手段左右着物质、能量和信息由企业外部向企业内部的传递。只不过政府的控制是长周期的，不像企业总部那样具体而及时，而企业总部对事业部的控制一般是短周期的，可以随时进行。

事业部之所以能成为一个自治单位，是因为它的职能门类几乎和组建事业部以前的企业一样齐全，可以实施各种工作过程，以至于企业总部可以忽视采取什么具体过程，只要保证实现目标即可。这样一来，如果假设事业部一定能完成目标，那么事业部到底由什么人、按照什么方式组建而成，以及它将以何种工作过程完成目标，都可以不关注了。于是，企业面向供应商的招投标活动开始了，虚拟企业开始出现了。此时，企业的边界不仅缩小了，同时也扩大了，只不过企业总部对一个个事业部的控制是通过经济手段来控制的，可以更加灵活。

2. 超事业部形式

（1）超事业部形式的产生逻辑。前面讲过，事业部实际上是在企业内部通过合理授权重新构建出来的一个企业。那么，既然是企业，它的市场在哪呢？只能在企业内部，在产品比较单一的企业内部，各事业部之间就可以形成一个市场。企业的产品流程一般可以分为研发、生产、销售等子流程，如果企业规模足够大却又产品单一，那么把这些子流程列入同一个部门显然是不利于专业化和经济效能的，可是如果分别划列入一个个传统的事业部，就很难保证它们之间能组成一个严密而完整的产品流程。以往的控制手段主要为财务和人事，应该说，这是一种计划手段。所以，人们自然地想到了市场手段，也就是把各个事业部看作是相对独立的企业，有相当大的自治权和管理机构；各个事业部之间按内部的转移价格进行产品交换并计算“利润”，进行模拟性的独立核算，产品流程的各个节点是否协调从等价交换中就可以直观地反映出来。此时，企业总部对事业部的目标控制便开始放松，事业部的自治权相应扩张，从而被称为“超事业部”。

（2）超事业部形式的适用原则。超事业部的适用原则是与其优缺点密切相关的。

1）有高度的相关性。超事业部主要用于解决在一个规模庞大、产品相对单一的企业里如何提高效率的问题。正是因为规模庞大、产品单一，所以研发、生产、销售、服务等职能就应分属不同的事业部，且各事业部之间有着比传统事业部更紧密的协作关系。如果各超事业部之间并没有高度的相关性和明确的流程逻辑关系，各超事业部之间就不存在互相计价交换的需求，也无法进行内部计价。

2）内部计价要合理。企业总部对超事业部的控制主要是通过市场的手段进行的。由于企业内部市场毕竟不同于外部市场，各个交换主体之间的供求关系实际上是事先由企业总部设计好了的，且随时通过内部计价进行调整。因此，合理的内部计价是实施控制的基础，也是实现具体控制的手段。同时，由于企业内部并不存在明确的价值规律，内部计价只有根据企业产品流程的速度、库存、部门效率差别等指标，有选择性地进行调整，同时要教育员工有全局观念，不要停留于部门绩效一时的增长与下跌。

3）制度体系要健全。实施超事业部形式以后，企业总部以对内部市场的控制实现对全体事业部的目标的控制。而对市场的控制一般离不开规章制度的支持，因为它的关键往往不在于企业某项规定是否合理，而在于这项规定是否具有稳定性；不在于企业某一项规章制度非常合理而有力，而在于所有的规章制度是否健全，是否相互配套，是否能透明而清晰地说明超事业部运作所涉及的计价原则、方法、交换原则、财务对接、人员奖惩等方方面面。否则，内部计价交换只能是一个形式和摆设，最终成为一项影响员工积极性的负担。

（3）超事业部形式的存在模式。超事业部与事业部的不同之处在于企业总部对它们的控制方式不同，一个是市场手段，另一个是计划手段。我们知道，计划经济时期，国有企业都像是一个个事业部，因为那时的政府对它们的控制方式和手段几乎与现在的企业总部对事业部的控制方式和手段是一样的。那么很自然地，进入市场经济时期，国有企业就都像是一个个超事业部，因为这时的政府对它们用到的控制方式和手段也几乎与企业总部对超事业部的控制方式和手段一样。只不过政府控制市场是充分利用价值规律，站在更宏观的层面进行的，而计价交换是以真实货币为基础的。这也再次证明，企业管理与政府管理在很多方面是相通的，超事业部形式的出现并不新奇，也不过是一件很自然的事物而已。

超事业部的最明显特征在于它通过市场化手段保证相关部门间的流程逻辑性。所谓流程逻辑性，主要是指时间和空间的依存关系和供求关系。如果把流程的过程扩大为一段产业链条，上下游企业之间的供求关系体现的就是流程的逻辑性，而同一产业链中的上下游企业在追求稳定、低成本的过程中往往有内部的交易价格。此时，这一段产业链实际上就是一家实施超事业部形式的企业，只不过人们更愿意称它为“产业联盟”。

（三）以关系为导向的组织管理理念创新

组织创新不管是以工作或任务为导向，还是以成果为导向，都是站在企业总部的立场，以一种自上而下的方式来考虑如何保证事情有人做，如何保证事情做出预期的成果。所以，它们的管理视野都集中在自上而下的控制上，只不过在具体方式方法上，一个直接，另一个间接一些。应该说，这两种组织创新理念也确实有它们存在的现实基础，因为它们都是先有企业总部，再有下一级部门，并且都是前者产生了后者。但现实中却存在着这样的情形：企业总部是临时因特定计划而设立起来的，先前可能根本不存在，而构成它的下一级部门却存在了很久，且此前各部门之间也没有特殊的联系，就是在一起效力于企业总部后，也不存在什么紧密的供求关系——因为它们本来就是一个个相互独立的企业实体。因此，在这样的“新企业”里，领导人员一开始要思考的问题就不是控制问题，而是关系问题，即如何让各个企业统一起来，朝着一个全新的目标共同努力。所谓以关系为导向的创新，讨论的就是在此种情形下如何设计企业组织的问题。

1．网络化形式的产生逻辑：先有分部再有总部

随着生产力的发展，人类科学技术水平不断提高，生产越来越社会化和分工越来越专业化成为了一个明显的时代特征。人与人之间的关系既越来越独立又越来越紧密，以至于谁都可以有自己独立的梦想，却又谁都无法独自去实现梦想。企业也是这样，为了实现新的发展，有时候不得不面对一项项超大的项目，却无法凭自己单个企业的力量去完成。一方面自身所拥有的人员、技术、资金支撑不起那么大的一个工程；另一方面高度社会化、专业化的生产方式，使其也不需要什么都亲力亲为，面面俱到。在当代社会，这样的情况在政府组织的市政工程、国家军事计划等大型综合性项目中很常见，特别是在高科技领域。比如，美国波音飞机制造公司波音 747 飞机项目，共有 45 万个零部件，它们是由 6 个国家的 1100 家大企业和 1.5 万家小企业联合生产的，其中包括了中国西安生产的飞机尾翼。在这样庞大而复杂的系统工程中，工程发起人可能来自企业外部，比如政府、社会团体，也可能是某个参与企业或某些参与企业。发起人一般也是该系统工程的主持者、领导者，但它无论是来自企业内部还是企业外部，都不具备自上而下的控制优势。因为各个企业平时是相互独立的，只有一般的市场关系，即使是政府，也只是一个发起人、一个资金雄厚的“大老板”而已，因为在当今这样的时代，国家的超经济强制手段是不可随便

使用的。所以，在产生逻辑上，一定是先有分部，再有总部，是由分部产生了总部。这就存在着一个从其他企业如何借力的问题。于是，一种以关系管理为核心的网络化企业组织形式出现了。

值得一提的是，提起网络化企业这一以关系为导向的组织创新形式，不得不提一提美国“阿波罗”登月计划。该计划前后费时10余年，所用的零部件共有700多万个，共有来自2万多家企业和120多所大学及研究机构的42万人参加了计划，耗资近300亿美元。由于它是人类历史上第一个登月计划，所以它的发起人——美国政府高度重视，并在计划总负责人的选择和如何组织参与企业方面反复考量。最终，美国政府采取了网络化形式。用“阿波罗”计划管理主任罗科·佩特的话说，这是一种通过解决难题来进行管理的组织方式。

在整个“阿波罗”计划中，不难找到网络化企业的主要特征：①企业总部由分部产生，因为“阿波罗”计划总部是由政府发起后才组建的；②各参与单位分布广泛、地位平等且事先没有特别联系；③时间很长，参与人员众多，耗资巨大；④企业总部没有超经济强制权，主要靠经济回报和精神激励进行控制。

2. 网络化形式的适用原则

网络化形式的适用要符合其特征，其适用原则主要有：

（1）制定有挑战性的目标。有挑战性的目标是指目标的确定一定是创新而又宏大的，是传统的单个对象所无法完成的。这种挑战性一方面是网络化形式存在的现实基础和逻辑前提，另一方面，富有挑战性的目标还是吸引企业积极参与的动力之一。很多企业愿意参与进来并不仅仅是为了最后的利润回报，还为了获得一个参与宏大项目的机会，锻炼人才，培养市场，以便提升自身的品牌实力，追求一种额外的广告效应。同时，挑战性还有利于激发参与对象的精神追求，特别是在参与带有国家背景的大工程的时候，参与者往往容易让人联系到爱国主义、民族精神、英雄情节等等精神理念。

（2）拥有丰富的精神内涵。企业制定的任何一项目标都是有物质和精神两种内涵的，只不过两种内涵表现的程度不一样罢了。比如，以“产业报国”、“振兴民族工业”等为价值理念的企业，目标体系在物质层面上可能是销售额、市场占有率、利润等指标，但在精神层面上一定是与价值理念相一致的。事实上，精神内涵对网络化企业有着更为重要的作用。因为，参与进来的企业事先并没有过多的联系，参与进来后也没有紧密的关系，而只不过接收了一份新的订单（合作任务）而已。就是在事业部式企业里，光靠分派目标都难于实现完全控制，就更不用说靠分派目标去实现对众多独立企业的控制了。因此，此时丰富的精神内涵对加强网络化企业的上下控制而言就显得非常有必要了。有120多家企业和学校、科研机构参与了“阿波罗”计划，不能不说是因为它是人类的第一个登月梦想。

（3）领导人员强于组织协调。在网络化企业里，可以说只有总部的领导人员自始至终都在为企业目标而忙碌着。因为其他参与单位并不是专为这项特殊工程而产生的，企业总部对这些参与单位的组成人员一般是无权进行调整的。事实上，这项特殊工程只是参与单位的全部业务中的一部分，有时候还可能是非常小的一部分。因此，这就对企业总部的领导人员在组织协调、人际交流方面提出了很高的要求。有时候因为一个小环节出了问题，整个工程都将受到拖累，领导人员不得不花大部分时间和精力用来做协调工作。虽然这种协调包括了对各单位的进度、质量和技术等情况的预测和决断，但相对于组织、沟通、协调能力来说，领导人员业务、技术水平的高低并不是主要的，因为他们的主要任务是借力而不是亲自出力。美国有名的原子弹工程最早是由科学家爱因斯坦向美国政府建议的，但美国政府在该工程负责人的安排上并没有选择他，而是选了另一位影响力远不及爱因斯坦的科学家奥本海默，原因就是美国政府认为爱因斯坦不善于交际和组织。

3. 网络化形式的存在模式

从上文似乎可以得出一个这样的结论，不管以何种组织形式作为企业组织创新的目标范式，都是为了解决在企业内部如何实施由上而下的控制问题。从以工作和任务为导向、以成果为导向到以关系为导向，企业组织的控制方式似乎越来越宽松，手段越来越简单，规模越来越大，而所要实现的企业目标却越来越重大。网络化形式较其他所有组织形式来说，它的规模可谓是最大的，动辄可以达到数十万人，跨越地球的几大洲；它的目标可谓是最高远的，通常都是某一领域的重要攻关项目，往往具有重要的国家军事、政治意义；它的控制方式也可谓是最简单的，不过是市场主体间的订单生产、平等交易而已。

但正因为它的规模庞大，控制成本的增加使它的控制方式不可能像其他组织形式那样明确而多样，所以，构成网络化企业的参与单位之间的关系是很松散的，甚至可以认为它们之间没有什么关系，所谓的网络化企业也可以当做根本不存在。按照交易费用经济学的观点，当企业需求的某项产品部件从市场上购买比自己亲自生产所需花费的成本更低，那么企业就倾向于缩小规模，如果前者比后者成本更高，那么企业就倾向于扩张规模，如果前后两者成本相等，那么企业规模扩张就会停止。因此，当单凭自身的实力无法完成某项工程的时候，可以认为是自身生产的成本无限大，以至于显得市场交易的成本足够低，因此，企业规模就会尽量地缩小，甚至接近于没有规模。但从完成工程项目这个企业目标来说，所有与本企业发生交易、提供产品或服务的企业都是本企业的一个组成部分。此时，企业规模似乎又显得无限地大。既非常小又非常大，便是网络化组织形式存在模式的基本特征。

因此，在生产更加社会化、分工更加专业化的市场经济时期，只要是企业目标得以实现的地方，都有网络化形式的存在。只不过作为一种专门的组织创新范式来研究的时候，网络化企业所追求的目标已经足够宏大，以至于需要许多其他企业的参与才能完成。

三、组织管理理念创新的未来展望

一个由灵活的、网络化的组织所构成的全球经济，一个由信息技术和各种劳动力推动的全球经济，需要组织管理理念与组织运作关系更加紧密，在技术上更具可行性、周期更短、更加革新和学习导向化、更加内部自律、能适应更多不同客户的需要、更跨文化性以及对价值的判断更为明晰。

（一）组织管理理念创新与组织运作的关系将更加紧密

由于组织所面对的经济和技术需求需要更快速、更灵活的组织，连续地应付变化的能力将成为竞争优势的重要来源。这预示着组织管理理念将更深地融入组织的日常运行之中。例如，把组织管理理念运用到工作中的经理们，诸如判断、干预计划的制定与变化管理的组织管理理念活动可以而且应该成为经理与雇员日常工作的一部分。当经理们把组织管理理念的知识融入其角色后，变化能力将在全组织内扩散，而不仅是局限在某一特定部门或岗位上，这使得组织对各种变化具备了更迅速和更灵活的反应能力。除了组织管理理念融入管理岗位，组织管理理念的干预作用也能融入商业的核心过程，如商品发展、战略制定与订单履行，将在组织管理理念和商业成就间建立更紧密的联系。

（二）组织管理理念创新在技术上更具可行性

信息技术是广泛的，它不仅影响组织、工作和经济，而且对组织管理理念的实施也有重大作用。

首先，它使得组织管理理念创新既同步化也非同步化，同时更加虚拟化，更少面对面地进行交流，在全球化的组织中，成员们在不同的地点、文化背景下和时区中工作。组织管理理念的干预，诸如队伍建设、员工参与和混合战略变化，必须以一定的方式来计划和实施，在这种方式下，能在合适的时候或创造性想法出现的时候从各种不同的利益相关人员那里得到贡献。诸如电子邮件、新闻组件和电子公告板等信息技术使组织成员们能够随时做出贡献。另外，大规模线路技术可以让成员们在聊天室里讨论问题，也可以通过网络进行可视会议或更传统的电话会议。

因此，组织管理理念创新可能需要改变一下。比如，用上述技术来交换主意、讨论政策的制定或决定变化过程，将产生不同于来自面对面的会议中而来的动力。新的组织管理理念的倡导者不仅需要提出令人满意的技术，同时还要发展一整套的抽象技术来实现这一目标。在很多情况下，需要一种更具肯定性的方法来确保每一位成员都有机会分享集体的智慧。这些技术层面上的变化产生的效益会产生对工作的满意程度、生产率和产品质量的提高。另外，设想诊断信息反馈和行动方案的制定，这一整个过程应不断地进行调整以跟上新技术变化的需要。

其次，信息技术将能提供关于组织管理理念的更多信息，使更多的人能在更短的时间内参与这些活动，组织管理理念创新应被调整到能够让成员们有更多的细节性的信息。比如，组织内部信息系统能够给成员们提供一个渠道，让他们从中得到更丰富、更有效、更利于内部交流的同时更充满动力的信息，而这是在传统的信息渠道，诸如新闻、报刊、备忘录等所无法取得的。因此，内部信息系统能及时地提供一种有效的途径，让成员针对出现的问题收集数据、归纳，反馈信息，通过这将使他们参与到决策过程中。

（三）组织管理理念创新周期更短

经济和技术发展的趋势是缩短生产、组织和流通时间，而缩短这些流程的时间所带来的压力，也同样让组织管理专家们头痛。相关的一些因素是，组织管理新理念的倡导者们必须清楚地知道那些缩短关键过程的机会，并且记住不是所有的过程都能被仓促地处理的。

新信息技术能够加速一些关键过程进行的步伐。比如，一个大规模的组织诊断要包括同成员们谈话、调查所需数据等，这在过去要花半年的时间，等到一切就绪，很多关键问题却已由于市场的变化、人员的调整和管理的改变已今非昔比了。

今天，应用电子调查、大规模组织设计，组织诊断几乎可能在几个小时之内完成。在不远的将来，一旦新技术出现，如大规模集成线路和电视会议将逐渐被应用，使比以往更多的人参与进来。总之，大幅度地削减流程时间的可能性的确是存在的。

但是，仍然存在质量和心理方面的限制，不能任意地缩短时间，想让变化瞬间就完成显然是不现实的。比如，管理人员常常会被那些关于主要结构性和文化性的变化将要花费 2 ~5 年的估计所困扰。在办公室墙上悬挂的那些组织管理的表格、发展前景等常会让人产生错觉，以为变化已经实现了。但是，工作关系、程序改进和实施这一规模变化所需的其他各方面所花的时间比预期的要多。同样，绝大多数组织成员并不能在一天之内就把过去的旧作风放下，而接受更新的、更有效的行动规则，关于个人行动变动速度方面的限制是显而易见的，因为成员们在被要求改变他们的旧作风时将面临艰难的转变过程。

（四）组织管理理念更具创新性和学习性

在组织管理理念所面临的千变万化的环境中，变化过程的目标应该更多地针对创造全新的结构、程序、行为，而不是仅仅对现状的调整。正如一位公司总裁所说，那些“管理变化”的组织已经落后了，以后成功的组织将是那些创造变化的组织，这就需要前所未有的变革和学习。股份分散所代表的利益分散，要求一个患难与共的未来，并且学习怎样实施它。由于这个过程一般都要涉及到未知领域，组织成员得与变革代理人共同学习，共同开拓未知领域。实施新的组织管理创新将需要大量的实验，如参与者试用一些新的大量的工作、评估、调整方法。实际上，他们将会从自己的行动中学习到怎样创造新的战略、组织和服务。共同学习的努力能够使一些新的可能和方法得到实施，而这在以前是不可想象的。因此，这是一个创新的过程，而不是一个改错的过程。反过来，新的结构和系统会使组织的信息增多，从而提高它的学习能力和在一个技术和经济都在不断变化的环境中的适应能力。组织管理的一些干预措施，如行为科学心瘾、重点询问调查、自我设计型组织和学习型组织等，就是在不远的将来会出现创新的先行者。

（五）组织管理理念将会变得更加多学科化

全球化、技术化、多元化和其他一些趋势将会大大地拓展组织管理理念，并使其他社会科学与计划性的变革更加相关。这表明，组织管理理念将会变得更加多学科化，并依赖于各种各样不同的途径和视角去发展和变革组织。从历史上看，组织管理理念的重点从关注小组织和社会过程转变到组织结构和工作设计；现阶段，已经进一步转到战略和全球性的社会变化上。在这一过程中，一些学科已经运用到组织管理理念创新中，包括组织理论、工业工程、劳动关系、比例管理以及公司战略。在将来，组织管理理念将帮助组织把焦点转到全球网络、电子商务、生态可持续性、临时雇员、企业家素质的成长、经济和劳动力的多元化等方面。这些范围扩大后的实践，需要一些新的方式来管理信息系统、国际关系、社会生态、企业家素质和劳动经济学所带来的变化。可喜的是，很多学科都在扩展它们的领域，并逐渐认识到新的组织管理理念能给它们带来的贡献，如战略管理、社会生态学、经济学这些传统的着重考虑技术发展、产品发展、社会阶层结构以及经济业绩的学科，正融入人力资源变革和其他组织中，使它们能更好地设计公司价值、社会发展等方面的模型。

随着组织管理理念变得更加多学科化，一种综合管理变革的方法的前景离我们不远了。比如，在复杂科学和混沌理论中的一些最新发展，为组织管理专家提供了更新、更抽象、丰富多彩的概念性框架，也表明了其他如数学、物理等学科怎样在这一统一变化的理论中起到各自的作用。在理想的情况下，完整的一个前景应该是在人类的发展与经济业绩之间实现平衡，提供一个对组织系统和人力方面更加完整的认识，并且创造更新的技术管理和大规模的跨文化和文化类的变革。对于组织管理理念实践来说，当所有的雇员都在战略性地思考，并且在自我兴趣、组织福利、生态福利的指引下前进时，受益的显然是组织本身。

（六）组织管理理念创新的倡导者将会和更多的客户合作

组织管理环境的变化，表明将来的变革会更多地在与客户合作的基础上实现。传统上，新组织管理理念的倡导者着力于大的商业组织，但是，其他类型的组织慢慢也会成为关注的重心，如中小企业、政府组织和全球社会变革组织。对组织管理来说，中小企业是一个很重要但尚未被充分挖掘的市场，很多这些组织都与技术变革是同步前进的，因为它们的运营资金有限，有些是依赖风险投资，时间就是它们最重要的资产和关系成败的重要因素。所以，重要的是要搞清行动的方向，而不是关注于思考和学习，指导行为和决策的结构与系统也更少。这种环境只适合于快速的、有弹性的变动过程，它能快速地把人们定位到商业战略中去，快速地融入到工作决策中去，提高工作过程的效率以及帮助创办人和核心管理者判断市场、竞争和技术处在怎样的一种变化状态之中。企业家并不愿意去思考或并没有被培训去思考这些问题，组织管理就能帮助他们搞清这些问题，获得必需的竞争力。

经济、劳动力、技术和组织等发展趋势，把政府推向一个更有效、更灵活、更网络化的状态中去。因此，政府也在逐渐应用组织管理方面的干预，如战略管理、雇员与业绩管理，我们也期望公共部门管理变革的需求能够扩大。另外，随着经济全球化的趋势，政府将会在管理经济发展事物中变得更具前瞻性。公司合作关系，一种跨组织管理的形式，将会得到大力发展，需要组织管理专家的帮助，特别是在两种类型的组织之间的一种敏感性差异方面，以及这种合作关系要承担的一些义务，如环保措施、雇员计划、企业法人权以及税收。

财富的不断集中和经济的全球化，会给组织管理创造无数的机会去帮助发展中国家的弱群体和生态。比如，在中国，随着政府减少官僚机构和增加国有企业，非政府组织承担一些社会服务的需要在增大。与此相应的是，北京的地球村已经开展了一项实际行动使人们参与到环保实践中去，并且为其他非政府组织培训领导人员，通过团队建设、跨组织管理和战略设计，组织管理实践和过程能够帮助这些组织实现它们的目标，管理它们的资源，提高它们的运作功能。

同样，由于一个逐渐被耗竭的用地及污染的水源，全球生态系统的局限性包括它吸纳人口增长的能力，这样，对传统的商业模型需要重新地认识和进行修正。修正以后的模型反过来需要一个新的组织，一个更重视其他产出和过程的组织。比如，自然增长模型强调组织战略的重要性，并且在一个可持续的空间中设计工作；自然资本模型坚持有效地利用自然资源的商业战略能有效地解决环保问题。一些组织，如宜家、界面公司（INTERFACE）、摩托罗拉，都在重新定位它们的商业模型。比如界面公司，一个地毯制造商，已在考虑制定出租地毯的策略。在这种“常青出租”的战略下，它们负责保持地毯的清洁和新鲜，每月收取费用。通过安装地毯“条”而不是“卷”，因为一般来说只有一小部分地毯在实际中会被经常用到，这样它们能节约80%的地毯原材料的成本。组织管理专家应该充分认识到这些模型，并帮助组织设计和实施更具有环保可持续发展的实践措施。

（七）组织管理理念创新会更加跨文化

随着组织和经济变得越来越全球化，近年来新的组织管理理念在国际和跨文化情况下的运用就是未来的一种缩影。尽管我们在这一领域的研究和实践都日渐增多，我们对在跨文化情况下的变革计划却知之甚少。传统上，组织管理创新只是在特定的文化下的组织中运用，英国的组织管理专家帮助设在英国的组织去解决问题，墨西哥的组织管理专家帮助拉丁美洲的组织，等等。但是，当今的潮流却要求组织管理在跨文化间的应用，团队建设干预需要修正，以便去帮助那些从未谋过面但却共同负责在短期内开发一种新产品的来自多个国家的人，如美国人、印度人、中国人、韩国人、法国人、加拿大人，组成的团队也有必要调整，进行合并和收购，以便帮助日本公司和美国公司实施一个新的组织结构，这样对双方都有利。由于在跨文化下运作的组织的数量在不断增加，从而给组织管理带来的机会是无穷的。在分支机构，运作单位和总公司之间的组织间和跨组织的关系，多文化环境下的团队建设，制定全球的后勤和供应链，在不同的民族文化下实施不同的中心价值观，设计在多层次下运作的战略计划等。另外，组织管理会在全球社会变革组织中找到越来越多的机会，因为这些组织通常也是国际网络中的一分子，跨组织管理理念过程和网络结构的发展在多元化下还要继续取得更大的发展，在将来会有重要的运用。

（八）组织管理理念将会更加明晰价值

经济和技术发展的趋势表明，在未来的几年内，组织管理专家会遇到更多的价值方面的困难，比如财富的不断集中化和组织管理理念传统上的平等和平均主义之间的冲突，组织管理专家需要清醒地知道他们在怎样帮助组织来集权或是分权。同样地，技术能把人们隔离开，也能把大家聚到一起，组织管理专家在把技术融入到变革管理过程中时所做的选择会对诸如整合、影响、参与等情感产生重要影响，最后，不管专家们怎样尽力包容多样性，他们还是常常被一些基于文化上的差异所困扰。

一般来说，组织管理专家最初提供给组织的是一整套人道的、民主的价值观。随着时间的推移，一些有利于组织改革提高的价值观被补充到那些价值中去，因而不尽力满足人道和有效这两个目标时就会产生冲突，现今这一领域中的冲突大多基于此。许多专家认为，组织管理理念已经变得太综合性了，可能会在财富集中方面和管理层上产生冲突。他们坚持，组织管理理念应该返回到它最初的价值观上去，着力于解放组织中人的潜能。另外一些专家则认为，仅仅着力释放人们的潜能会使组织管理理念陷入不相关的境地，限制了它为一个更好的未来做贡献，这是一个组织管理中非常重要的正在进行中的争论。随着一些其他价值观，如生态持续性、经济平等性等进入变革的领域，这一争论还会变得更加剧烈。组织管理专家将会更多地替组织出主意，帮助它们去平衡个人发展和工作需要，提高组织的短期利润，同时使长期环保可持续性最大化。在这么多的价值观中要取得一个平衡是很困难的，如果专家们能清楚地认识到这些价值和困境，并能帮助客户实施战略措施去解决它们，组织管理理念就会对组织的未来产生决定性影响。

案例 戴尔“供应链”管理新理念

迈克尔·戴尔是美国企业家，从小成长在美国休斯顿中上阶层，在中学时迷上电脑，后遵父母之命进入得克萨斯大学医学科。大学第二年戴尔因迷上电脑和立志在PC机领域有所建树而退学。创业初期，戴尔就把印有“DELL”名字的成品组装机卖给用户，几经努力，1988年戴尔的名字受到华尔街关注。1997年，戴尔就已成为得克萨斯州首富，是年32岁的他拥有净资产43亿美元。

互联网的发展使制造商逐渐走到前台直接面对客户。戴尔公司通过电话和互联网得到客户的直接订单，并在7个工作日内交付产品的做法，开创了电脑业一种新经营模式的先河。这种经营模式没有制造商、经销商与零售商之别，然而该公司却表现出比业界平均水平高3~4倍的发展速度。戴尔提出了供应链管理创造价值的思想：让库存的负担落在生产链条的其他参与者上，把企业的非核心业务外包，而本企业只专注于核心技术研发和产品推广，在竞争中充分体现企业反应速度和过程简洁的特点。

供应链是指产品设计、制造、库存管理、资讯系统、网络分布、销售及市场推广等整个过程。在以产品为核心业务的企业里，供应链管理的科学化程度和水平的高低，直接决定了这个企业是否具有竞争力。

事实上，戴尔的供应链系统早已打破了传统意义上“厂家”与“供应商”之间的供需配给。在戴尔的业务平台中，客户变成了供应链的核心。直接经营模式可以让戴尔从市场得到第一手的客户反馈和需求，生产等其他业务部门便可以及时将这些客户信息传达到戴尔原材料供应商和合作伙伴那里。这种在供应链系统中将客户视为核心的“超常规”运作，使得戴尔能做到4天的库存周期，而竞争对手大都还徘徊在30~40天。这样，以IT行业零部件产品每周平均贬值1%计算，戴尔产品的竞争力显而易见。

在不断完善供应链系统的过程中，戴尔公司还敏锐地捕捉到互联网对供应链和物流带来的巨大变革，不失时机地建立了包括信息搜集、原材料采购、生产、客户支持及客户关系管理系统，以及市场营销等环节在内的网上电子商务平台。在valuechain. dell. com网站上，戴尔公司和供应商共享包括产品质量和库存清单在内的一整套信息。与此同时，戴尔公司还利用互联网与全球超过11.3万个商业和机构客户直接开展业务，通过戴尔公司先进的www. dell. com网站，用户可以随时对戴尔公司的全系列产品进行评比、配置，并获知相应的报价。用户也可以在线订购，并且随时监测产品制造及送货过程。

戴尔公司在电子商务领域的成功实践使“直接经营”插上了腾飞的翅膀，极大增强了产品和服务的竞争优势。今天，基于微软视窗操作系统，戴尔公司经营着全球规模最大的互联网商务网站，覆盖80个国家，提供27种语言或方言、40种不同的货币报价，每季度有超过9.2亿人次浏览。

戴尔公司正是凭借其“直接经营”的供应链管理模式，在全球IT行业不景气的情况下逆市而上。根据权威的国际数据公司（IDC）的最新统计资料，在2002年第三季度，戴尔重新回到了全球PC第一的位置，中国市场上戴尔的业绩更加令人欣喜。戴尔公司在全球的业务增长在很大程度上要归功于戴尔独特的直接经营模式和高效供应链，直接经营模式使戴尔与供应商、客户之间构筑了一个称之为“虚拟整合”的平台，保证了供应链的无缝集成。

（本案例摘自“中国企业管理世界网”，2006年4月30日）

XianDai QiYe
ZuZhi GuanLi
ChuangXin

第三章　组织形式创新

经营权与所有权分离之后，要么经营者不能充分发挥作用，要么就是充分地为自己的利益发挥作用。能否很好地解决这个问题，是决定一个现代企业兴衰成败的关键。为了解决这一问题，我们首先需要了解一下企业的组织形式。

一、企业的组织形式

（一）企业的概念及特征

所谓企业，是指从事商品生产、商品流通或服务性经济活动，实行独立核算，以营利为目的，依法成立的经济组织。

不同类型的企业，都有反映它们各自特殊性的某些特征。但凡企业，也都具有反映其共性的一般特征。

1. 经济性

企业是经济组织，它在社会中所从事的是经济活动，以谋求利润为目的。企业是市场中的经营主体，它以自己生产的产品或提供的劳务，通过交换来满足社会需要，并从中获得利润。企业如果没有盈利，就不能发展，就会在市场竞争中失败。而且，如果没有盈利，就没有企业财产所有者和经营者的利益，他们也就没有搞好企业生产经营的积极性，企业就会消亡。企业的经济性是它区别于从事非经济活动的政府机关、政治组织、事业单位、群众组织和学术团体等非经济组织的最本质的特征。

2. 社会性

企业是一个社会组织。从商品生产的角度看，企业所从事的生产经营活动是社会化大生产的一个组成部分，企业是社会经济系统中的一个子系统，它与其他子系统发生着广泛的经济联系。从企业与社会其他各部门、各单位的非经济关系看，它既依赖于社会的进步和国家的富强，也依赖于党和政府对社会的管理，它从属于一定的政治和社会体系，还要承担一定的社会责任。因此，它具有社会性。

3. 独立自主性

企业是独立自主从事生产经营活动的经济组织，在国家法律、政策允许的范围内，企业的生产经营活动不受其他主体的干预。法人企业的独立自主性在法律上表现为财产独立、核算独立、经营自主，并以自己独立的财产享有民事权利和承担民事责任。

4. 能动性

企业是一个能动的有机体。企业的能动性表现在对外部环境的适应能力、自我改造能力、自我约束能力和自我发展能力。从系统论的角度讲，企业是一个耗散结构系统，它通过不断地与外界进行能量、物质和信息的交换，调整自己的内部结构，以适应市场环境的变化，并发展和壮大自己。

5. 竞争性

企业是市场中的经营主体，同时也是竞争主体。竞争是市场经济的基本规律。企业要生存，要发展，就必须参与市场竞争，并在竞争中取胜。企业的竞争性表现在它所生产的产品和提供的服务要有竞争力，要在市场上接受用户的评判和挑选，要得到社会的承认。市场竞争的结果是优胜劣汰。企业通过自己有竞争力的产品或服务在市场经济中求生存，求发展。

（二）企业的组织形式及其演变

企业组织形式是指企业进行生产经营活动所采取的组织方式或结构形态。它以一定的经济制度为基础，并受社会分工的广度和深度、资本积聚与集中的程度、科学技术的进步及其应用、生产发展的规模与速度、企业外部经营环境（包括历史、自然、政治、法律、文化、经济等环境）的变化、企业经营管理水平等因素的影响和限制。企业从其初始产生到今天现代企业制度的建立，经历了漫长的历史演变过程。

1. 手工业作坊是企业的萌芽

自从人类出现到封建社会后期之前，生产的基本组织形式就是个体家庭手工业，此时的生产处于初级阶段，表现为生产过程中分工较少，生产的目的更多的是为了个人消费而较少的用于以营利为目的的交换。封建社会后期，随着生产力的发展，社会分工的深化，在原有的个体家庭手工业的基础上逐渐产生了一种新的生产组织形式——手工业作坊。在手工业作坊里，具有了初步的分工与协作，其生产的目的是把产品拿到市场上去交易，而不是用于个人消费，营利的目的比前者更明显。这个阶段可以说是企业的萌芽。

2. 手工业工厂的出现

从16世纪到18世纪末，随着资本的集中和劳动力的商品化，伴随着大量小手工业者的分化和破产，手工业工场这种新的生产组织形态出现了。它是以两种方式产生的。一种方式是：不同种类的独立手工业的工人在同一个资本家的指挥下联合在一个工场里，产品必须经过这些工人之手才能最后制成。另一种方式是：许多从事同一个或同一类工作的手工业者，同时在一个工场里为同一个资本家所雇佣，各自按照工序完成所需的不同操作，从而制造出整个商品；但有时为了在一定的期限内提供大量的商品，促使人们按照另一种方式组织劳动，即各种操作不再由同一个手工业者按照时间的先后顺序完成，而是个人从事不同的操作，并使这些不同的操作在空间上并列在一起，于是劳动有了更进一步的分工。这种偶然的分工一再重复，就显示出了特有的优越性，以致每一种操作成为一项专门的职能。手工业工场在生产过程中引进或者说是进一步发展了分工，同时它把过去的手工业结合到一起，它的出现标志着生产组织形式的飞跃。从此，现代意义上的企业便产生了。这就是最初的业主企业。

3. 合伙企业的形成

对于绝大多数的业主企业来说，扩大生产规模并非是很简单的，因为个人的财产终究有限。为了筹集更多的资本，有必要联合一些人合办企业，即组织合伙企业。但是，这并不是说合伙企业仅由业主企业演变而来，事实上，早在罗马帝国的中世纪合伙企业就产生了。那时，欧洲大陆的地中海沿岸各城市海商繁荣，海上贸易兴旺，由于从事海洋贸易既需要巨额的资本，又要冒很大的风险，于是船舶共有便应运而生，这种商事组织实质上就是合伙企业。早期的合伙企业主要沿着两个方向发展：其一是家族企业进一步发展壮大成比较长期性的组织，其二是由两个以上的成员出资共同组成商业团体并发行可转让股票的形式。由于股票的发行和转让，企业的发展进入了新的历史时期，至17世纪中叶，正式的股票交易市场已经出现。在16～17世纪初期，股份公司主要存在于海外贸易，而17世纪后期、18世纪初，股份公司则广泛存在于银行、保险、交通运输及公共事业等领域。股份公司的形成、股票交易市场的出现，对合伙企业的发展起到了重要的推动作用，然而无限连带的法律责任，无疑加大了合伙者的风险，这严重地制约着合伙企业的进一步发展。

4. 公司制度的建立

18世纪末、19世纪初，人们开始探询新的企业制度形式。随着股份公司的不断增加，股份公司在社会中的地位和作用不断加强，人们对股份公司不具备法人地位和无限责任制的缺陷所造成的弊端认识越来越深刻，这就推动了法律制度向赋予股份公司以法人地位的方向变化和革新。最早提出有限责任原理并且得到法律确认的是法国，拿破仑于1808年颁布的第一部资本主义商法典中明确规定：股份公司即是有限责任制的公司。但在当时，这类公司的建立由于申请登记规则严格，建立极为不易，并未得到实行。在英国，随着经济的发展，有限责任制的要求日益强烈，于是在19世纪50年代和60年代，有限责任制成了广泛争论的问题，最后终于在1855年经过激烈的争论后，通过一项有限责任制的议案，英国议会确认了注册公司对债务只负有限的赔偿责任，并于1856年颁布了第一个现代的公司法。这样，公司制度的基本框架就确立了。对此，美国的学者巴特勒（N. M. Butle）称赞道："有限责任公司是近代最伟大的一个发现，甚至连蒸汽机和电的发现都不如有限责任公司重要。"有限责任制的确立最终标志着企业进入现代发展阶段，为企业的进一步发展创造了前提条件。

5．现代企业制度的确立

随着公司规模不断扩大，股东越来越多，业务日益复杂化，由股东亲自担任高层管理人员已经不能适应新的形势。因此，公司的高层经理人员开始由代表所有者的董事会聘任具有经营管理能力的人才来担任。于是，公司制企业就从旧时的"业主企业"演化为现代的"经理人员的企业"，实现了资本所有权与经营管理权的分离。而且，企业规模的扩张及与之伴随的技术和管理过程的复杂化导致专职经理人员的作用日益增强。这就引起了家族制企业的衰落和现代企业制度的发展，因为决定在高层管理中地位的不再是他们所掌握的股份，而是要靠管理能力。至此，企业完成了由其产生之前的生产组织形式——个体家庭手工业到现代企业制度的演变。

（三）现代企业制度及其特征

现代企业制度是指以市场经济为前提，以规范和完善的企业法人制度为主体，以有限责任制度为核心，适应社会化大生产要求的一整套科学的企业组织制度和管理制度。1992年党的十四大提出建立社会主义市场经济体制是我国经济体制改革的目标。1993年11月党的十四届三中全会又把这一目标和原则具体化、系统化，会上通过了《中共中央关于建立社会主义市场经济体制若干问题的决定》，明确提出建立现代企业制度是建立社会主义市场经济的基础，是我国国有企业改革的方向，至此，我国的企业改革进入了一个新的发展阶段。这一阶段企业改革的基本任务是：以理顺产权关系、实行政企分开为核心，深化企业产权制度及相应体制的配套改革，逐步建立与社会化大生产和社会主义市场经济发展相适应的产权明晰、权责明确、政企分开、管理科学的现代企业制度。党中央提出的现代企业制度不仅为国有企业的改革指明了方向，对其他形式的企业建立现代企业制度也具有重要的指导意义。现代企业制度具有如下基本特征：

1. 企业拥有独立的法人财产

企业的资本由股东投资形成，企业作为一个独立的主体拥有由股东投资形成的全部法人财产权，并以其全部法人财产自主经营，自负盈亏。企业财产所有权属于投资者，企业拥有一切出资者投资形成的全部法人财产权，成为独立的享有民事权利、承担民事责任的法人实体。出资者所有权与法人财产权是相分离的，出资者所有权在一定条件下表现为出资者拥有股权，并以股东身份依法享有应有的权利，但不能对属于自己的那部分财产进行直接的支配，只能以股东的身份影响企业的行为。法人财产权表现为企业依法享有法人财产的占有、使用、初始收益和处分权，以独立的财产对自己的经营活动负责。出资者所有权和法人财产权通过法律给予确认，受法律的保护。

2. 企业的所有权与经营权分离

企业的股东以其投入资本的多少享有相应份额的财产所有权，即投资者所有权。投资者所有权表现为收益权、重大决策权和选择管理者的权力三种权能。投资者向企业投资以后，再无权直接从企业财产中抽回属于自己的那份投资，也无权直接处置由于自己投资形成的企业财产，而只能通过股息分红获得投资回报，或者通过在市场上转让自己拥有的公司股份来收回投资和取得资本增值收益。这就是投资者所有权与法人所有权的分离。而且，企业由于投资主体多元化，投资者不一定直接从事企业的经营管理活动，企业的经营管理者可以不是股东，但股东可以通过行使重大决策权、选择管理者或通过法人治理机构的运作来约束和监督经营管理者的行为，这就形成了投资者所有权与经营权在一定程度上的分离。

3. 投资者有限责任制度

自然人企业中的业主（包括无限合伙人）对企业的债务承担无限责任。这是由于自然人企业不是法人，不是独立的民事主体，因而也没有形成独立的法人财产。企业业主在企业中的财产和在企业之外的财产连成一体，偿还债务时无企业内外财产之分。有限合伙人虽承担有限责任，但只是合伙的一部分，相当于是企业的债权人。现代企业则不同，企业的股东将属于自己的财产投入法人企业后，投入的这部分资产就与他未投入的财产相分离，股东仅以投资的数额为限对公司债务承担责任。这是由于，现代企业是法人企业，是独立于投资者之外的民事主体，它以法人组织的名义享有民事权利和承担民事责任，以投资者出资形成的法人财产对企业债务承担责任，与投资者的其他财产无关。如果企业破产而全部资产还不足以抵偿债务时，每个股东损失的最大限度也只是丧失他对该企业的全部出资。这种投资者有限责任制度大大降低了投资主体的投资风险。

（四）现代企业制度的组织形式

在传统计划经济条件下，我国企业形式是以所有制形式划分的，而按照市场经济的要求，现代企业组织形式的公司制度是按财产的组织形式和所承担的法律的权力和责任划分的。公司制是市场经济条件下企业组织制度的主要法律形式，能够较好地体现现代企业制度的内涵。公司制主要有有限责任公司和股份有限公司两种形式。

1. 有限责任公司

有限责任公司是指根据《中华人民共和国公司登记管理条例》规定登记注册，由2个以上、50个以下的股东共同出资，每个股东以其所认缴的出资额对公司承担有限责任，公司以其全部资产对其债务承担责任的经济组织。

有限责任公司包括国有独资公司以及其他有限责任公司。国有独资公司是指国家授权的投资机构或者国家授权的部门单独投资设立的有限责任公司。其他有限责任公司是指国有独资公司以外的其他有限责任公司。

有限责任公司有以下特点：

（1）有限责任公司的股东，仅就其出资额为限对公司负责。有限责任公司是以股东出资为基础建立起来的法人组织，股东只对公司负以其出资额为限的责任，对公司的债权人不负直接责任。

（2）有限责任公司的股东人数，一般都有最高人数的限制。在我国，有限责任公司的股东人数不超过50人。

（3）有限责任公司不能公开募集股份，不能发行股票。

（4）有限责任公司股东出资的转让也有严格限制。股东出资的转让应由公司批准，并在公司登记。有限公司的股东人数有限，因此，有限责任公司的经营情况，不涉及社会上其他公众利益，其经营状况也没有必要公开。

（5）有限责任公司的设立程序要比股份有限公司简便，只有发起设立，而无募股设立，程序上较为简化。有限责任公司的成立可以由一个或几个人发起，股东的出资金额在公司成立时必须缴足。有限责任公司的组织也比较简单，可以由一个或几个董事管理，是否设监察人由公司自行决定，股东会的召集方法及决议方法也简便易行。

2．股份有限公司

股份有限公司是指根据《中华人民共和国公司登记管理条例》规定登记注册，其全部注册资本由等额股份构成并通过发行股票筹集资本，股东以其认购的股份对公司承担有限责任，公司以其全部资产对其债务承担责任的经济组织。其主要特点是：

（1）股份有限公司是最典型的法人组织。这不仅是因为现代意义上的完整的公司概念和法人概念始于股份有限公司，而且更重要的是因为股份有限公司的完备的组织机构、完全独立的财产及其责任，最充分地表现了法人组织所具有的法律特征。

（2）股份有限公司是最典型的合资公司。股份有限公司的信用基础在于其资本，而不在于股东个人，公司资本不仅是公司赖以经营的基本条件，而且是公司债权人的基本担保，由此决定了股东只能以现金或实物出资，而不能以信用或劳务出资，同时由于股份有限公司股东个人的人身地位不甚重要，因此股份可以自由转让，任何合法持有股票的人都是公司的股东。

（3）股份有限公司的股东必须达到法定的人数。股东的人数与公司的规模有关，由于股份有限公司的重要作用在于面向社会，广泛集资，兴办较大的企业，因此在人数上应有一定的底限。

（4）股份有限公司的资本划分为均等的股份。资本平均分为股份，每股金额相等，是股份有限公司区别于有限公司的重要特征之一。资本的股份化不仅适应股份有限公司公开发行股份，募集社会资金的需要，而且也便于公司的计算和股东权利的确定和行使。

（5）股份有限公司的股东承担有限责任。股份有限公司全体股东对公司的债务，以其所认购的股份金额为限对公司负责，此外对公司及公司债权人不负任何责任，公司不得以章程或决议随意扩大股东的责任范围。

二、公司治理

（一）公司治理的含义及意义

在现代企业中，所有权和经营权的分离导致了公司由所有者控制逐渐转变为由经营者控制，这一过程被称之为“经理革命”。公司的所有者委托经营者管理公司，首先必须理清楚各利益相关者的关系，确保各方的利益得到有效保护，这是在公司运营、管理之前首先应该解决的问题，即公司治理问题。同时，“经理革命”使股东主权受到挑战，由此引发的代理风险需要建立完善的公司治理结构加以控制。所谓公司治理结构，是以两权分离为基础、以处理好企业所有者与经营者的关系为主线，是用以支配企业利益相关者之间关系的一整套制度安排，由一系列的契约组成，它界定了权利、利益和风险在企业利益相关者之间的分配。从涉及的利益相关者的范围来看，公司治理结构又可以有广义和狭义之分。广义的公司治理结构包括内部治理结构和外部治理结构，涉及所有的与企业利益相关者，包括股东、债权人、经理人、员工、供应商、分销商甚至政府与社区。而狭义的公司治理结构仅指内部治理结构，主要研究公司所有者（股东）和经营者（经理人）之间的委托－代理关系，研究所有者如何通过控制和激励使经营者的行为更符合所有者的利益。

《中共中央关于完善社会主义市场经济体制若干问题的决定》中指出：“完善公司法人治理结构。按照现代企业制度要求，规范公司聘任制度。股东会决定董事会和监事会成员，董事会选择经营管理者，经营管理者行使用人权，并形成权力机构、决策机构、监督机构和经营管理者之间的制衡机制。”完善公司治理制度对企业有着重要的现实意义：

（1）改革与完善公司治理制度是建立现代企业制度的核心。建立现代企业制度是我国国企改革的方向。产权制度的改革只是为建立现代企业制度提供了基础，而要真正建立起规范的现代企业制度，核心环节在于改革与完善现代企业的法人治理制度。如果不能建立有效的法人治理制度，企业的相关权益者就不能形成合理的权力制衡关系，不能建立科学的激励机制、约束机制和决策机制，建立现代企业制度就是一句空话。

（2）公司治理制度构成现代企业管理系统的关键环节。现代企业的一个重要特征就是现代化管理，而企业治理制度既包括治理结构又包括治理机制，从而使其成为实现现代化管理的最为关键的环节。

（3）公司治理制度对企业绩效起决定作用。企业的绩效，在相当程度上取决于企业经营者和员工的积极性。科学的公司治理制度，有利于形成有效的激励、约束机制和科学的决策机制，这样，既会调动经营者和员工的积极性，又会提高决策的效率与科学性，从而显著提高企业的绩效。

（二）公司的内部治理

1. 公司内部治理结构的构成要素

（1）权益主体。权益主体主要有股东、经营者和员工。

（2）相互关系。最基本的关系是：股东与经营者之间的委托－代理关系；经营者对股东的纵向说明关系。

（3）组织机构。构成公司内部治理结构的组织机构有股东会、董事会、监事会和以经理为首的管理阶层。

1）股东大会：股东大会由全体股东组成，是公司的最高权力机构。股东大会通过股东大会会议决定公司的经营方针，选举和罢免董事会、监事会成员，修改公司章程，审议和批准公司的财务预算、决算、投资及收益分配等重大事项。

2）董事会：董事会是公司的经营决策机构，它由股东大会选举产生。董事会执行股东大会的决议，决定公司的经营计划和投资方案，制定公司预决算和利润分配方案，决定公司内部管理机构的设置，聘任或解聘经理，根据经理提名聘任或解聘副经理、财务负责人等公司高级职员。董事长由董事会选举产生，一般为公司法人代表。董事会实行集体决策，采取每人一票和简单多数通过的原则。董事会成员对其投票要签字在案并承担责任。

3）经理班子：经理班子指由总经理、副总经理和公司高级职员组成的执行机构。法人企业对公司总经理实行聘任制，由董事会聘任总经理。总经理负责公司的日常生产经营活动，对公司的生产经营和管理进行全面领导，依照公司章程和董事会的授权行使职权。总经理对董事会负责。

4）监事会：监事会是股东大会领导下的公司监督机构。监事会成员由股东代表和一定比例的员工代表组成。股东代表由股东大会选举产生，员工代表由公司员工民主选举产生。监事会依法和依照公司章程对董事会成员、总经理和高级职员行使职权的活动进行监督，检查公司的经营和财务状况，可对董事、经理的任免、奖惩提出建议。监事会成员不得兼任公司的董事及其他高级管理职务。

上述机构中，股东大会和董事会是公司的决策机构，经理班子是执行机构，监事会是监督机构。它们之间的关系可用图 3－1 表示。

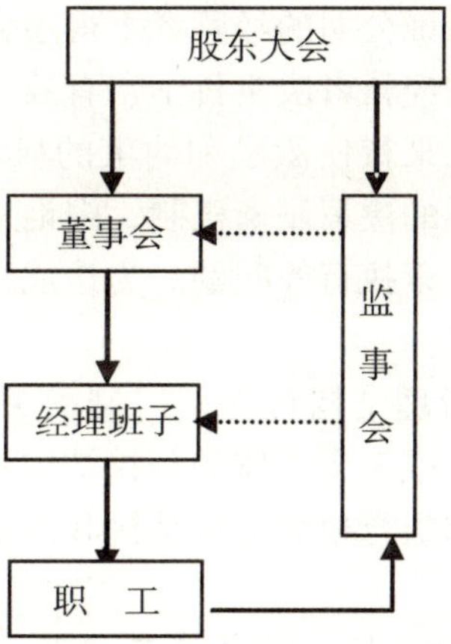

图 3－1　公司法人治理机构示意图

2. 现代公司的内部治理机制

在现代公司治理结构的基础上，主要形成了以下公司治理机制：

（1）选择机制。从董事会成员的选举到经理人的选聘，完全是由股东（含股东的委托人——董事）从维护其自身利益出发来进行择优选拔。这就从根本上解决了董事或经理由上级行政机构委派，而不能直接代表股东利益的问题。

（2）激励机制。这是所有者调动经营者积极性，提高公司绩效的基本机制。这一机制的核心是使经营者利益与公司绩效一致化，这样，经营者就会出于对自身利益的关心而尽其所能地实现公司绩效的最大化。

（3）约束机制。这是股东约束与规范经营者的行为、审核公司绩效的一种监督机制。约束机制必须体现内部权力的分立与制衡原理的要求。公司内部约束机制既包括股东会和董事会对经理人员的监督，又包括他们之间权力的制衡；既包括用制度规范体系进行约束，又包括直接检查公司的业务活动和会计监督形式。

（4）决策机制。公司治理的目的，就是要使经营者努力经营、科学决策，从而提高公司的绩效，因此，决策机制是公司治理的重要机制。决策机制的核心是解决好公司决策权力的分配与制衡问题，要在股东会、董事会、监事会和经理层之间进行合理的决策分工和职权分配，建立科学的层级决策机制。

3. 公司内部治理结构的主要框架

公司治理结构，既要保证公司的经营者不得违背所有者的利益，同所有者保持一致，也要保证公司的经营者决策科学、有效。就前者而言，涉及建立怎样的激励和约束机制，由谁来行使激励和约束的权力，怎样行使权力等问题；就后者而言，涉及建立怎样的决策制衡机制，由谁进行决策，以怎样的方式和程序决策，以及如何保证决策执行等问题。为达成这两个目标，公司应该建立怎样的内部治理结构框架呢？

总体上说，公司内部治理结构包含两层制衡关系：一是公司内部股东大会、董事会、监事会的三权或三个主体的分权结构和内部制衡关系；二是董事会与总经理的经营决策权与执行权的分权结构和内部制衡关系。这两层关系又可分解如下：

（1）所有者和经营者的委托－受托经营关系。两权分离，所有者或股东大会授权经营者或其集体从事经营活动。为保证两者分权明确，所有者只行使所有权，经营者享有经营权。经营者不仅享有权力，还必须承担经营责任，实现经营权力与义务的对等，形成权责制衡关系。有关这两个方面的规定是通过所有者与经营者的委托－受托责任关系体现的，并以契约（比如说公司章程）予以明确规定的。

（2）所有者和监事会的委托－受托审计责任关系。所有者或股东大会授权监事会从事监督活动，监事会有代表所有者或股东大会对经营者或其集体进行监督的权力。与这种权力相对称，监事会必须对经营者的行为是否符合所有者或股东的利益进行监督，并承担相应的审计责任。所有者或股东大会与监事会的这种关系是通过所有者与监事会的委托－受托责任关系体现的，并以审计契约或公司章程中监事会的规定予以明确。

（3）监事会与经营者的监督与被监督的关系。监事会受所有者或股东的委托对经营者进行监督。监事会享有监督权，经营者必须接受监督。两者是监督与被监督关系，其相互关系也以契约的方式规定，如公司法或监事工作条例等等。

（4）董事会和经理层的经营决策与执行的关系。董事会和经理层都是经营者集体的构成要素。但是，由于执行经营分权，董事会拥有决策权，总经理或其集体拥有执行权。不仅存在两个主体的权责如何分割，并相互制约的问题，也存在他们各自的权责结构的对称问题，这些也必须在有关契约中明确规定。

以上是公司内部治理结构的主要框架，但仅有框架是不行的，还必须使这一框架按照某种方式进行良性运行才能达到我们预期的目的。为此，在这一框架结构下，我们还必须解决如下几个问题：

（1）如何形成有行为能力的股东大会。股东大会的行为能力是整个公司治理结构形成的基础。如果股东大会不能有效行使权力，所谓股东大会的决策权、授予权和监督权（如对监事会的监督权）的行权能力就难以真正发挥。使股东大会有行为能力是整个治理结构体系得以有效运行的前提。

（2）如何形成公司的组织治理结构。公司内部治理并非要股东或股东大会事必躬亲，而是通过建立相互制约的组织体系，进行各主体之间的权责划分、权责制衡来充分实现股东大会的有效授权。到底建立什么样的组织体系，进行怎样的权责划分能够实现有效的公司治理呢？这是我们需要解决的问题。

产生这一问题的原因在于股东或其大会能力的局限性，如果股东或其大会拥有各种行为能力，就可以自己经营，也就不必聘请经营者，更谈不上公司治理结构。正是由于股东或其大会的行为能力的局限，就有必要设立经营权主体；正是由于股东或其大会的行为能力的局限，在建立经营权主体后，必须设立另一主体来监督经营权主体的行为是否符合所有权要求。原本属于所有者的权力、责任、利益，现在必须在设立的各主体之间进行分割，并使之相互制约，最终实现经营者的行为与所有者的目标达成一致。

（3）如何形成公司的决策治理结构。公司的组织治理结构是分权的结构，不仅产生了不同功能的主体，而且相互制衡，最终要保证董事会和总经理及其集体的行为与所有者的目标达成一致。从这个意义上讲，公司的组织治理结构的根本任务是要完成对经营者集体的监督制约，使经营者集体不发生背德行为，但公司治理结构仅限于此是不够的。在公司组织治理结构的分权体系中，经营者集体享有经营决策权和经营执行权。公司的根本任务不仅是要保护股东投入资本的价值，更为重要的是要经营投入的资本，以使资本增值。要达到此目标，经营者必须进行科学、有效的经营决策。为此，必须具备两个基本条件：一是经营者能够站在客观公正的立场进行决策，也就是决策必须反映决策事项本身的性质，不能以各自的好恶进行决策；或者说要为所有者或股东的利益而决策，不能以经营者的利益为出发点进行决策。二是经营者能够做出正确的决策，这当然要求决策主体具有专业水平。两个条件中，第一个条件是第二个条件的前提，它的根本目的是要实现决策维权，就是维护股东投资的安全，为此，要建立决策制衡机制，防止侵权决策；第二个条件是要实现决策维利，就是维护股东投资的收益，为此，要建立决策优化机制，防止错误决策。由此可以看出，组织治理结构以“防守”为主，而决策治理结构以“进攻”为主。

（4）如何建立健全公司的内部控制制度。内部控制制度是为了保护公司财产的安全、防止会计信息失真、保证公司的经营决策得以实行而在公司内部建立的一整套制度体系。在公司治理结构中，之所以必须建立这套制度体系，是基于公司内部存在分层委托－代理关系，首先是董事会与经理层之间的分层委托代理关系，其次是基于公司内部实行分层管理，在每一个上层与下层之间发生的委托－代理关系。在这一委托－代理关系体系中，所有者的财产被分层委托代理经营、管理；经营者或其集体的决策也在分层授权执行；公司各层次的信息也被逐层上报或逐层下传。要保证所有者或股东的利益全面实现，不能仅仅依靠高层的组织治理和决策治理结构，还必须建立一个有效的控制体系，使公司的每个层次都能保证所管财产的安全，所提供信息的真实，对决策的执行有力。这就是建立健全内部控制制度。长期以来，我们对公司内部治理结构的关注更多的是就公司的股东与经营者的关系以及公司的最高决策层和管理层而言的，实际上这是一个残缺不全的结构。在公司内部分层管理的情况下，所有者过去自己出钱自己经营的状况必须改变，变为所有者出资、公司内部多层次经营管理。所以，所有者或股东的财产不仅由经营者或其集体代理经营和管理，而且，也要由各个较低层次的员工代理经营和管理。这是对所有者与经营者委托－代理关系的一种延伸。在这样一种延伸体系下，如果不能建立健全有效的内部控制制度，就很难保证在公司的各个层次实现股东的利益，保证经营者或其集体决策的全面贯彻。

公司内部治理结构的以上四个方面是一个完整的体系。股东或其大会的行权能力是治理结构的基础；组织治理结构是要在两权分离的条件下，保证经营者或其集体的行为与所有者或股东的目标达成一致；决策治理结构是为了保证经营者或其集体的决策科学、有效。组织治理结构和决策治理结构正好实现两权分离下所有者资本保值、增值的两个目标，且其针对主体是经营者或其集体；内部控制制度是将所有者资本保值、增值的目标，以及经营者或其集体的经营决策在公司各个层次得以落实的体系。四个方面缺一不可。

（三）公司的外部治理

长期以来，提到公司治理，人们往往都比较关注公司治理结构或公司内部治理机制问题，而对公司外部治理机制重视不够。国外公司的发展实践证明，公司治理是一个有机的系统，缺一不可。因此，要想使公司有效率地运转，不仅要健全公司治理结构或内部治理机制，而且还要完善与公司治理结构相适应的公司外部治理机制。

1. 现代公司的外部治理结构

在广义上，除了股东与经营者之间形成的内部治理结构外，现代公司的治理结构还包括公司与社会上其他利益相关者之间形成的外部治理结构。

（1）现代公司外部治理结构的构成要素。①权益主体。现代的公司是开放的公司，公司的经营与其所处的市场和社区有着千丝万缕的密切联系。公司的顾客、分销商、竞争者、政府、银行等，都成为与公司存在直接或间接厉害关系的权益主体。②相互关系。公司的经营活动和生存发展，既受到社会因素的制约，又对社会产生一定的影响。构成公司治理结构的主要关系有：在市场交易中存在的契约关系，公司对社会上权益主体的横向说明责任关系，政府对公司的规制关系等。

（2）现代公司的外部治理结构主要包括：①证券市场；②银行等金融机构；③公司所生产的产品市场；④经理人市场；⑤政府的政策法规与干预。

2. 现代公司的外部治理机制

在上述外部治理结构的基础上，形成了以下治理机制：

（1）投资机制。金融市场与机构依据对公司绩效的评价选择投资对象，从而对公司形成激励或制衡作用。在证券市场上，股东通过“用脚投票”的方式对公司发挥治理作用，即他们抛售绩效差的公司的股票，而购买绩效好的公司的股票。银行业通过信贷手段对公司加以控制。

（2）选购机制。在公司生产的产品的市场上，顾客的“购买选票”直接决定着公司的生存与发展。受顾客欢迎的质优价廉的产品，是公司绩效在产品上的反映。顾客会踊跃购买质优价廉的产品，而冷遇质劣价高的产品。这种产品市场上的选购机制构成了公司外部治理的重要机制。

（3）竞争机制。存在发达的经理人市场是实现公司外部治理的重要条件。由于经理人市场的存在，为股东挑选与辞退经理提供了条件。这也对经营者造成极大的压力，使经营者有强烈的危机意识，从而促使经营者努力经营，提高公司绩效。

（4）规制机制。在市场经济条件下，公司的经营必然受到国家和政府政策法规及行政干预的规制。政府按照社会的利益和市场经济的规则进行宏观调控，这对公司的健康运行具有重要意义。同时，社会与社区的一些价值观念、行为准则、社会活动也都对公司产生一定的软规制作用。

（四）世界各国的公司治理结构模式

在世界各地的公司治理中，主要有以下几种模式：

1. 英美模式

英美模式最大的特点就是所有权较为分散，主要依靠外部力量对管理层实施控制。在这一模式下由于所有权和经营权的分离，使用权分散的股东不能有效地监控管理层的行为，即所谓“弱股东，强管理层”现象，由此产生代理问题。而解决这一问题的办法，一是发展机构投资者，使分散的股权得以相对集中；二是依靠活跃、有效的公司控制权市场，通过收购兼并对管理层进行外部约束；三是依靠外部非执行董事对董事会和管理层进行监督；四是依靠健全的监管体制和完善的法律体系，如公司法、破产法、投资者保障法等法律对公司管理层进行约束和监管；五是对管理层实行期权期股等激励制度，使经营者的利益和公司的长远利益紧密联系在一起。

2. 德国模式

德国公司治理结构的一个重要特点是“两会制”，即监事会和董事会。德国模式是“内部控制”型模式。两会中包括股东、银行及员工的代表，对管理层实行监控。其中，员工代表在两会中扮演重要角色。在德国，最大的股东是公司、创业家族、银行等，所有权集中程度比较高。德国的银行是全能银行（Universal Bank），可以持有工商企业的股票，另外，公司相互持股比较普遍。银行对公司的控制方式是控制股票投票权和向董事会派驻代表，有些还是监事会主席，银行代表就占股东代表的22.5%。德国公司治理模式的另一特色就是强调员工参与，在监事会中，根据企业规模和员工人数的多少，员工代表可以占到1/3～1/2的职位。

3. 日本模式

日本的公司治理结构是“一会制”，但是强调“内部控制”。董事会主要是由管理层构成。与德国的模式类似，对公司监控主要是通过交叉持股和主办银行制度来实现的。在日本，由于不允许控股集团的出现，企业间交叉持股是很普遍的，非金融性的公司拥有日本全部上市公司1/4的股票，另外，原材料供应商和销售商也通过合同的形式对企业的管理层起到一定的监督作用。日本的金融机构在公司治理结构中扮演着重要的角色，多数公司都有一家主要的银行——主办行作为股东和业务伙伴。

4. 东亚模式

在大部分东亚国家（地区），公司股权集中在家族手中，公司治理模式因而也是家族控制型。控制型家族一般普遍地参与公司的经营管理和投资决策。这一问题是这一地区公司治理的核心问题。东亚地区除日本家族控制企业所占比重较少之外，在韩国，家族操控了企业总数的48.2%，我国台湾地区是61.6%，马来西亚则是67.2%。在菲律宾和印度尼西亚，最大家族控制了上市公司总市值的1/6。形象地说就是，"东亚企业集团普遍地选择金字塔结构，一间家族控股公司位于金字塔的顶端，第二层是拥有贵重资产的公司，第三层包括了集团的上市公司，……金字塔的最低层是现金收入及利益高的上市公司，集团向公众发售这些公司的股票，并透过多种内部交易，把低层公司的收益传到金字塔上层的母公司，另一方面，集团又把一些利润较少、品质较差的资产从上层利用高价传到下层。"

（五）公司治理结构模式的发展趋势

近几年来，由于金融市场和产品市场的全球化、公司治理结构理论研究的推进、公司治理结构实际的总结、跨国购并的更加频繁、市场竞争对公司治理的挑战、法律和机构运作规范的日益接近以及更为开放的环境，公司治理结构模式出现趋同的趋势。主要表现在以下几个方面：

1. 由"股东至上"向"共同治理"转变

"股东至上"模式下公司的目标主要是为股东利益最大化服务，而"共同治理"模式下公司的目标主要是为股东、员工和其他利益相关者的利益最大化服务，员工和其他利益相关者成为公司治理中的重要组成部分。公司治理结构中的利益相关者（Stakeholder）通常包括投资者、雇员、债权人和供应商等。这些利益集团通过人力资源贡献、投入品供应、资金往来等与公司治理结构形成了密切的联系，这些力量的共同合作和有效协作，是公司保持竞争优势和持续发展的重要基础。很多组织控制型模式国家早就认识到利益相关者在公司治理结构中的重要性，如德国、荷兰、比利时和奥地利等国在监事会中提供给员工代表少数席位。在市场导向型模式的国家管理层也开始重视雇员的作用，如英国有50多家公司已经或考虑设立职工委员会。与此相应的是，治理公司的要素也由单一的股东出资资源转向人力资源、技术资源、文化资源、品牌资源、业务关系资源等的多重复合化。

2. 股东运用投票权对管理层进行约束成为潮流

传统委托-代理理论认为，对于股权分散的公司，由于监管成本高和股东/委托人遇到的搭便车问题，管理层行使着极大的权力，他们可能追求自身机会主义的目标，而不是股东价值的最大化。因此，股东实施监管的唯一切实可行的办法就是接管机制。但是，随着公司经营透明度的提高、科技手段的进步及机构投资者的兴起，股东不一定选择消极退出作为公司治理的唯一手段，股东可以更加积极地运用投票权。

3. 机构投资者发挥着日益积极的作用

这表现在组织控制型模式的国家中，由于国际竞争加剧，银行业加强成本控制，强化核心竞争力和减少外围业务，进行大规模重组，银行与企业关系正趋于松散，由于国际竞争和放松管制，机构投资者特别是共同基金有了长足发展。养老金制度改革使养老基金也有了较大发展，从而促进了资本市场的发育，组织控制型模式日益呈现出许多市场导向型模式的特征。在市场导向型模式中，很大一部分机构投资者和公司也不再是传统的疏远关系，而是更偏好多样化的“关系投资”，并强化与公司管理层的联系。近年来，养老基金、保险基金和投资基金等机构投资者的持股数额越来越大，他们不再像以往那样通过“用脚投票”来表达对管理层的不满，而是不断加强与管理层的接触，在公司治理中发挥积极主动作用。

4. 董事会的独立性大大增强

保持董事会的独立性有助于加强对公司经理阶层的控制和监督，维护股东的利益。20世纪90年代以来，大量的外部董事加入董事会，使西方企业董事会的独立性大大增强。全美公司董事协会的有关研究报告表明：规模小、积极并富有专业技能、具有充分信息的真正独立的董事会有助于公司的长远发展。目前在日本等主要组织控制型模式国家中，企业董事会中也开始引入外部董事。

5. 构造公司治理结构完善的内生机制十分重要

只有理顺公司的内在利益关系，构建科学的内部股权结构，实现产权和股权到位，才能真正内在地、长期地促使公司行为的规范化。这主要体现在管理层收购（MBO）和多层级的股权激励机制的建设上。管理层收购（MBO）反思现代企业制度，在新的两权合一层面，实现对公司治理结构的新构架，促使管理层的控制权市场逐渐形成。

6. 公司治理的有效措施和成功经验在全球迅速而广泛地应用

国际上一些著名的上市公司和跨国公司，如通用汽车、通用电气、英特尔等，都先后发表过各种有关本公司治理重要问题的指引和最佳做法等文件，以加强公司透明度、树立资本市场上的良好形象，取信于投资者。

三、后现代企业及其治理模式

（一）后现代企业的含义

中国著名经济学家张曙光教授于1996年提出后现代企业概念，用以指称与农业经济、工业经济时代完全不同的企业模式。这一概念是伴随着知识经济概念的提出而提出的。

古典企业的产权基准模式是所有权与经营权的合一。在古典企业产权模式下，企业所有者同时也是最高经营者。标准意义上的古典企业是指个人独资企业和合伙企业。在合伙制企业中，尽管企业所有者不是一人，而且各所有者权力大小也不尽相同，但由于每一个合伙者都承担无限责任，因而都是事实上的老板，也是事实上的经理人。

一般意义上的中小型有限责任公司可能也属于古典企业，因为在这一类型的企业中，所有权集中在几个大股东手中，而且他们往往同时也是企业的经营者。对于这种有限责任公司而言，即便所有者退出经营层，产生事实上的两权分离，也不能称之为现代企业。由于企业所有权仍然掌控在少数大股东手中（其他股东所占股份微不足道），因而所有者会不可避免地在他认为必要的情况下，对经营者的行为横加干涉。因此，古典企业的产权模式从形式上来看既可以是标准的两权合一模式，又可以是两权分离模式。判断一个企业是否属于古典企业，产权模式只是衡量标准之一，另一个衡量标准则是管理模式。所有者即使不担任经理职务，也可以随时对经理人发号施令，这种实质上就是披着现代企业外衣的古典企业模式。认清这一点，对于管理实践具有切实的意义。

真正意义上的现代企业是建立在所有者高度分散，所有权与经营权高度分离，所有者不能随意干涉经营层行为的基础之上的。现代企业产权模式只能出现在大型股份公司中。只有在这样的前提下，才会诞生真正的经理人阶层。现阶段的中国民营企业很难培育职业化经理人阶层，道理就在于此。

由于在现代企业产权模式下，企业所有者与经营者的高度分离，会产生“内部人”控制等弊端，后现代企业在产权模式方面则进行了新的探索。

从现代企业的两权分离又回到古典企业的两权合一，后现代企业在产权模式方面的探索充满了深刻的寓意。后现代企业的产权模式并不是向古典企业产权模式的简单回归，而是对它的否定之否定。如果说古典企业的所有权与经营权合一模式是单一主体合一模式，那么，后现代企业的所有权与经营权合一模式则是多元主体合一模式。在后现代企业中，通过种种产权再分配方式，经营者群体即经理人阶层成为所有者，从而颠覆了现代企业的两权分离模式，并超越了古典企业的两权合一模式。但需要廓清的一点是，后现代企业的两权合一模式是否具有经典性，即是否真正能够使后现代企业产权模式优于古典及现代产权模式，完全取决于经理层变成所有者之后，他们所拥有的公司产权比例是否能够使其具备真正的发言权。产权最终将体现在话语权上。后现代企业产权的多元化正是后现代社会理性与权威多元化在经济领域的彰显。

（二）管理层收购与后现代企业的治理

1. 管理层收购的含义

管理层收购（Management Buy-Outs，MBO），即管理层通过经济手段变成企业所有者的过程。管理层收购主要是通过重建公司委托－代理关系和激励约束机制，改善公司的治理结构。MBO 后的企业治理结构与现代公司治理结构不同，其解决经营者激励和约束机制采用的是所有权和经营权合一的方式，但这种合一与古典企业的两权合一不同。MBO 后的企业所体现出的多元主体模式，实际上就是一种后现代企业模式。

关于 MBO 的起源，一直存在争议，一种流行的说法认为其发端于 20 世纪 60～70 年代。第一例 MBO 与美国的 KKR 公司息息相关。1976 年，美国人 Kohlberg、Kravis 和 Roberts 创建的 KKR 公司决定收购罗克威尔公司一个制造齿轮部件的分厂。为了达到顺利收购的目的，KKR 采取了与以往不同的手段，它与被收购公司的管理人员联合而不是准备解雇他们，并许诺将来给予管理层一定比例的股权，从而得到被购并公司董事会的批准和支持。KKR 最终以每股 1 美元的价格实施了对该分厂的收购，其中管理人员控股 20%，KKR 控股 80%。收购完成后，KKR 对公司进行了改革，执行了一系列压缩成本的措施。5 年后，KKR 将梳妆打扮好的所谓“简练有效率”的公司以每股 22 美元再次出售，获得丰厚收益，9 名原高级管理人员也都暴富。这就是所谓 MBO 的由来。

MBO 后的后现代公司治理结构极大地降低了代理成本。经营管理者既是管理者，又是老板，企业所有权和经营权统一起来，公司利益和个人利益高度一致，经理人以追求公司利润最大化为目标，极大地降低了代理成本。MBO 模式还能有效地调动企业家的积极性。管理层收购后，管理层掌握了公司的经营控制权，在激励效果上，MBO 要好于绩效薪酬、参股、期权等激励措施。

2. 管理层收购的类型

根据收购标的公司的不同，MBO 可以分为以下几种类型：

（1）收购上市公司。这类 MBO 的收购为股票在交易所上市的公司。通常公司被收购后即转为私人控股，股票停止上市公司交易，所以又称非市场化（Going Private）交易。根据目的的不同可以分为以下几种类型：

1）基层管理者的创业尝试。MBO 为管理者实现企业家理想开辟了一条新途径。他们基于对自己经营的企业发展潜力的信心，以高于股票市价一定水平的价格从原股东手中收购股票，以便以所有者的身份充分发挥管理才能，获取更高的利润。这类 MBO 没有外部压力的影响，完全是管理者的自发收购行为。

2）作为对实际或预期敌意收购的防御。当上市公司面临敌意袭击者的进攻时，MBO 可以提供很有效而又不具有破坏性的保护性防御。经理人员以 MBO 形式购回企业股票，已发展成一种越来越被广泛采用的新颖的金融技术。

3）作为大额股票转让的途径。一些机构投资人或大股东打算退出公司而转让股票时，让其在交易所公开卖出股票是不现实的，而且让大量股票外流也会影响公司的稳定，于是 MBO 就成为实现转让的最好选择。在欧洲大陆，许多上市公司都为家族所控制，当业主已到退休年龄而找不到合适的继承人时，利用 MBO 可解决继承问题而不必将控制权交与给人。这类交易在法国尤为普遍。

4）公司希望摆脱公司上市制度的约束。各国针对上市公司一般都定有严格的法律法规，以约束其行为，保障股东的利益，特别是在透明度和公开披露信息方面的要求十分严格。一些经理人员认为这些制度束缚了他们的手脚，于是以 MBO 方式使企业退出股市，转成非上市公司。出于这种动机的 MBO 虽然使经理人员能够有更多的自由去进行决策，但同时也增加了企业的风险。

（2）收购集团的子公司或分支机构。19 世纪末和 20 世纪 20 年代的两次并购浪潮产生了横向一体化的企业及纵向一体化的康采恩，60 年代世界第三次并购浪潮又诞生了庞大的混合联合企业集团。进入 20 世纪 80 年代，一些多种经营的集团逆向操作，出售其累赘的子公司和分支机构，甚至从某些特定行业完全退出，以便集中力量发展核心业务；或者是改变经营重点，将原来的边缘产业定为核心产业，从而出售其余部分业务（包括原核心业务）。这时候最愿意购买公司的人，往往是内部管理者。

（3）公营部门私有化的 MBO。公营部门私有化有以下几种情况：①将国有企业整体出售；②将国有企业整体分解为多个部分，再分别卖出，原企业成为多个独立的私营企业；③多种经营的庞杂的公众集团公司出售其边缘业务，继续保留其核心业务；④地方政府或准政府部门出售一些地方性服务机构。以上这些都是 MBO 的潜在机会。

虽然公营部门私有化可以有多种形式，但 MBO 无疑是最有效、最灵活的一种。它一方面将资本市场的监督机制引入公营部门；另一方面又使管理者成为股东，刺激了他们的经营积极性。20 世纪 80 年代英国对公营部门实行私有化时，就广泛采用了 MBO 形式及其派生形式 EBO（职工控股收购）。

3. 管理层收购的运作程序

（1）策划阶段。策划阶段需完成以下工作：

1）进行 MBO 的可行性分析。其重点内容包括以下几个方面：①检查和确认目标企业的竞争优势，确认现在以及将来可以预见的未来若干年财务和现金流情况；②找出对供应商、客户和分销商的稳定性进行评估，对目标公司现存经营管理上和制度上的问题及改进潜力进行研究；③找出收购现存的法律障碍和解决途径，以及有关的税收事项及安排；④员工及养老金问题，公司股东权益的增长和管理层的利益回报等。

2）组建管理团队。以目标公司现有管理人员为基础，由各职能部门的高级管理人员和职员组成收购管理团队。组建管理团队时，应从优势互补的角度考虑，引进必要的外部专家和经营管理人员，同时剔除掉内部那些缺乏敬业精神和团队协作精神的管理人员或高级职员。

3）设计管理人员激励体系。管理人员激励体系的核心思想是通过股权认购、股票期权或权证等形式向管理人员提供基于股票价格的激励报酬，使管理人员成为公司的所有者和经营者，收入及权益与公司盈亏直接挂钩，能够得到基于利润等经营目标的股东报酬，从而充分发挥其管理才能和敬业精神。

4）设立收购主体——壳公司。由管理团队作为发起人注册成立一家壳公司或称为“纸上公司”，作为拟收购目标公司的主体。壳公司的资本结构就是过渡性贷款加自有资金。设立新公司的原因是因为经营管理层作为一群自然人，要想实现对目标企业资产的收购，必须借助于法人形式才能实现。

5）选聘中介机构。管理团队应根据收购目标公司的规模、特点以及收购工作的复杂程序，选聘专业中介机构，如投资银行、律师事务所、会计师事务所和评估事务，来所指导业务操作，提高并购成功率。

6）收购融资安排。在 MBO 操作过程中，经营管理层只付出收购价格中很小的一部分，其他资金通过债务融资筹措。其中大部分的资金通过以公司资产作为抵押向银行申请收购贷款。该贷款可以由数家商业银行组成辛迪加来提供，也可以由保险公司或专门进行风险资本或杠杆收购的公司来提供。其他资金可以以各种等级的次等债券形式，通过私募（针对养老基金、保险公司、风险资本投资企业等）或公开发行高收益率债券（即垃圾债券）来筹措。

（2）执行阶段。在策划结束之后，就进入了 MBO 的执行阶段，即管理层进行收购行动。此阶段的主要工作如下：

1）评估和收购定价。目标公司价值的确认不外乎两个依据：一是根据目标公司的盈利水平评价；二是按照目标公司的账面资产价值评价。目标公司的估价可以委托专业评估机构完成。在确定收购价格时，一是应该考虑包括固定资产、流动资产和无形资产在内的公司基本价值；二是应该考虑外部买主可能存在的竞争激烈程度。

2）进行收购谈判，签订合同。这一步是 MBO 的核心和关键步骤。在这个阶段，经营管理团队会就收购条件和价格条款与董事会进行谈判。收购条款确定后，MBO 便进入实质性阶段，管理层与目标公司正式签订收购协议书，协议书上应明确规定双方享有的权利和义务。

3）履行收购合同，完成收购。收购集团按照收购目标或合同约定完成收购目标公司的所有发行在外的股票，使其转为非上市公司。收购后，根据收购具体情况办理下列手续和事项：①审批和公证；②办理变更手续；③产权交接；④发布收购公告。

（3）整合阶段。MBO 收购完成之后，只是企业家创业梦想的开始，他们还必须去面对公司经营业务调整和重新制定战略等一系列重大事项。在管理层取得了目标公司的控制权之后，管理人员应当通过削减经营成本、改变市场战略、增加利润和现金流量、改进生产设施、改善库存和应收账款的管理、提高产品质量等措施加强企业管理。

（三）员工持股与后现代企业的治理

1．员工持股及其意义

员工持股是指企业雇员持有企业内部股份，参与公司财富分配，与资本所有者共享公司的经营成果的企业激励制度。员工持股也是一种较普遍的为了解决现代企业所有权与经营权分离后的代理风险而实行的企业治理模式。员工持股计划在发达市场经济国家被称为一场革命，它主要风行于高新技术企业和上市公司。由于员工持股计划改变了现代企业所有权与经营权分离的委托－代理模式，使所有权与经营权统一起来，因此员工持股是一种后现代企业治理模式。

员工持股主要有股票期权、员工持股计划、股票购买计划等几种形式。其中，股票期权主要是一种面向高层管理人员的高效的激励制度。1952 年，一家叫菲泽尔的公司，为了避免公司主管们的现金薪金被高额的所得税率“吃”掉，在雇员中推出了世界第一个股票期权计划。但是，直到 20 世纪 90 年代，随着美国股票市场的异常活跃，股票期权计划才逐渐成为世界潮流，目前美国 80% 以上的上市公司实行了股票期权制。在西方发达国家，获得股票期权的人员已由高层经理人员扩大到普通员工。

实行员工持股计划的目的，在于在企业内部引入一种新的力量、新的机制和新的动力，是企业在新的形势下的一种制度创新。国外的实证调查表明，员工持股计划的价值与持股员工的比例和员工持股所占的比例是成正比的。

从本质上讲，员工持股计划蕴含于企业内部的利益调整机制中，是在企业资本所有者和劳动者之间建立起的一种新型的利益关系，并在共同利益的基础上所产生的激励和对企业经营发展的共同关注。可以说，员工持股计划本身就是企业制度的重要组成部分，而不能独立于许多企业制度之外。实施员工持股计划的目的在于为企业引入一种新的动力机制，而不仅仅是一种利益分配机制。

从企业内部经营管理讲，员工持股计划属于人力资源管理体系，员工持股是一种报酬机制，在企业的薪酬机制中，工资是保障要素，奖金是短期激励要素，福利是保健要素，而员工持股是长期激励要素。

2. 员工持股计划的实施

设计和实施员工持股计划的目的是给员工的累计贡献以回报，更重要的在于激励员工为企业做出更大的贡献。但是，这种激励绝不是以持股换积极性，花钱是买不到积极性的，何况持股一旦成立是收不回来的，那么我们如何对待持股而又不思进取的员工?

(1) 员工持股计划必须有严格和规范的绩效考核制度。只有通过绩效考核制度加以甄别，企业才能搞清谁为企业做出过多大的贡献，谁还能继续为企业做出持续的贡献，并在这一前提下，给予持股激励。否则，只能按照诸如工龄、年龄、职务、学历、职称等因素为员工配股，员工持股成了一锅新的大锅饭，成了没有任何激励价值的福利。

(2) 员工持股计划必须有配套的约束机制。员工持股计划中的激励，是约束中的激励，是基于责任的激励，必须在确定持股对象、持股额、持股权力、持股责任等方面设置控制点，通过“金色的梦”和“金饭碗”来吸引和激励优秀的人才，通过“金手铐”来留住人才。归纳起来讲，员工持股计划所生成的机制是让员工关注公司的持续发展，关注自身业绩和能力的不断提高，使员工以业绩换持股，以自己的诚实劳动致富。有制约地使员工持股成为一种投资行为，而不是投机行为。

(3) 员工持股计划必须有足够的倾斜力度。员工持股计划并不意味着全体员工平均持有股份，强调员工持股的比例和比重并不意味着平均持股。相反，员工持股必须拉开差距，否则又会走到内部职工股的老路。员工持股的激励力度之所以大于其他报酬形式，一是其回报的长期性，二是其回报的不确定性，三是其有足够大的倾斜力度。问题的关键是应该组合地使用多种员工持股形式，拉开持股差距，即坚定不移地向那些为公司创造价值的部门和员工倾斜，向公司的核心层、中坚层和骨干层倾斜。此外，员工持股一定要有预留机制，以保持对新员工和老员工不断创新与创业的牵引和激励。

案例 淡马锡股份有限公司的治理结构

1. 公司的性质和目的

淡马锡股份有限公司成立于1970年，是新加坡最大的国有控股公司。淡马锡股份有限公司的主要目的是以追求盈利为目标，同时也兼顾政府的产业政策。因此，公司在项目选择及决定资金投向方面都是以能否盈利为标准。为了确保盈利，进行投资时，公司及其子公司都有选择项目的自主权。任何投资项目都要经过事先评估，若不能盈利则不予考虑。若确属国家需要，政府部门又提出要求，则政府必须以公司不亏本为前提给予相应补偿，公司才予以接受。如果子公司发生亏损以至于资不抵债，则会被关闭。

根据公司章程的规定，淡马锡股份有限公司的经营目标是通过对企业实施控股、参股或买卖企业有价证券等经营方式，在国内及世界各地从事投资和控股公司的多行业经营活动。至于公司在产权投资方式上是选择独资、控股还是参股，很大程度上取决于被投资企业的业务性质。例如，对于与战略和国家安全有关的企业、涉及社会发展和社区发展规划的旅游业或娱乐业企业等，往往采取独资方式；对于其他企业，则通常采取控股或参股方式，以引导和促进私人投资，带动非国有经济的发展。

2. 淡马锡股份有限公司的治理结构

淡马锡股份有限公司隶属于财政部，其产权组织结构体系是一种从政府到母公司、子公司、分公司等多层次、宝塔型的结构（多达6个组织层次）。淡马锡股份有限公司实行国家控股，代表国家经营国有资产，支配股权。它有权决定国有资本的扩张、送股和售股以及按股权回报率调整股权结构；有权决定直属控股子公司董事会的人选；有权审定直属子公司股息分配方案等。但对于直属子公司以下各个层次的公司企业，淡马锡股份有限公司与它们之间不形成直接的产权关系，主要是通过直属子公司逐级实施产权管理。

按照新加坡有关法律规定，新加坡国有控股公司均实行董事会下的总经理负责制。淡马锡股份有限公司的董事及总经理任命要经共和国总统同意。10名成员组成的董事会，其中8名是政府公务员。具体情况如下：淡马锡股份有限公司刚组建时，根据公司章程规定，公司董事会成员人数最少不能少于2人，最多不能超过12人。董事的任命由股东会决定，股东会可以通过决议增加或减少董事会成员人数，可以辞退不称职董事和任命新的董事。1991年11月，经股东会特别决议通过，对公司章程的有关部分作了如下修正：

1）董事的任命必须符合《新加坡共和国宪法》第22C条的规定，并要征得共和国总统的同意，否则任命无效。

2）在董事人数不超过公司章程规定的最高限额以内，董事会有权任命新增董事。

3）每年应有1/3的董事退职，退职的董事为任职年限最长者，在任职年限相同的情况下，将通过抽签方式决定。

4）董事在征得董事会大多数成员同意后，可以指定任何人为他的代理董事，也可以随时解除这一代理关系。

5）董事会可根据需要任命1名或多名常务董事。但是，在董事任职期满时，也与其他董事一样退职，其常务董事资格也随其董事资格一起被取消。

6）董事会关于公司主要经理人员的任命或辞退也与董事任命一样，必须符合《新加坡共和国宪法》第22C条的规定，并经共和国总统的同意。

从上述内容可以看出，淡马锡股份有限公司董事会成员及公司主要经理人员的任命都需经共和国总统审批，表明政府对其人事控制的强度。目前，淡马锡股份有限公司董事会中8名政府有关部门的代表包括：由财政部常务秘书（相当于常务副部长）担任董事长，新加坡金融管理局局长、财政部总会计师、新加坡贸易发展局局长等都担任该公司的董事。这种主要由政府公务员兼任公司董事的国有产权管理方式也是淡马锡股份有限公司的一个重要特点。

淡马锡股份有限公司直接控股的第一层次子公司（即直属子公司），其董事会成员的任免，也需由控股公司提名，报政府“董事委任委员会”批准。至于直属子公司以下各个层次的公司企业，其组织结构与淡马锡股份有限公司无直接关系，主要是通过直属子公司逐级实施产权管理。事实上，这些公司企业完全依市场规则运营，经营机制与私营企业无多大差别。

在公司内部运营管理方面，公司董事会有权决定公司经营的大政方针、股息分配及配股等事宜。公司在投资决策、资金使用等方面也享有完全的自主权，不受财政部的制约。直属子公司都独立经营、自负盈亏，由本公司董事会负责决策和管理日常经营活动。但淡马锡股份有限公司董事会作为政府的产权代表，对其下属子公司的经营活动负有监督管理以保证资产增值的责任。公司每半年要向财政部递交一份有关下属子公司经营状况分析的报告，财政部长每2年也要到各公司视察一次。控股公司对公司的管理和控制，也是基于产权关系通过以下方式来进行的：①子公司必须按期向控股公司呈报本公司董事会会议备忘录；②子公司必须定期向控股公司提交本公司的月度、半年和年度财务及管理报告书；③子公司必须定期向控股公司呈报本公司有关投资和贷款方面的计划；④控股公司可以委任本公司董事或职员担任子公司董事会成员；⑤若子公司需要增加资金，必须得到控股公司董事会的同意；⑥控股公司作为子公司的大股东，也可以依据《公司法》，控制子公司有关股本变更、公司重组、年度预决算、委任董事等重大产权经营决策问题。从上述六条内容可以看出，淡马锡股份有限公司对子公司的控股并不仅仅局限于作为股东的权限，而且还包括了对于公司总体经营状况的监控。

3. 淡马锡股份有限公司的制衡机制

淡马锡股份有限公司的制衡机制也从激励机制和约束机制两方面考虑。

(1) 激励机制。根据公司章程规定，淡马锡股份有限公司董事及总经理要经共和国总统任命；董事会中大多是政府官员，他们作为政府公务员兼职不兼薪，薪水仍由政府支付，但是政府根据公司经营状况，对委派的董事实行奖惩。经营业绩好的，董事可以升迁，担任更重要的职务，获得更多的薪金。如果公司经营业绩不佳，董事将不再被委任为管理人员。如果董事不按政府的意图办事，政府可以随时予以撤换。

在收入分配方面，以往公司的盈利都由各公司留用投入新的发展项目。近5年来，由于盈利增加，公司每年将利润总额的15%上缴财政部，其余资金仍由公司自主使用。

(2) 约束机制。

1) 所有权约束。淡马锡股份有限责任公司是通过国家控股的方式拥有众多上市和不上市公司的股份，该公司的所有权约束类似于经理企业的所有权约束，国家作为股东拥有财产所有权、剩余索取权和控制权，只是国家股东对其所有权的管理委托其产权代表——董事会去行使这种职能。

2) 内部监督和约束。内部监督和约束主要指股东及其产权代表机构董事会对经理的监督和约束。淡马锡股份有限责任公司的经营目的就是为了盈利以实现资产增值。国家作为股东投资的目的是为了得到长期收益。为了保证自己的利益，国家通过任免董事会人员即总经理来实行有效的监督。作为董事会，其职责是制定大的和长期的战略方针，挑选经理人员；对下属子公司的经营活动负有监督管理以保证资产增值的责任，若其职责不能有效履行，则会被政府罢免。

3) 外部监督和约束。外部监督和约束主要是来自产品市场、资本市场和经理市场竞争的约束。在淡马锡股份有限公司，国家只是作为股东通过实施控股、参股等方式，从事投资和经营活动，除了对关系到国家安全和发展战略有重大影响的企业实施独资经营、带有垄断性色彩外，国家对大多数控股企业不采取过度保护政策，而是依市场法则公平竞争，若企业资不抵债，就会被关闭。这与经理企业的外部约束机制相类似。

（本案例摘自“中国公司治理网”。
http://www.cg.org.cn/practice/pra6.asp）

XianDai QiYe
ZuZhi GuanLi
ChuangXin

第四章 组织结构创新

很多企业家都有过类似的困惑，他们深深地意识到现有的组织结构的弊病，也知道一些所谓的先进的组织理论，但似乎很难将这些理论与他们的管理实践相结合起来，这让他们对理论产生了怀疑，甚至认为理论是无用的。为了解释这种困惑，我们要先从对组织结构的分析开始。

一、组织结构分析

（一）组织结构的构成要素

管理职能中的组织职能，是指管理者要在自己的群体中有意识地建立起一种人们进行工作的职务结构或职位结构。因此，这里所称的组织是指组织结构，就像人类是由骨骼确定体型一样，组织结构一经确立，组织的大体形状也被确定了。组织结构是由下列五要素构成的，包括分工关系、部门化、权限关系、沟通与协议关系和程序化。

1. 分工关系

所谓分工关系，是指在组织内，为了完成组织的目标所要确定的工作职务种类，以及各种职务如何进行分担的问题。例如，制造业企业有制造、开发和销售等基本职务，制造中又会有生产计划、生产作业、质量检查等，这些职务经过一个什么样的过程，按照什么样的标准细分到每个成员身上，这是组织结构要完成或者说要解决的问题。

分工可以给组织带来许多利益。第一个利益就是单纯化。通过分工，可以把复杂的工作变得很简单，很单一，这样可以提高工作效率。最集中的体现就是在车间的流水线上。分工的第二个利益就是专门化。通过分工，限定了成员的学习范围，可以形成更深层次的熟练，可以获得更高层次的知识。特别是对于需要高度技术和知识的工作体现得更加明显，如工厂中的技术熟练工人、专业会计师等。

分工在给组织带来利益的同时，也带来了以下不利影响：

（1）工作的单调化。被单纯化了的反复作业违背了人的本性，因而人们会产生厌恶感和单调感，而这种情绪会影响人们的工作效率。德鲁克曾对科学管理法提出过批判："在科学上（为了组织利益）理所当然地将工作分解为最单纯的动作要素。然而，不能说按照分解后的动作要素进行工作就是最有效的劳动。人们不适合于重复同一动作，人们的特征在于进行许多动作，然后将其统一、平衡、控制、测定，进而加以判断。因此，在进行生产活动中，人力资源不是单纯的一种职务，而是包含着各种作业的工作，这是符合人的特性的劳动。”

（2）使组织失去流动性，降低了组织适应变化的能力。当工作变得高度专业化时，组织中人员的移动变得很困难。而环境的变化、技术的变化通常要带来企业中职务的变化。原有的职务变为不需要，产生一些新的职务。可是，如果把一个优秀的技术人员配置到财务部门，并不能发挥他的能力和过去所形成的熟练，这是由于能力的不一致而产生的问题。因此，会产生一些抵抗变化的人，如专业化的技工会反对机械的自动化。

（3）助长组织内的对立。在进行专业化的工作中，不仅形成了专业的能力，而且形成了专业的思考方式。分工形成的不同思考方式的过程被称为组织的分化。这种分化使组织内的沟通发生困难，而且分工后的人们对自己的工作产生一体化，为了保护自己的工作，对那些虽给组织全体带来利益，但对自己的工作有不利的决定会产生抵抗感。另外，分工会加深部门之间的对立。“二战”时期的日本海军曾有过“全力对抗陆军，剩下的余力用来对付敌人”的原则。

在全面考虑这些优缺点的基础上，采取什么程度的分工，在此基础上决定每个人的职务是决定组织结构的第一问题。

2. 部门化

与分工具有不可分割关系的是调整。不伴随调整的分工将不会有任何作用。零部件的生产数量和产品的生产数量之间、前工程和后工程之间如果没有调整的话，组织中会发生各种各样的非效率。市场就是调整分工的一种手段。在企业组织内的调整是通过有意识建立的系统来进行的。

调整的第一个方法就是部门化，通过把一些人归纳到一个集团内，在这个集团内设立一个管理者，由他来统括和调整这个部门的工作。这个调整单位称为部门或组织单位。在大组织中通常会有复数水平的部门化。产生的原因在于有效地进行相互作用的人数是有限的。

调整的最原始的方法是关系者之间的相互作用。通过观察对方的动静，在互相进行沟通的同时进行调整。可是，由于关系者的增多，相互作用的数就会增多，这样调整的效率会下降。例如，N 个人的集团发生相互作用的数为 $N(N-1)/2$，5 人的集团相互作用的数为 10，当发展为 20 个人的集团时，相互作用的数就变成 190，而发展成 100 人时，相互作用的数会变为 4950。

当设立管理者后，相互作用的数就会相应地减少。N 人数集团中设立了一个管理者后，必要的相互作用的数就变成 $N-1$，而且管理者把调整变为专门的工作后，会产生调整所必要的技能。设立管理者可以减少相互作用的数，使调整变得更加容易，而且可以进行更好的调整，这些是管理者存在的意义所在。在这种场合由于管理者的认识能力和信息处理能力有限，进行有效调整的部下人数也是有限的。管理者可以管理的部下的人数被称为统制范围或管理跨度。管理跨度加大的话，可以减少管理者的人数，减少费用支出，这是他的优点。但是，对部下的命令和监督的效率会有所下降，调整的有效性也会下降。相反，如果管理跨度变小的话，调整会有效地进行，但会增加管理者的数。最佳的管理跨度完全依存于工作的性质和管理者的能力。

因此，在进行部门化时，有两个问题需要解决：一是集团规模的大小，也就是阶层的多少问题；二是部门化的方式，就是以什么标准来进行集团的划分问题。第一个问题的解决方法有纵长的组织形式和扁平的组织形式，现在比较流行的是扁平式组织形式。第二个问题的解决方法有按照职能、产品、顾客、地区等标准，还有按照随机原则进行的部门化。

3. 权限关系

组织中有各种各样的决策，并且这些决策还必须调整。因此，如果所有的决策全部由一个管理者来做的话，那么，调整在他自己的头脑中就可以进行了，或者说调整是不必要的。但是，现实中进行复杂工作的组织，会面临多样的决策，而且管理者也不可能具有对所有问题进行决策的能力，这时，就需要把一部分权限委托给下级，对决策的责任进行分担。把哪些权限，在什么程度上，委托给哪些人，这些问题就需要解决。分权和集权是权限关系遇到的问题。所谓集权是指决策的权限尽量集中在组织的上层，分权就是决策的权限尽量分散到组织阶层的下级。分权与集权不是二者择一的问题，而是对于什么问题，在什么程度上进行分权化的选择。

4. 沟通与协议关系

对于分工进行调整的过程中的一个重要问题，就是在分工后的人们如何进行沟通和协议的问题。组织中沟通的结点为管理者。构成组织的人们在进行互相沟通时，沟通的路径是非常多的。有研究者进行测算，在一个 1000 人的组织中如果不设置管理者（这意味着每个个人都是一个结点）进行沟通的话，沟通路径约有 50 万条。这时，如果把 1000 人分为每 100 个人为一组，在每个组中设立一个管理者，同时在这 10 个管理者之上再设立一个管理者的话，沟通的路径就会减少到 1110 条。这种层次型沟通路径具有节约沟通路径的效果。

由成为沟通结点的管理者进行调整是阶层组织的基本的调整机制。

但是，成为组织结点的管理者，不会简单地把下级的信息和上级传来的信息完全地进行传达，而是采取对信息进行编辑、压缩等加工后再向上或向下进行传达。因此，在此阶段就会有信息被歪曲的现象，同时也有一些必要信息被失落的危险。特别是纵长的组织，这种危险性会加大。

在层次型组织中基本沟通的形式为上下之间的，这样具有简练沟通路径的优点。因此，在传统的组织原则中有统一命令的原则，即在同一集团内命令应该由一个管理者发出，部下也应该向一个管理者进行报告。通过这种原则的实施可以保障沟通的简练化、命令的统一性、信息的集中化等效果。可是，这种简练化也有缺点，主要在于不同部门之间的沟通和调整会花费很多的时间。因为严格实施层次型的传达路径的场合，不同部门之间的联络和调整必须要通过管理者才能进行。这种沟通也会使沟通内容发生歪曲，并加大了管理者的信息负荷。

为了解决上述矛盾，在纵向组织中可以设置一个横向的沟通和协议的路径，这种组织被称为横向的组织。方法有多种多样，可以设置一个专门担当横向沟通和协议的人员，或者召集部门的代表者开会，以及成立委员会等。

通过横向路径不仅可以进行信息的沟通，也可以进行工作调整。但进行工作调整中会遇到纵向的权限和横向的权限两者之间的权限优先度的决定问题。当横向与纵向的权限几乎相等时，会产生许多矛盾，如果这种矛盾不能很好地解决的话，会引起组织的混乱，这是横向组织的最大缺点。

5. 程序化

所谓程序化，是指事先决定一种程序，当发生某种事情时，应该采取什么方法来解决。出现 X 事态后，应采取 A 行动；出现 Y 事态后，应采取 B 行动。当行动成为高度程序化时，就不需要协调和管理者。

由于环境处于不断变化之中，随时会有不能预测的事态出现。当发生了程序以外的事件后，要向管理者进行汇报，等待其做出决策，这种原则称为例外原则。例外原则可以减少管理者的负担，只是在必要事态出现时才由管理者进行调整。

程序化手段既有经验、习惯等不成文的东西，也有规则、规程、标准作业手续等成文的东西。文书化的过程是组织公式化的过程，其优点在于行动的明确化，可以让新手马上进行工作。程序化是组织学习的结果，组织的智慧和诀窍成为客观化的东西。一般来说，日常反复的工作，人员变换多的工作，要求公平的工作，职务的公式化会很多。

（二）组织结构所规定的内容

组织结构一经形成，就会对组织内的成员产生影响。下面我们从直接影响和直接影响过程中派生的变化来进行讨论。

1. 直接影响

（1）工作种类。分工和协调系统即组织结构首先规定的是工作种类。例如，进行同样事业的企业，如果采用事业部制就会有事业部部长这样的职务，如果采用职能制结构就不会有事业部部长。通过工作种类的决定，对人们工作的努力方向会有很大影响。人们会知道自己应该做什么。

（2）信息内容与统计方法。组织结构规定了组织中信息的流动，它主要是在信息的内容和性质、信息的统计方法两方面有影响。

1）关于信息的内容和性质。信息是每个人进行决策的前提，人们对各种信息（包括通过组织构造传达来的信息和人们作为知识保留在头脑中的信息）进行统计并判断它们的意义之后采取行动。组织构造不同，所处的位置不同，那么所接受的信息内容和性质也不同，由此人们决策的性质和采取的行动会发生不同。

2）关于信息的统计方法。在计算几个数的和时，即使数的顺序发生变化，也不影响结果。可是，对信息进行统计求和时，统计的顺序和被统计的量发生变化后，它的解会发生变化。例如，在中央集权式的权限体系中，所有种类的信息都会集中到组织的上层，看起来是统计求和最方便的方法，可是却存在误区。如前所述，信息在传递过程中由于被压缩和处理，因此会产生欠缺和歪曲，而且部门化的方式不同，这种压缩和处理的方式也会发生变化。又如，用两种不同的顺序，先以制品别进行信息编辑，再以机能别进行编辑，之后再传递给组织的上层的顺序，或者先以机能别进行编辑，再以制品别进行编辑，之后再传递给上层的顺序，最后组织上层所得到的信息是完全不同的。为了避免出现这样的问题，组织可能要求信息不得经过加工，照原样进行传递。可是这样就会发生由于大量信息集中在中央而发生信息消化不良的情况。

（3）对立的解消方法。在信息的统计过程中不可避免地会发生对立，因为对同一信息，由于部门不同（如制造部门和营业部门）会有不同的解释。不同部门的人们在头脑中积累的信息不同，对事物的看法（思考方式）不同，目的也不相同，这是分工所带来的必然结果，是不可避免的。组织构造要解消这种对立的方法，或者说要建立一种解消机制。既然组织中对立是不可避免的，与其消灭对立，不如建立一种建设性的解消方法更加具有经济性。这种解消可以由组织的上层进行裁定，也可以由部门之间进行协商，还可以由调整的担当者进行，但是不同的解决方法，其结果是不同的。

（4）集团的规模与性格。组织构造给予了人们集团化的基础。在事业部制的组织中，事业部是集团化的基础；在职能制组织中，职能是集团化的基础。这种以一定的标准进行了集团化的集团被称为单位集团。组织构造决定单位集团的规模和性格。例如，单位集团的规模决定了集团管理者的统治范围和集团中沟通的容易度，而且单位集团的基本性格也由集团成员的性格来决定。

2. 间接影响

组织构造不仅对组织内的相互作用有影响，而且对个人的行为和思考也有影响。对相互作用的影响主要通过以下几种方式进行：

（1）日常接触方式。随着组织构造的变化，人们通过日常的业务活动接触的方式会发生变化。例如，采用事业部制的企业，从事销售和生产的人们同属于一个组织单位，有大量的机会可以见面，人际网络跟随着组织结构而形成。这种接触会产生沟通，人们互相之间会加深理解，不知不觉中，从事生产的人们会注意销售的信息，从而会自然地进行调整。

（2）内部竞争的方式。在单位集团中产生两个类似性较高的团体后，自然地人们会进行比较，在这种比较中产生竞争。例如，采用事业部组织时，在一个事业部内容易产生与其他事业部进行比较，并产生在利润上不能输于其他事业部的竞争心理；而在职能制组织中就不容易产生这种心理。

（3）组织内的权力关系。所谓权力关系，是指组织内指挥、命令、他人的权力，是一种影响力。组织构造决定了正式权力的同时，还会对非正式组织的权力产生影响。在组织中有强力影响力的人们的意见更加容易通过或更受重视，因此组织中谁占有重要信息，谁在重要部门工作，谁在对组织贡献更多的部门工作，他的影响力就会更大。这种权力关系是否对于相互作用产生好的影响，在组织构造设计时需要加以考虑。

对个人行为和思考的影响通过以下几种方式进行：

（1）约束方式。一种约束为在组织中处于不同的地位和部门，对个人的时间分配、活动内容的分配的约束。另一种约束为行动自由的约束。人们的行动要得到人们的承认，所要通过的关口数一定程度上是由组织结构决定的，通过的关口数越多，意味着障碍越多。例如，第一线的推销员即使有很好的广告创意，可是要被承认并成为现实的话，如果通过的关口很多，他就会因讨厌花费如此多的心理能量来做，因而会放弃。

（2）组织内价值观。组织结构在规定了人们的任务的同时，在一定程度上也规定了人们的价值观：哪些部门重要，哪些事情重要。

（3）思考范围。人们的思考范围会局限于自己的职权范围内，而职权范围是组织结构所规定的。

（4）自律感和参与意识。在离权限近的组织，约束少的组织，单位组织规模小的组织里，人们的自律感容易生成。

（三）组织结构的设计原则

1．目标任务原则

任何组织都是为了特定的目标而存在，所以企业组织设计的根本目的，就是为了实现企业的战略任务和经营目标。组织结构的全部设计工作必须以此作为出发点和归宿点。因为，企业的管理组织结构及其每一部分的构成，都应当有特定任务和目标，并且这些任务和目标应当服从实现企业整体经营目标的要求。每个机构的任务和目标就是这个机构或者机构的每一部分、每一个成员的职责和权限，即他们所要干的事情。因此，设置组织机构要以事为中心，因事设机构、设岗位、设职务，配备适宜的管理人员，做到人和事的高度配合。绝不能因人设岗，因职找人，否则必将造成人浮于事，无事生非，或人才浪费。此外，从目标任务原则出发，当企业的目标和任务发生重大变化时，如从单纯生产型向生产经营型、从内向型向外向型或综合型转变时，组织机构必须作相应的调整和变革，以适应新的目标和任务的需要。又如，企业进行机构改革时，也必须从目标和任务的要求出发，该增则增，该减则减，避免单纯地把精简机构作为改革的目的。

2．责、权、利相结合的原则

责任、权力、利益三者之间是互相制约、互相联系、协调的、平衡的和统一的关系。权力是责任的基础，有了权力才可能负起责任；责任是权力的约束，有了责任，权力拥有者在运用权力时必须考虑可能产生的后果，不至于滥用权力；利益的大小决定了管理者是否愿意担负责任以及接受权力的程度。因为一般而言，利益大、责任小的事情谁都愿意去做，相反，利益小、责任大的事情人们很难愿意去做，其积极性也会受到影响。有责无权，有权无责，或者责权不对等，或者责权利不协调、不统一，种种情况都会使组织结构不能有效运行，难以完成组织的任务和目标。此外，不合理的组织结构既不利于激励员工，也无益于管理监督。例如，企业的厂长（经理）要对企业生产经营活动负全面责任，但如果只要求他承担责任，而不授予他应有的权力，他就不可能履行其职责。企业改革以前，我国企业普遍实行的是党委领导下的厂长负责制，由于党委有权无责而厂长又有责无权，往往造成以厂长为首的生产指挥系统呈涣散、低效状态。企业改革以来，实行了厂长负责制，明确规定了厂长的职责和职权范围，大大提高了生产经营指挥系统的效率。总之，责任、权力、利益三者必须有机统一。

3. 分工协作及精干高效原则

企业的任务和目标的完成，离不开企业内部的专业化分工和协作，因为现代企业的管理，工作量大、专业性强，分别设置不同的专业部门，有利于提高管理工作的效率。在合理分工的基础上，各专业部门又必须加强协作和配合，才能保证各项专业管理工作的顺利展开，以完成整体目标。总之，专业化分工有利于提高企业效率，但由于随着分工越来越细，会增加管理组织结构的单位或人员，加宽管理组织的横向幅度，使管理的协调任务加重和协调难度加大。因此，企业在设计管理组织结构时，既要有分工又要强调协作，既要使组织精干又要使组织高效。为此，就必须注意处理好以下几个问题：

（1）要注意分工的合理性，即分工要符合精干的原则。专业化分工的根本目的就是为了提高效率，而提高效率的前提条件之一就是企业组织要精干。为此，必须做到以下两点：①部门化必须合理。根据组织的需要，尽可能减少部门的设置数量，因为部门的数量越多，协调和控制这些部门的上级部门也就越多，整个组织结构就会变得庞大起来。②各个部门的人员配备必须合理。能在一个岗位、由一个人完成的任务，就不要分设两个岗位，由两个人来完成。在分工时如果违反精干的原则，一是使得管理费用升高，二是使得管理层次增多，并且由于机构臃肿，工作相互推诿，造成管理效率低下。要保证企业的高效率运行需要有内外部条件，就内部条件来说，组织的精干是效率的前提条件，同时，各部门应该有明确的职责范围和权限，要建立信息传递、沟通渠道以及进行各种协调。当然，分工也不应过粗。分工过粗或过细都会影响工作效率。

（2）要注意发挥纵向协调和横向协调的作用。如上所述，协调方式也是影响企业效率的重要因素。纵向协调就是要在纵向等级链的每一个环节之间搞好协作关系；横向协调就是要搞好各个专业职能管理之间的协作关系。

（3）要加强管理职能之间的相互制约关系。制约也是实现企业任务和目标的需要，它与协调是相辅相成的。只有协作，没有制约，就不能使分工得以实现，管理就没有秩序，组织也就没有效率。例如，企业质量管理部门、成本管理部门与生产管理部门之间，既存在协作关系，又有制约关系，三个部门的设立能保证产量、质量、成本三者之间合理制衡，做到多产、优产、低成本、高效益。

4．管理幅度与管理层次的原则

部门化原则管理幅度是指一个主管能够直接有效地指挥下属的数目。很多学者调查研究的结果表明，由于受个人精力、知识、经验的限制，一个上级主管所管辖的直接下属人数是有限的，但究竟多少比较合适，很难有一个确切的数量标准。同时，从管理效率的角度出发，每一个不同的企业管理层次，其管理幅度也不同。法国有位管理顾问丘纳斯根据其对上下级关系的分析，得出如下结论：在向经理汇报的人数以算术级数增加时，他们之间的最大关系数（即相互联系的复杂程度）是以几何级数增加的。其计算公式如下：

$$C = N[2^{N-1} + (N-1)]$$

式中：C 表示关系数；N 表示下属人数。

从上式可以看出，随着下属人数的增加，关系数急剧增加，管理人员之间的协调工作越来越复杂。同时，作为一个主管，不仅要处理同下级的关系，而且要处理同上级以及左右之间的横向关系。一般来说，管理幅度的大小同管理层次的多少成反比的关系，因此在确定企业的管理层次时，必须考虑到有效管理幅度的制约。

英国著名的管理顾问林德尔认为，上级管理者有效管理下属的人数是4人，他认为，没有一个监督员能够直接管理超过5个或者至多6个工作相互连锁的下属的工作，这一原则被后来许多管理学家所推崇。而在组织的最低层次，可以多达8～12人。

管理幅度应多宽才是有效的，在实际工作中总是千差万别的。在对美国100家大公司管理的调查中，向总裁汇报工作的高级管理人员的人数从1人到24人不等，平均是9人；而在41家小公司中，25个总裁有7个以上的下属。一般认为，管理幅度不超过8人为好。

由于管理幅度的大小不同，形成了不同形式的管理结构：一种是管理幅度窄、管理层次多的纵长式组织结构；另一种是管理幅度宽、管理层次少的扁平式组织结构。

在纵长式组织结构中，每一个管理人员的下属人数少。其优点是：①可以进行严密的监督和控制；②上下级之间的联络迅速。其缺点是：①上级往往过多地参与下级的工作；②管理层次多，管理费用多；③最高层与最低层的距离长，信息传递慢，容易失真。

在扁平式组织结构中，主管人员的管理幅度宽，层次少。其优点是：①管理层次少，管理人员也少，可以节约管理费用；②管理层次少，可以使上下级信息沟通交流更为快捷；③较少发生权力和责任相互重叠的危险。其缺点是：①上级主管负担较重；②同一项工作经过太多的人手，则激励作用会大大降低，工作效率低；③要求管理人员有较好的素质。

当前，由于企业信息化水平的不断提高，使管理幅度的加大成为可能。

5. 统一指挥和权力制衡的原则

法约尔说：所谓统一指挥，是指无论对哪一件工作来说，一个下属人员只应接受一个领导人的命令。而权力制衡是指，无论哪一级领导人，其权力运用必须受到监督和制约，一旦发现某个机构或者职务有严重损害组织的行为，可以通过合法程序，制止其权力的运用。

统一指挥是组织原则中最古老、最基本的原则。任何人如果接到两个或两个以上相互冲突的命令时，将无所适从。因为不管执行谁的命令，他都有可能得罪上司。然而，如果对权力没有任何制衡措施，一旦某个领导者作出重大错误决策或出现作风腐败时，整个组织就会混乱。为此，在组织设计或调整时，要特别注意处理好以下关系：①正确处理直线经理与职能经理的关系。如属直线经理管辖范围内的某项业务，职能经理也承担部分管理责任，拥有部分管理权，这时很可能出现双重指挥。因此，为避免多头指挥或无人负责的现象，应实行首脑负责制，即：一个企业、一个车间、一个科室、一个班级，必须确定一个人总负责并实行全权指挥。②在同一层次的领导班子中，必须明确主辅关系，副职必须服从正职，正副职之间是上下级关系。③一级管一级。即“指挥链”的原则。各个管理层次应实行逐级指挥和逐级负责，一般情况下不应越级指挥，否则会影响下级领导人的威信，挫伤他们的积极性。④企业高层领导，一定要保证行政指挥权的统一。

二、组织结构的类型

（一）组织结构的基本类型

从传统管理到现代管理，组织结构有多种模式。传统的组织结构模式主要有直线制、职能制、直线—职能制等。现代组织结构模式主要有事业部制、矩阵制等。虽然组织结构多种多样，但其中最主要的还是直线职能制和事业部制两种形式，其他的结构都与这两种有密切关系。正如美国著名企业管理专家钱德勒所说："虽然人们在组织结构的模式方面又发展出许多变种，而且仅在几年里，偶尔也有一些变种混合而成为一种模型的形式，但是在大型工业企业的管理上仅仅只有两种基本的组织结构，即集中的、按职能划分的部门的类型和多分支公司的、分权化的结构。"了解组织的结构形式，选择适宜的组织结构形式，有利于建立具有企业自身特点的组织结构框架。

1. 直线制组织结构

直线制组织结构是最早使用也是最为简单的一种结构，是一种集权式的组织结构形式。组织中各种职位是按垂直系统直线排列的，各级行政领导人执行统一指挥和管理职能，不设专门的职能机构。直线制组织结构具有如下特征：一条指挥的等级链，职能的专业化分工，权利和责任的一贯性政策，工作的标准化。其结构如图 4－1 所示。

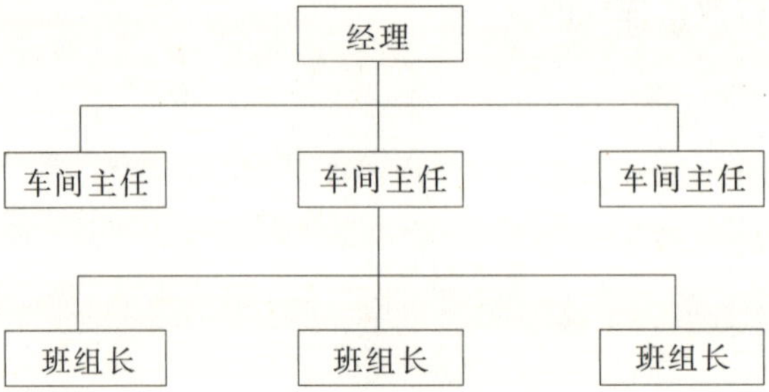

图 4－1　直线制组织结构

直线制组织结构创造了一种制度，这种制度能够有效地管理大量投资、劳动分工和资本主义大规模机械化生产。专业化分工使组织的每一项任务都能得到一个有效的工作方法。直线制组织结构的组织通过一贯性的书面规则和政策来管理，这些规则和政策由公司管理部门制定。在直线制组织结构中，上司负责其管辖范围内所有雇员的行动，并且有权下达雇员无条件服从的命令。雇员的首要职责是立即按照顶头上司的命令去做，而不该去考虑什么是正确的或者什么需要做。通过组织劳动分工、制度管理决策以及制订一种程序和一套规则，使各类专家可以齐心协力地为一个共同目标努力。直线制组织结构极大地拓宽了组织所能达到的知识的广度和深度。

直线制组织结构的形式如同一个金字塔，处于最顶端的是一名有绝对权威的老板，他将组织的总任务分成许多块，然后分配给下一级负责，而这些下一级负责人员又将自己的任务进一步细分后分配给更下一级，这样沿着一根不间断的链条一直延伸到每一位雇员。20 世纪 80 年代，在通用汽车、IBM 和美国政府这样的巨型组织中，最高领导层与工人之间竟有多达 12 级管理层。事实证明这样的管理层数太多了。

中小企业、单一事业型的大企业多数采用了直线制组织结构。这种组织结构的优点是可以最大规模地实现专业化，比较容易达到规模经济。但也存在着一些缺点：①对各部门业绩的评价基准不一，带来评价困难；②各职能部门往往仅从自己部门的角度思考问题，易引起各部门间的对立，因此上层管理者的大量时间浪费在协调上；③难于培养具有全盘视野的管理者。

2. 职能制组织结构

职能制组织，亦称“U 型”组织。这是以工作方法和技能作为部门划分的依据。现代企业中许多业务活动都需要有专门的知识和能力，通过将专业技能紧密联系的业务活动归类组合到一个单位内部，可以更有效地开发和使用技能，提高工作的效率。职能制组织结构如图 4－2 所示。当企业组织的外部环境相对稳定，而且组织内部不需要进行太多的跨越职能部门的协调时，这种组织结构模式对企业组织而言是最为有效的。对于只生产一种或少数几种产品的中小企业组织而言，职能式组织结构不失为一种最佳的选择。职能制组织结构的优点是：①职能部门任务专业化，这样可以避免人力和物质资源的重复配置；②便于发挥职能专长，这点对许多职能人员颇有激发力；③可以降低管理费用，这主要来自于各项职能的规模经济效益。职能制组织结构的缺点是：①狭窄的职能眼光，不利于企业满足迅速变化的顾客需要；②一部门难以理解另一部门的目标和要求；③职能部门之间的协调性差；④不利于在管理队伍中培养全面的管理人才，因为每个人都力图向专业的纵深方向发展自己。

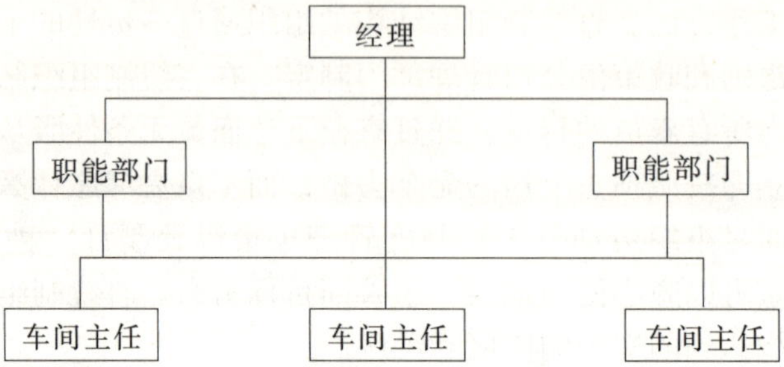

图 4－2　职能制组织结构

3. 直线－职能制组织结构

直线－职能制组织形式，是以直线制为基础，在各级行政领导下，设置相应的职能部门。即在直线制组织统一指挥的原则下，增加了参谋机构。直线－职能制组织结构如图 4－3 所示。目前，直线－职能制仍被我国绝大多数企业采用。直线－职能制组织结构模式适合于复杂但相对来说比较稳定的企业组织，尤其是规模较大的企业组织。复杂性要求企业的管理者有能力识别关键变量、评价它们对企业经营业绩的影响，并且充分考虑到它们之间的相互关系。如果这些因素是相对稳定的，而且对经营的影响也是可以预知的，直线－职能制组织结构模式则是相对有效的。直线－职能制组织结构模式与直线制组织结构模式相比，其最大的区别在于更为注重参谋人员在企业管理中的作用。直线－职能制组织结构模式既保留了直线制组织结构模式的集权特征，同时又吸收了职能制组织结构模式的职能部门化的优点，从而提高了管理工作的效率。直线－职能制组织结构的产生使组织管理大大前进了一步。所以，各国的组织中采用这种组织形式较为普遍，而且采用的时间也较长。但直线－职能制在管理实践中也有不足之处：①权力集中于最高管理层，下级缺乏必要的自主权；②各职能部门之间的横向联系较差，容易产生脱节与矛盾；③各参谋部门与指挥部门之间的目标不统一，容易产生矛盾；④信息传递路线较长，反馈较慢，适应环境变化较难，实际上是典型的“集权式”管理组织结构。

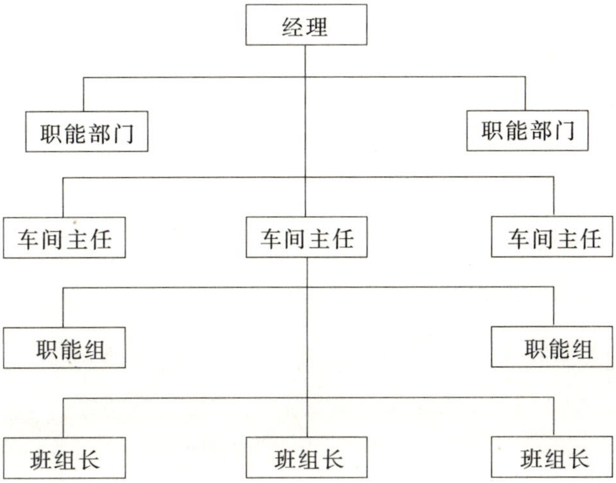

图 4－3　直线－职能制组织结构

4．事业部制组织结构

事业部制是一种分权制的组织结构，是欧美、日本等国大型企业经常采用的典型的组织结构。在企业组织的具体运作中，事业部制又可以根据企业组织在构造事业部时所依据的基础的不同区分为地区事业部制、产品事业部制等类型，通过这种组织结构可以针对某个单一产品、服务、产品组合、主要工程或项目、地理分布、商务或利润中心来组织事业部。地区事业部制按照企业组织的市场区域为基础来构建企业组织内部相对具有较大自主权的事业部门；而产品事业部制则依据企业组织所经营的产品的相似性对产品进行分类管理，并以产品大类为基础构建企业组织的事业部门。事业部制组织结构如图 4－4 所示。在事业部制组织设计中，重要决策可以在较低的组织层次做出，因此，与职能制组织相比，它有利于以一种分权的方式来开展管理工作。事业部制组织结构一般适合于在有比较复杂的产品类别或有较广泛的地区分布的企业中采用。

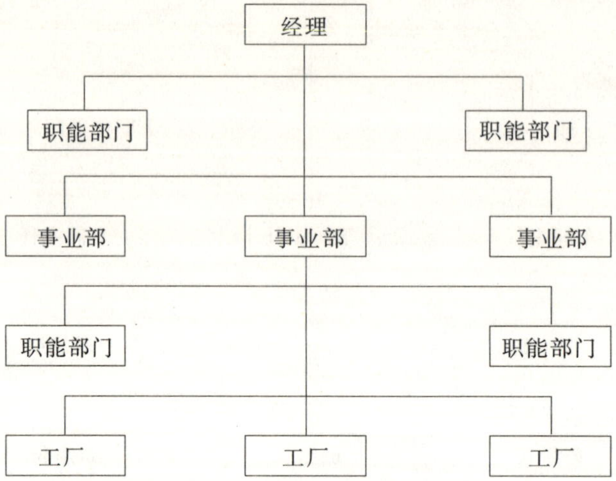

图 4－4　事业部制组织结构

事业部制组织结构的优点是：①提高了管理的灵活性和适应性。由于各事业部单独核算、自成体系，在生产经营上具有较大的自主权。这样，既有利于调动各事业部的积极性和主动性，有利于培养和训练高级管理人才，又便于各事业部之间开展竞争，从而有利于增强企业对环境条件变化的适应能力。②有利于最高管理层摆脱日常行政事务，集中精力做好有关企业大政方针的决策。③便于组织专业化生产，便于采用流水作业和自动线等先进的生产组织形式，有利于提高生产效率，保证产品质量，降低产品成本。

事业部制组织结构的缺点是：①增加了管理层次，造成机构重叠，管理人员和管理费用增加；②由于各事业部独立经营，各事业部之间人员互换困难，相互支援较差；③各事业部经常从本部门出发，容易滋长不顾公司整体利益的本位主义和分散主义倾向。

5. 矩阵制组织结构

矩阵制组织结构，是由纵横两套管理系统组成的组织结构，一套是纵向的职能领导系统，另一套是为完成某一任务而组成的横向项目系统；也就是既有按职能划分的垂直领导系统，又有按项目划分的横向领导系统的结构。

有的企业同时有几个项目需要完成，每个项目要求配备不同专业的技术人员或其他资源。为了加强对项目的管理，每个项目在总经理领导下由专人负责。因此，在直线职能结构的纵向领导系统的基础上，又出现了一种横向项目系统，形成纵横交错的矩阵结构。其中，工作小组或项目小组一般是由拥有不同背景、不同技能、不同知识、分别选自不同部门的人员所组成的。组成工作小组后，大家为某个特定的项目而共同工作。矩阵制组织结构如图 4-5 所示。

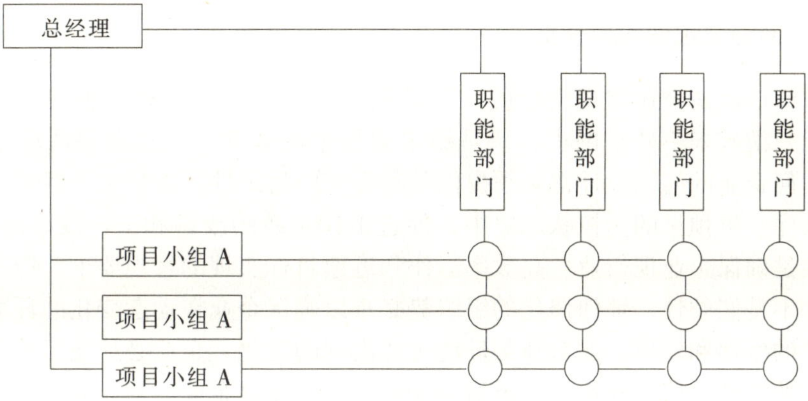

图 4-5　矩阵制组织结构

矩阵制组织结构有如下优点：①将组织的纵向联系和横向联系很好地结合起来，有利于加强各职能部门之间的协作和配合，及时沟通情况，解决问题；②具有较强的机动性，能根据特定需要和环境活动的变化，保持高度民主的适应性；③把不同部门、具有不同专长的专业人员组织在一起，有利于互相启发，集思广益，有利于攻克各种复杂的技术难题，更加圆满地完成工作任务。它在发挥人的才能方面具有很大的灵活性。

矩阵制组织结构的缺点如下：①在资源管理方面存在复杂性。②稳定性差。由于小组成员是由各职能部门临时抽调的，任务完成以后，还要回到原职能部门工作，容易使小组成员产生临时观点，不安心工作，从而对工作产生一定影响。③权责不清。由于每个成员都要接受两个或两个以上的上级领导，潜伏着职权关系的混乱和冲突，造成管理秩序混乱，从而使组织工作过程容易丧失效率性。

矩阵型组织适合在需要对环境变化做出迅速且一致反应的企业中使用。例如，咨询公司和广告代理商就经常采用矩阵型组织设计，以确保每个项目按计划要求准时完成。在复杂而动荡的环境中，由于采取了人员组成灵活的产品管理小组形式，大大增强了企业对外部环境变化的适应能力。

（二）有机式组织和机械式组织

1. 两种组织结构的含义

组织设计是企业实现目标的一种手段。企业目标可以具体表现在许多方面，但归纳起来不外乎两类：一是稳定运行中的效率；二是动态适应中的创新。任何企业的组织设计都必须提供某种程序的稳定性，以使生产经营活动处于有秩序、可预见的受控状态之中，促进工作关系的改善和工作效率的提高。稳定性是确保企业现行业务高效率运作和近期目标实现的客观要求。但是，稳定性并不是僵硬性，任何僵化的组织势必难以确保企业在动态变化的环境中求得长久的生存和发展。面对外部环境可能出现的变化，企业必须使组织设计具有足够的弹性，以不断提高其灵活应变的能力，促进企业经营业务的创新和长远目标的实现。

（1）机械式组织。机械式组织，也称官僚行政组织，是综合使用传统组织设计原则的自然产物。传统组织坚持统一指挥的原则，产生了一条正式的职权层级链，每个人只受一个上级的控制和监督。而组织要保持窄的管理幅度，并随着组织层次的提高而更加缩小管理幅度，这样也就形成了一种高耸的、非人格化的结构。当组织的高层与低层距离日益扩大时，无法对低层次的活动通过直接监督来进行控制，就会增加使用规则条例，并确保标准作业行为得到贯彻。

组织对劳动高度的分工，导致工作变得简单化、常规化和标准化。通过采用部门化方法，以及进一步专业化，使组织的非人格化特征增强。同时，组织也提出以重叠的管理层次来协调专业化部门的需要。所有的组织都必须是高度复杂化、高度正规化和高度集权化的。其结构应该像高效率的机器一样，以规则、条例和正规化作为润滑剂。混乱和模糊性应该尽量避免，人性和人的判断会产生效率的不一致，应该被减少到最低限度。

（2）有机式组织。有机式组织，也称适应性组织，是低复杂性、低正规化和分权化的。有机式组织是一种松散、灵活的具有高度适应性的形式。它因为不具有标准化的工作和规则条例，所以是一种松散的结构，能根据需要迅速地做出调整。大多数组织都是小型的，并不需要高度复杂的正规结构设计。它们需要的是一种简单结构，也即尽量降低复杂性的结构。有机式设计方案的选择，包括简单型、矩阵型、网络型、任务小组及委员会结构等。有机式组织具有如下特点：

1）非标准化。有机式组织也进行劳动分工，但人们所做的工作并不是标准化的。员工多是职业化的，具有熟练的技巧，并经过训练能处理多种多样的问题。他们所受的教育已经使他们把职业行为的标准作为习惯，所以一般不需要正式的规则和直接监督。例如，给计算机工程师分配一项任务，就无需告诉他如何做。他对大多数的问题，都能够自行解决或通过征询同事后得到解决。这是依靠职业标准来指导他的行为。

2）低集权化。有机式组织保持低程度的集权化，就是为了使职业人员能对问题做出迅速的反应；另一方面也因为，人们并不能期望高层管理者拥有做出必要决策所需的各种技能。

2．两种组织结构的差异

机械式组织和有机式组织代表着一个连续统一体的两个极端，它们之间实际上存在无数的中间过渡状态，可以有多种变异，或者表现为多种不同的具体形式。两种组织的特征和适用条件有很大的差异。比如，刚性—机械式组织对任务进行了高度的劳动分工和职能分工，以客观的不受个人情感影响的方式挑选符合职务规范要求的合格的任职人员，并对分工以后的专业化工作进行集权严密的层次控制，同时制定出许多程序、规则和标准，这类企业，在组织上无疑具有明显的刚性—机械式结构特征。那些通过分权而使中层管理人员承担了部分决策权，主要通过产出计划来进行控制的事业部型企业，其各个事业部的内部特征并没有根本改变，只是程序有所减弱而已。弹性—有机式组织不设置永久的固定的职位和职能界限严格确定的部门。基层人员有权根据自己的技能和所掌握的信息决定应该采取的行为，成员之间直接的横向及斜向的沟通和协调，取代纵向沟通和层级控制而成为实现目标的主要手段，这类企业则是具有较高的适应性和创新性的有机式组织。机械式组织与有机式组织的比较如表4－1所示。

表4－1　机械式组织与有机式组织的比较

机械式组织结构	有机式组织结构
职能的专门化	基于知识和经验基础上的专门化
职务、权限的明确化	职务、权限的柔软性
基于职位权限上的权力	基于专业知识的权力
金字塔型的权限结构	网络型的沟通构造

续表 4－1

机械式组织结构	有机式组织结构
信息在上层部集中	信息分散
垂直的命令和沟通	水平的信息和沟通
组织忠诚心和对上级的服从	对工作和技术的忠诚心
强调企业固有的专业知识	强调在组织外也通用的知识

（1）组织特性的差异。

1）刚性—机械式组织具有如下一些特征：①任务被划分为独立的专业化部分；②职责范围受严格精确限定；③有明确的职权等级和许多程序规则；④有关工作的知识及对任务的监控集中在组织上层；⑤强调上级对下级的纵向沟通；⑥协调和控制倾向于采用严密结构的层级组织（如职能型组织）。

2）弹性—有机式组织具有如下一些特征：①员工围绕共同的任务开展工作；②职责范围在相互作用中不断修正；③职权等级和程序规则少；④有关工作的知识及对任务的监控分散在组织之中；⑤强调上下级双向的沟通及横向和斜向的沟通；⑥协调和控制经常依靠相互调整和具有较大灵活性的组织系统（如矩阵型组织）。

（2）适用条件的差异。

1）刚性—机械式组织适用如下一些条件：①环境相对稳定和确定，企业可以近于封闭的方式来运作；②任务明确且持久，决策可以程序化；③技术相对统一而稳定；④按常规活动区以效率为主要目标；⑤企业规模相对较大。

2）弹性—有机式组织适用如下一些条件：①环境相对不稳定和不确定，企业必须充分对外开放；②任务多样化且不断变化，使用探索式决策过程；③技术复杂而多变；④有许多非常规活动，需要较强的创造和革新能力；⑤企业规模相对较小。

3. 两种组织设计的选择

对两种组织设计的选择，依据的是每一种方案适用的条件，如不同的使用时间和地点，组织的内部要求以及外部环境。

（1）小型组织和新建组织。组织规模小，组织的员工比较少，通常意味着工作活动重复少，非正式沟通更方便有效，标准化就不具有吸引力。当组织处于发展初期或者环境简单且处于动态的时候，组织的简单结构效果较好。简单的环境易于被人把握，也能灵活地对不能预见的环境变化做出迅速的反应。

（2）多种产品或多个市场的组织。这类大型组织往往需要对结果有高度责任感。它们有多个产品或规划，需要有许多可靠的供应商和海外低廉的劳动力，需要依靠有职能专长的组织；有时组织中有些重要任务具有特定的期限和工作绩效标准，或者是独特的、不常见的任务，需要有跨职能界限的专门技能委员会，或需要有跨职能界限的专门技能的组织。这些组织的设计包括职能型结构和分部型结构，对于开展专门化经营的大型组织具有较好的效果。它们两者在本质上都是官僚行政机构或称机械式结构。有的组织采用矩阵结构，设置规划或产品经理来指导跨职能的活动，可以取得专业化的优势。

（3）网络式组织结构。网络结构是计算机技术革命的产物。通过与其他组织联系，一家工业公司可以从事制造业活动而不必有自己的工厂。网络结构对于刚开业的制造业企业是一种特别有效的手段，它可以使风险和投入大大地降低。因为它需要很少的固定资产，从而也就降低了对组织财力的要求。但是，要取得成功，管理当局必须熟练地发展和维持与供求双方的关系。如果网络组织中的任何一家关联公司不能履行合同，这一网络组织就可能成为输家。

（4）任务小组和委员会结构。任务小组和委员会是有机式结构的附加设计手段。它们两者是在需要将跨职能界限的人员集结在一起时得到使用的。由于任务小组是一种临时性设计，它也是完成那些具有特定期限和工作绩效标准的任务，或者那些独特的、不常见的任务的一种理想手段。如果任务是常见的，需要经常重复，则机械式设计可以一种更为标准化从而更有效率的方式来进行处理。

（三）组织结构的影响因素

组织结构的设计是个非常复杂的工作。事实上，并不存在一个对所有企业都适用的最佳的组织结构。企业管理的实践告诉我们，企业的组织结构要与企业的战略、规模、技术特点以及组织环境等因素相适应。

1. 战略与结构

组织结构是帮助管理者实现组织目标的手段。因为目标产生于组织的总战略，所以，使战略与结构紧密配合，这是顺理成章的。特别是结构应当服从战略。如果管理者对组织的战略做了重大调整，那么就需要修改结构以适应和支持这一调整变革。

对战略—结构关系进行研究并提出组织结构要服从组织战略的命题的是钱德勒。他对美国 100 家大公司进行了考察。在追踪这些组织长达 50 年的发展历程，并广泛收集了如杜邦、通用汽车等公司的历史案例资料后，他得出结论说，公司战略的变化先行于并且导致了组织结构的变化。具体地说，钱德勒发现组织通常起始于单一产品或产品线生产。简单的战略只要求一种简单、松散的组织结构形式来执行这一战略。这时决策可以集中在一个高层管理人员手中，组织的复杂性和正规化程度都很低。当组织成长以后，他们的战略变得更有雄心，也更加复杂了。

2. 规模与结构

组织的规模对其结构具有明显的影响。例如，大型组织倾向于比小型组织具有更高程度的专业化和横向及纵向的分化，规则条例也更多。但是，这种关系并不是线性的，而是规模对结构的影响强度在逐渐减弱。也即随着组织的扩大，规模的影响也越加不重要。从本质上说，一个拥有 2000 名左右员工的组织，已经是相当机械式的了，再增加 500 名员工不会对该组织产生多大影响。

3. 技术与结构

任何组织都要采用某种技术，把投入变换为产出。20 世纪 60 年代初期，英国的 Joan Woodward 提出，组织的结构因技术而变化。Joan Woodward 为了确定统一指挥和管理跨度这些传统原则与公司成功的关系程度，对英国南部近 100 家小型制造企业进行了调查。她一直无法从收集的数据中得出任何一种相关关系，直到她按生产规模将这些企业划分为三种类型。这三种类型反映三种不同的技术，它们在技术复杂程度上逐渐提高。第一类是单件生产，第二类是大量生产，第三类是连续生产。她发现：①技术类型和组织结构之间存在着相关性；②组织的绩效与技术和结构之间的适应度密切相关。Joan Woodward 对技术、结构和绩效的研究如表 4－2 所示。

表 4－2　Joan Woodward 对技术、结构和绩效的研究

	单件生产	大量生产	连续生产
结构特征	低度的纵向分化 低度的横向分化 低度程序化	中度的纵向分化 高度的横向分化 高度程序化	高度的纵向分化 低度的横向分化 低度程序化
最有效的结构	有机式	机械式	有机式

4．环境与结构

环境包括各种因素，如文化、竞争、行业内的位置、顾客、变化的速度等等。一般来说，机械式组织在稳定的环境中运作最为有效；有机式组织则与动态的、不确定的环境最匹配。机械式组织由于不适应迅速变化的竞争市场，管理者们必须改组他们的组织，以使组织更加具有有机性。

三、创新型的组织结构

（一）传统组织结构面临的挑战

1．知识经济的到来

对于知识经济的概念，经济合作与发展组织（OCED）曾在1996年度报告中把知识经济定义为：知识经济是以知识为基础，直接依赖于知识和信息的生产、分配和应用的经济。同时，OCED还认为，其成员国经济中的50%都是由知识驱动的。

知识经济的到来，意味着知识将成为经济发展中的首要推动力，并且是主要的经济发展资源。现实发展也充分印证了知识在经济发展中所起到的巨大作用。

在新的以知识为基础的经济时代中，要有与之相适应的组织结构形式。组织已不能再通过用低技能、低工资的雇员和不断重复的工作来实现组织经济的增长，应该意识到组织的发展越来越依靠知识。因此，为了适应知识经济带来的挑战，组织必须进行组织管理创新，为企业和经济上的快速发展提供制度和机制上的保障。

2．信息技术的发展

信息社会的到来不仅带来了高速发展的信息产业，而且将对传统的组织管理产生重大影响。信息技术的发展与广泛使用极大地改变了传统的组织运行方式，使得通信速度大大加快，信息产业的产品和服务价格大大降低，从而也降低了组织的交易成本。同时，由于信息技术的运用，组织几乎可以轻而易举地在全球范围内进行生产要素的组合，实现资源的优化配置，使生产成本大幅度降低。

人类正由工业化社会向信息社会转变，这些变化不仅影响到企业的生存环境，也波及到企业内部的组织结构、管理观念和管理技术。

3. 经济全球化

20 世纪 90 年代以来，世界贸易组织（WTO）、国际货币基金组织（IMF）等国际机构协调作用的加强，以及信息技术的日新月异和国际互联网的迅速扩展，使企业积极从事跨国界的生产和经营，实施全球范围内最佳资源配置和生产要素组合，世界经济因而日益呈现出全球化的趋势。

经济全球化的趋势加大了组织之间的竞争，今天的管理者及其组织正应付着经济全球化带来的一系列机遇和挑战，组织应对此趋势做出相应的调整，调整组织结构的形式，使之更能适应经济全球化所引发的外部环境的变化，而且还要不断加强与外部环境相互依存的能力，使其能不断适应私营经济全球化的要求。

4. 市场环境的深刻变化

企业所处的市场环境的深刻变化，对于传统的组织的发展是一种严峻的挑战，而市场环境的变化主要体现在；一是市场变化莫测和竞争的加剧。传统组织存在的一个前提假设就是市场需求是稳定的、可预测的，但由于市场变化加速，市场需求越来越难以预测，同时随着信息技术的发展，市场竞争程度也大大加剧，这要求组织必须能够根据竞争变化及时进行调整。在这种情况下，组织结构的调整要以能适应市场需求变化为前提和基础，使传统的组织结构能够对市场变化做出快速、灵活的反应。二是顾客需求的多样化和个性化。现在的市场已经由卖方市场转变为典型的买方市场，加之技术发展带来产品的多样化，使顾客拥有了更多的产品选择余地，消费需求倾向于新、奇、特而精的商品，需求日益个性化。这种变化使传统的组织结构的优势逐渐丧失，其存在的必要性和可能性越来越小，传统的组织结构必须进行相应地调整，从而使组织对顾客的需求做出快速反应。

（二）企业组织结构创新的基本趋势

早在20世纪70年代，著名管理学家彼得·德鲁克就谈到，以获取和利用知识作为竞争优势的知识型行业需要新的管理方式，在过去适用于制造业的那一套组织结构和管理模式已经不适用了，思想的交流与传播难以从等级制的直线式渠道进行沟通，直线制的组织结构已经不能适应以知识为背景的组织机构的需要了。随着信息经济与知识经济的兴起和发展，全球化进程的加速，组织管理变革的任务越来越重要，越来越紧迫。人们做了许多有益的探索和试验，尽管寻求变革目标的名称不同，切入的路径各异，但期望与愿景却不谋而合，目的在于找出一种能取代传统的、直线制的组织管理的新模式。在知识经济、经济全球化的推动下，企业组织创新主要呈现三大趋势：一是围绕提高企业应变能力、价值增值能力，进行企业流程再造、划小核算单位，使组织制度非层级化、组织规模小型化；二是努力降低管理层次，加强横向联系，建立虚拟企业和团队组织，使组织结构化、网络化；三是重新调整企业与市场的关系，调整企业供应链，建立战略联盟，使企业组织结构不断调整。企业组织结构创新具体表现在以下五个方面：

1. 企业组织结构的非层级化

企业组织结构的非层级化主要表现在：①金字塔组织中塔尖和塔底之间的地位差距和等级观念弱化，组织成员之间的直接交流增加；②同一层级从事不同职能工作的员工之间的横向交流增多，员工向多面手发展；③企业内部进行充分授权，个人或内部组织的自主性、独立性增强；④不同层级之间建立的跨层级小组或团队增多，增强了企业的应变能力；⑤企业内部组织之间的横向和纵向协调增加，严格的领导和被领导界限被打破，一个员工可以接受来自上级、同级和下级三方面的指令；⑥企业与企业之间的分工和协作关系进一步深化，以业务为核心在企业与企业之间的不同层级之间直接实现互动的协作关系加强，自主性加强。

从企业组织制度的角度来看，这些基本变化的本质特征是非层级化，是在企业员工决策自主权增加、员工之间借助于信息网络技术相互联系增加的情况下，打破金字塔组织严格的等级、部门和岗位界限所进行的企业组织的动态调整。

2. 企业组织结构的扁平化

传统的科层组织之所以机械、僵化、失灵，很重要的原因在于拥有庞大的中间层，扁平化就是精简中间管理层，压缩组织结构，尽量缩短指挥链，改善沟通，消除机构臃肿和人浮于事的现象。现代新管理理论如学习型组织理论、企业再造理论等都提出了建立扁平式的企业组织的主张。实现组织结构由垂直化到扁平化，首先要注重企业信息系统的建设，用以取代原来中层人员的上通下达及收集整理材料信息的功能，为扁平化组织结构的高效运行提供功能支持；其次要注重提高组织成员独立工作的能力，为扁平化组织结构的高效运行提供能力保障，同时构建扁平化组织要强调以过程为核心取代原来的以职能为核心的组织方式，如采用以流程为基础构建矩阵式的组织结构。

3. 企业组织边界的柔性化

组织结构的柔性化是指企业组织结构要具有对未来环境变化的实时响应能力。20 世纪 90 年代以来，组织结构的柔性化主要体现在网络化、团队化和组织规模的小型化。随着企业管理信息系统和网络系统的应用、发展以及完善，员工的工作方式已经由等级制命令型转变为协商互动型，企业组织结构也变成了一个相对平等、自主、富于创新的小型经营单元、网络型组织。网络型企业是由一些独立的、彼此有一定纵横联系的经营单元组成的网络，网络成员是一种具备自我管理、自我组织和自我约束能力的经营单元。这些经营单元分别掌握着企业的经济要素资源，与企业内部其他经营单元、企业外部客户等保持着密切的联系，企业组织的活力和发展前景也主要取决于这些经营单元及所建立的各种关系。

简言之，组织设计的柔性原则能够使得企业反应机敏，能够随时根据需要进行灵活调整，从而保证了企业各部门尤其是市场部门能够在环境变化的开始迅速伸出“触角”，强化了企业的反应敏捷性和综合实力，最终塑造企业竞争的核心能力。

4. 企业组织关系的网络化

长期以来，管理理论和实践一直强调，为了经营自主权和保护组织的核心活动不受环境的不确定性和易变性的影响，清楚界定个人的职权和责任是十分必要的。而未来的组织的基础是组织内部的个体、群体和次级单位之间以及它们与组织环境关键成分之间的相互依赖性。

从企业内部的角度来看，网络型企业是一个由若干独立的、彼此有一定纵横联系的经营单元组成的网络，网络成员之间形成比较松散的“联邦”关系，整个组织便由具有自我管理、自我组织和自我约束能力的经营单元组成：①强调团队而不是个人的工作是各个活动领域中的基本活动单位；②运用把来自组织不同部门和科室的人员集合在一起的跨职能团队；③创造更广泛的、跨部门和跨职能的、横向的信息分享和合作。

从企业外部的角度来看，网络型组织利用互联网、产业供应链和资金市场，在企业之间建立了多种形式的合作关系，使企业自身成为企业外部网络的一个组成部分，成为外部产业供应链上的一个或多个核心“插件”。建立企业外部网络，通过企业之间的相互合作，使过去由单个企业来完成的工作现在能够以更好、更快、更经济的方式完成。网络化不但调整着企业内部的组织结构，而且改变着企业与企业之间的边界，并正向建立基于全球市场和资源的网络型企业发展。

5. 企业组织结构的多样化

尽管直线制、直线－职能制、事业部制等企业组织结构相对于不断变化的企业外部环境来讲有许多缺点，但这些组织形式仍然有继续存在下去的客观环境。在经营业务单一、不需要大量创新性工作的企业里，直线制或直线－职能制组织结构仍然有效，事业部制主要适用于产品品种较多、市场规模不断扩大的传统工业企业，而在那些下属单位或部门因为生产工艺的要求不能实现独立核算的大企业，可以实现模拟分权式事业部组织。在那些以创新为主的企业，建立团队组织最为适宜。大型高科技企业也可以将职能制组织和团队组织结合起来，在赋予员工一个基本职能的同时，按照完成某一任务或项目的要求，将不同职能部门的个人组织起来，形成工作团队。在那些市场变化快、知识更新换代快的行业，建立自律、自适应、自学习的学习型组织，不断提高组织自身的知识水平非常重要。在企业之间竞争非常激烈，各个企业又拥有其他企业难以取代的优势的行业，建立虚拟企业和战略联盟则有利于塑造企业新的竞争优势，深化企业之间的分工和协作。总之，那些在过去成功地组织了某种类型生产的企业组织结构，今天仍然有其存在的必要。与企业生产类型的多样化、市场需求的多样化相适应，企业的组织结构也趋于多样化。

（三）学习型组织

自从人类进入 20 世纪 90 年代以来，随着信息技术革命和知识经济的兴起，企业所处的环境日益动荡和复杂，未来的不可预知性、环境的不确定性、技术的日新月异、经济的全球化、竞争的国际化等等都充分表明，传统管理理论已越来越不能适应环境急剧变化的需要，企业迫切需要建立一种能适应周围环境急剧动荡变化的一整套管理理论和行为模式。在这种背景下，美国麻省理工学院的彼得·圣吉（Peter M. Senge）教授与其同事，将系统动力学与组织学、创造原理、认知科学、群体深度对话与模拟演练相融合，创造出了一种崭新的企业管理模式——学习型组织。

学习型组织理论是20世纪90年代以来，在管理理论和实践中发展起来的一种全新的管理理念和模式，被认为是21世纪全球企业组织和管理方式的新趋势。学习型组织的理论一经推出，便在世界范围内引起了轰动，美国《财富》杂志把学习型组织评价为未来最具有竞争力的管理技术，认为未来真正出色的企业将是能够使各阶层人员全新投入，并有能力不断学习的组织。1983年，壳牌石油公司的一项调查表明，1970年名列《财富》杂志“500家大企业”排行榜的公司，有1/3已经销声匿迹了。依壳牌石油公司的估计，大型企业的平均寿命不到40年。因此，当你看到自己身边的某个大公司在一夜之间垮掉时，你也不必感到惊奇。虽然这种优胜劣汰、适者生存的社会“新陈代谢”现象对于整个社会是有利的，但对于具体企业来说，却是非常痛苦的。

总结正反两方面的经验，人们发现，大部分公司失败的原因在于，组织学习的障碍妨碍了组织的学习及成长，使组织被一种看不见的巨大力量所侵蚀，乃至最终吞没了。因此，最成功的企业将会是“学习型组织”，因为未来唯一持久的竞争优势是有能力比你的竞争对手学习得更快。

阐述学习型组织的著作《第五项修炼——学习型组织的艺术与实务》，成了管理学界的经典之作。该书震惊了许多管理学家，并荣获了1992年世界企业学会最高荣誉——开拓者奖，美国《商业周刊》也把彼得·圣吉推崇为当代最杰出的管理大师。西方许多大企业，如美国的杜邦、英特尔，加拿大皇家石油、汉诺保险公司等，都主动要求并赞助麻省理工学院成立创建“学习型组织”的学习中心，要求麻省理工学院帮助自己的企业脱胎换骨，改造成“学习型企业”。目前，美国排名前25家企业中，已有20家按照“学习型组织”的模式改造自己。在世界排名前100家企业中，已有40%按“学习型组织”模式进行彻底改造。经众多企业的实践证明，学习型组织这种管理模式，能使企业在现代竞争和快速发展的经济社会中，有着更强的生命力，它充满活力和创新精神，能使企业在急剧动荡的竞争环境中长期稳定而又高速地向前发展，是许多企业所追求和向往的管理模式。

1. 学习型组织的特征

所谓学习型组织，是指通过培养弥漫于整个组织的学习气氛，充分发挥员工的创造性思维能力而建立起来的一种有机的、高度柔性的、扁平化的、符合人性的、能持续发展的组织。这种组织具有持续学习的能力，具有高于个人绩效总和的综合绩效。学习型组织具有下面几个特征：

（1）组织成员拥有一个共同的愿景。圣吉认为，"愿景"是指一个特定的结果、一种期望的未来景象或意象。它是人们真心追求的终极目标，而非达到目的的手段；它发自人们的内心而非外在的强制。组织的共同愿景（Shared Vision），来源于员工个人的愿景而又高于个人的愿景，它是组织中所有员工共同愿望的景象，是所有员工的共同理想，它能使不同个性的人凝聚在一起，朝着组织共同的目标前进。

（2）组织由多个创造性团体组成。在学习型组织中，团体是最基本的学习单位，团体本身应理解为彼此需要他人配合的一群人。组织的所有目标都是直接或间接地通过团体的努力来达到的。

（3）善于不断学习。这是学习型组织的本质特征。所谓"善于不断学习"，主要有四点含义：一是强调"终身学习"，即组织成员只有养成终身学习的习惯，才能形成组织良好的学习气氛，促使其成员在工作过程中不断地学习；二是强调"全员学习"，即企业组织的决策层、管理层、操作层都要全身心投入学习，尤其是经营决策层，他们是决定企业发展方向和命运的重要阶层，因此更需要学习；三是强调"全过程学习"，即学习必须贯穿于组织运行的整个过程之中，不是把学习和工作分割开，而是强调必须边学习边准备，边学习边计划，边学习边推行，突出从干中学，从用中学；四是强调"团体学习"，即不但重视个人学习和个人智力的开发，更强调组织成员的合作学习和群体智力的开发。学习型组织正是通过这种不断学习，及时铲除发展道路上的障碍，不断突破自身的成长极限。

（4）"地方为主"的扁平式结构。传统的企业组织通常是金字塔式的，学习型组织的组织结构则是扁平的，即从最上面的决策层到最下面的操作层，中间相隔层次极少。它尽最大可能将决策权向组织结构的下层移动，让最下层单位拥有充分的自决权，并对产生的结果负责，从而形成以"地方为主"的扁平化组织结构。例如，美国通用电器公司目前的管理层次已由 9 层减少为 4 层。只有这样的体制，才能保证上下级的不断沟通，下层才能直接体会到上层的决策思想和智慧光辉，上层也能亲自了解到下层的动态，吸取第一线的营养。

（5）自主管理。学习型组织理论认为，每个人都是一个充满智慧而又完整的实体，都愿意为崇高的生命发挥出自己的精神力量。通过自主管理，使员工能够自觉地挖掘出这种创造未来的精神力量，形成组织不断创造未来的能量源泉。其具体做法是：让组织成员自己发现工作中存在的问题，自己选择伙伴组成团队，自己选定改革进取的目标，自己进行现状调查，自己分析原因，自己制定对策，自己组织实施，自己检查效果，自己评定总结。这种自主管理模式，能使团队形成共同的愿景，以更加开发求实的心态相互切磋学习，不断追求创新，从而增加组织快速应变、创造未来的能量。

（6）组织的边界将被重新界定。学习型组织的边界的界定，建立在组织要素与外部环境要素互动关系的基础上，超越了传统的根据职能或部门划分的“法定”边界。例如，把销售商的反馈信息作为市场营销决策的固定组成部分，而不是像以前那样只是作为参考。

（7）员工家庭与事业的平衡。学习型组织努力使员工丰富的家庭生活与充实的工作生活相得益彰。学习型组织对员工承诺支持每位员工充分的自我发展，而员工也以承诺对组织的发展尽心尽力作为回报。这样，个人与组织的界限将变得模糊，工作与家庭之间的界限也将逐渐消失，两者之间的冲突也必将大为减少，从而提高员工家庭生活的质量（满意的家庭关系、良好的子女教育和健全的天伦之乐），达到家庭与事业之间的平衡。

（8）领导者的新角色。学习型组织成功与否，领导人的角色定位十分重要。在传统组织中，领导人的工作是规划，做出关键的决策，并创造控制机制，使上层管理决策转换成整个组织的和谐行动。但这种“计划、组织和控制”三位一体的管理模式已经越来越难以适应新的变化了。这种传统的领导观，来自一个不言而喻的假定，即下属人员缺乏个人愿景，认为他自己没有能力改变所处的环境，只有少数强有力的领导者才有能力补救这些缺陷；他们的工作是“给员工明确的方向，率领大家一起工作，追求共同目标”。但在学习型组织中，领导人所专注的工作变化了：领导者不再是“船长”、“舵手”、“领航员”、“组织者”等角色，而是设计师、仆人和教师。学习型组织领导者的重要设计工作包括整合愿景、价值观、理念、系统思考以及心智模式这些项目。更广泛地说，就是要整合所有的学习修炼，并使之获得综合效应。学习型组织领导者要有献身精神，不把自己看作是高居于组织之上的“英雄”，不把个人的成败得失看得太重，而是全力以赴，学习如何使人产生奉献精神、为理想而工作。学习型组织的领导者应促进每个人的学习，培养每个人对系统的了解能力。学习型组织的建立需要有一群全心全意为之奋斗的人，更要有一群集设计师、仆人和教师“三位一体”的领导者。什么样的领导者是学习型组织中好的领导人呢？有一点必须肯定，在组织管理创新和创新管理中的领导者必须是一位精明的设计师。

2. 建立学习型组织的"五项修炼"

圣吉在进行大量实证研究和深入思考的基础上发现，在许多团体中，每个成员的智商都很高，在120以上，而团体的整体智商却很低，只有62，原因是这些团体正遭受着一系列的学习障碍，使组织被一种看不见的巨大力量所侵蚀，从而在竞争中丧失了机遇。如何使这些学习不力的组织变为学习型组织，使其保持优势并得到创新性的发展，圣吉提出了以系统思考为核心的"五项修炼"。关于"五项修炼"的具体内容，详见本书第30~31页第一章第五部分。

3. 建立学习型组织的方法和步骤

相对于传统组织理论和组织形式而言，学习型组织是一种彻底性的革命。这种革命的彻底性表明，学习型组织不是对传统组织理论和组织形式的改良，而是按照新的理论、理念和思路对原有组织的重新认识和再造。这就决定了学习型组织必然是一项复杂的系统工程，是一项长期艰巨的任务，不是一朝一夕就能完成的，更不是简单地举办几次培训班就能实现的，需要企业长期不断地探索和实践。而且从本质意义上说，学习型组织其实并不是一种具体的组织形式，而是基于组织整体的一种管理理念和模式，所以，即使那些已经建立了学习型组织的企业，也必须随着环境的变化及时充实其内容、丰富其内涵。这样，才能使学习型组织能够在动态变化的环境中不断提高、发展和完善。虽然建立学习型组织没有统一不变的固定模式，但经过人们的理论研究和实践探索发现，建立学习型组织仍具有一定的规律可循，仍具有共同的方法和步骤可供借鉴。概括来说，建立学习型组织需要遵循以下方法和程序：

（1）评估组织的学习情况。这是建立学习型组织的前提和起点。只有正确认识和了解组织的学习情况，才能有针对性地解决组织在学习过程中存在的问题，为进一步建立学习型组织奠定现实基础。评估的内容主要包括：一是组织愿景，即有无组织愿景，个人愿景与组织愿景是否冲突，能否使个人愿景融入组织愿景之中，个人能否主动适应组织愿景的需要等；二是组织学习规划，即组织有无学习规划，学习规划能否得到正确实施，组织是否愿意在学习方面投资等；三是员工学习的动机，即员工是否有主动学习的意识，有无学习的愿望和热情，是"要我学习"还是"我要学习"；四是组织学习氛围，即组织学习的理念和价值观能否被成员所接受，成员之间能否自觉地分享学习成果，能否在沟通的同时组织大家学习等。

（2）建立学习机制。学习型组织强调以系统整体的观念来培养和提升组织的学习能力和创新能力，这是创造组织强大生命力的不竭源泉。而提高组织学习能力和创新能力的关键在于建立学习机制。但圣吉认为，个人学习与组织学习在某种程度上是无关的，即使个人始终都在学习，也不能表明组织在学习。因此，要建立学习型组织，不仅要鼓励个人学习，更要鼓励组织学习，只有将个人学习融入组织学习之中，才能建立起整个组织一起学习的风气与氛围，而这一切又都取决于组织学习机制的建立。一般说来，有效的学习机制主要包括以下内容：一是动力机制。即组织要有学习的动力，这种动力或者来源于外在环境的压力，或者来源于组织对经济利益的追求，或者来源于组织强烈的发展冲动。只有组织有了强烈的学习动力，才能唤醒个人的学习热情和积极性，并进而影响和改变个人的行为。二是激励机制。个人和组织的学习动力来源于必要的激励，尤其是对于个人而言，有效的激励措施、激励方式和手段，是激发个人进行学习、努力进取的必要条件。因为激励反映着组织的导向，体现着组织的价值观和管理理念，只有通过激励，才能将组织文化贯彻到个人的头脑之中，并进而转化为个人自觉学习的内在动力。三是竞争机制。竞争不仅是实现技术、资本等有形资源合理配置的主要方式，也是实现学习、知识等无形资源合理配置的主要途径。虽然学习型组织所倡导的学习是一种自觉的、主动性的学习，但是，在企业向学习型组织转变的初期，采取一定的方法和措施，强调竞争意识、危机意识，对于建立学习机制还是十分必要的。

（3）营造学习氛围。宽松与和谐的学习氛围既是建立学习型组织的前提条件，也是学习型组织正常运行的基本“土壤”。只有努力营造出适应学习型组织产生的“土壤”环境，才能使学习型组织得以健康成长，并不断发展、壮大。要营造这样的环境，不仅需要组织以开放的心态接纳员工的不同意见，做到兼收并蓄，而且还要努力使员工成为重要的学习资源，通过对员工学习资源的挖掘，来实现组织和个人的共同发展。要把学习引入工作之中，通过教育使员工掌握获得成功的方法，要着眼于提高员工解决问题的能力，而不是帮助员工做事。要引导员工通过学习来共同勾画组织发展愿景，并将组织愿景融入个人的生活和工作当中，这样才能使组织愿景转化为员工个人的自觉行动。要教育员工学会系统思考，用动态、整体的观念来看待周围的一切，要从看部分转变为看整体，从看结果转变为看过程，从看别人转变为看自己，这样才能使人们从对现状的被动反应转变为主动地创造未来。

（四）虚拟企业

当今企业管理者面对的是一个变幻莫测的竞争环境。这种环境的形成原因包括技术的飞速发展、市场的全球化以及其他一些发展趋势。传统的以泰罗制、福特制为标志的企业模式已经很难适应新的市场环境；同时企业还要保持较低成本及较短的交付周期，这对旧的组织形式提出了挑战。在这种情况下，一种新的企业运作模式——虚拟企业（Virtual Enterprise）脱颖而出。

1. 虚拟企业的概念

20 世纪 90 年代以来，随着科技进步和社会发展，世界经济发生了重大变化。人们根据自己生产、工作和生活的需要，对产品的品种与规格、花色式样等提出了多样化和个性化的要求，企业面对不断变化的市场，为求得生存与发展，必须具有高度的柔性和快速反应能力。为此，现代企业向组织结构简单化、扁平化方向发展，于是就产生了能将知识、技术、资金、原材料、市场和管理等资源联合起来的虚拟企业。

1998 年，阿胡贾和卡尔利为虚拟企业下了一个定义：它是一种根据地理位置来划分的组织形式，其成员受一个长期的目标和共同利益的约束，并且通过信息技术来交流和协调工作。有效地管理虚拟团队常常需要各种战略有机的结合和灵活运用，它们包括人才管理、关系管理、工作管理、知识管理和技术管理策略；此外，还必须具备客观衡量虚拟工作业绩的手段，如以生产率和成本为基础的衡量方法。虚拟企业实际上就是把由技术革新所激发的虚拟思想引入到组织学的领域中。这不仅仅意味着通过技术，更重要的是通过各种联合，虚拟企业可以聚合起更大的力量来完成既定的目标。

2. 虚拟企业的特点

（1）虚拟企业使得传统的企业界限模糊化。虚拟企业不是法律意义上的完整的经济实体，不具备独立的法人资格。一些具有不同资源及优势的企业为了共同的利益或目标走到一起联盟，组成虚拟企业，这些企业可能是供应商，可能是顾客，也可能是同业中的竞争对手。这种新型的企业组织模式打破了传统的企业组织界限，使企业界限变得模糊。

（2）虚拟企业具有流动性、灵活性的特点。诸企业出于共同的需要、共同的目标走到一起结盟，一旦合作目的达到，这种联盟便可能宣告结束，虚拟企业便可能消失。因此，虚拟企业可能是临时性的，也可能是长期性的，虚拟企业的参与者也是具有流动性的。虚拟企业正是以这种动态的结构、灵活的方式来适应市场的快速变化。

（3）虚拟企业是建立在当今发达的信息网络基础之上的企业合作。在虚拟企业的运行中，信息共享是关键，而使用现代信息技术和通讯手段使得沟通更为便利。采用通用数据进行信息交换，使所有参与联盟的企业都能共享设计、生产以及营销的有关信息，从而能够真正协调步调，保证合作各方能够较好合作，从而使虚拟企业集成出较强的竞争优势。

（4）虚拟企业在运行过程中运用并行工程而不是串行工程来分解和安排各个参与企业要做的工作。虚拟企业在完成某一项目或任务时，项目或任务按照并行工程的思想被分解为相对独立的工作模块，促使承担分解任务的各方能够充分调动和使用他们的资源而不必担心核心技术或核心知识被泄露。并且各个合作模块可以并行作业，项目或任务的主持者可以利用先进的信息通讯手段在其间不断地沟通与协调，从而保证各个工作模块最终的互相衔接。这样既缩短了时间，又节约了成本，同时还促进了各参与企业有效地配置自己的资源，促进了虚拟企业整体资源的充分利用。

（5）虚拟企业一般在技术上占有优势。由于虚拟企业是集合了各参与方的优势，尤其是技术上的优势而形成的，因此在产品或服务的技术开发上更容易形成强大的竞争优势，使其开发的产品或服务在市场上处于领先水平，这一点是任何单个实体企业很难相比的。

（6）虚拟企业可以看作是一个企业网络。该企业网络中的每个成员都要贡献一定的资源，供大家共享，而且这个企业网络运行的集合竞争优势和竞争力水平大于各个参与者的竞争优势和竞争力水平的简单相加。虚拟企业的上述特点，决定了虚拟企业具有较强的适应市场能力的柔性与灵活性，各方优势资源集中更催生出极强的竞争优势与竞争力。

3. 虚拟企业的运作模式

企业运作模式与企业生产的产品类型、生产方式、周围环境都有很大的关系，企业运作模式选择得正确与否对企业的运作效果具有决定性的作用。虚拟企业运作模式是指建立在现代通信技术，尤其是 Internet 技术的基础上，超越国界的一种企业的运作模式，是企业发展的必然趋势。它是为适应快速、多变的市场需求，制造商联合供应商、经销商、顾客，以共同地、及时地开发、生产、销售多样化、用户化的产品的一种企业模式。从资源配置的角度来看，虚拟企业运作模式是一个资源整合体，这些资源来自不同的企业成员并被整合，具有“1+1>2”之功效。

虚拟企业的产品即虚拟产品（包括有形商品和服务）。理想的虚拟产品，对顾客而言，能根据其需要，及时地被生产出来，并送到他们的手中；对厂商而言，大多数产品已先于其生产而存在，有关产品的设计、生产方式已存在于工作团队的意识里，存在于计算机中，存在于灵活的生产线上。即使没有完全相同的产品，毫无疑问，也会有诸多极其近似的产品。这样，厂商就能以较高的投入产出比提高顾客的满意程度。

4．虚拟企业与管理创新

企业的管理方式应根据组织内外环境的变化不断变化，虚拟企业不同于实体企业的特点，必然要求它进行管理创新。

（1）管理理念的创新。协同合作是虚拟企业的宗旨，强调真正的市场竞争不是企业与企业的竞争，而是供应链与供应链的竞争。虚拟企业的各成员企业以虚拟企业的整体最优为出发点，提高整个供应链提供给消费者的价值，减少各成员企业之间可能出现的无谓竞争的内耗，提高成员企业的总体经济效益。

（2）计划手段的创新。在新形势下，虚拟企业的成员企业通过网络实现信息共享，上游企业可及时通过下游企业了解市场需求，从而制订生产经营计划。这样，不仅可降低库存水平，还易于满足消费者多样化、个性化的需求。

（3）组织结构的创新。虚拟企业结构不再固定不变，而是逐步倾向于分布化、自主管理、讲究轻薄和柔性、呈扁平的网络结构。虚拟企业能把不同地区的现有资源迅速组合成为一种没有边界、超越空间约束、靠电子网络手段联系、统一指挥的经营企业，以最快速度推出高质量、低成本的新产品。

（4）管理文化的创新。虚拟企业的合作伙伴来自不同的组织，具有不同的背景，因而管理经常面临着文化差异带来的障碍甚至冲突。虚拟企业的组织结构形式决定了它无法实施单一文化的管理，动态的合作又不允许花费太多的时间来培育十分完善的组织文化。因而，虚拟企业跨文化的管理强调团队精神、系统思考，通过充分的交流与尊重，消除习惯性防卫，建立信任关系，促进信息化和知识化。

（5）技术手段的创新。善于整合外部资源只是形式，真正的实质问题，是用网络信息技术手段，建立起知识资本对物产资源的整合关系。通过互联网，企业可联接一个巨大的外部资源库，供选择使用。基于信息技术平台，企业可借助计算机辅助技术、集成模式、并行工程等信息技术进行异地绘图设计、制造产品、数据库管理等虚拟操作，这使企业的组织结构运作和业务流程更富有开放性。信息技术为企业铸造了一个与虚拟经营战略对接的全新平台。

(6) 人才培养的创新。搞虚拟经营一定要有高素质的管理人才操作。虚拟企业需要具有知识及适应能力，既懂现代商贸理论又具备现代信息技术的复合型人才。

(五) 战略联盟

1. 战略联盟的提出

所谓战略联盟，是指两个或两个以上的企业为了实现各自的某种战略目标，通过公司间的协议或联合组织的方式而结合成的一种复合式网络化的联合体。它可以使不同国家和地区的企业共担风险、共得利益、共享资源、共同进入新市场。经济全球化和科技的飞速发展，使得市场竞争日趋激烈。在经历过一番血雨腥风的拼杀之后，人们慢慢认识到仅仅依靠单个组织自身的力量在市场上拼搏已经很难继续生存和发展。只有与其他组织，甚至竞争对手建立强大的联盟，才能使自己在新的竞争环境中长期立于不败之地。随着市场分工的不断细化，越来越多的组织发现自己不可能拥有所有关键性成功要素，如销售网络、品牌信誉、技术、研发能力、核心人力资源等。这样，它们只能选择集中在一个或若干个细分市场，并在选定的细分市场上做到最好。在这样的背景下，战略联盟作为组织间既竞争又合作的一种有效方式受到了越来越多的关注。它为组织以较低的代价从市场上获得适合自己的补充优势来拓展自己的竞争优势提供了可能性。同时，组织联盟也可以让竞争对手从两败俱伤的恶性竞争走向合作双赢、共同发展。事实上，越来越多的组织已经从相互杀戮、战乱连绵的市场争夺中觉醒过来，认识到通过建立战略联盟来化干戈为玉帛、握手言和、一致对外的重要性和必要性。

实践表明，组织确实可以从战略联盟中赢得竞争优势，尝到甜头。例如，微软公司的超常发展，很大程度上得益于它与英特尔公司的战略联盟。每当微软推出功能更强的软件后，英特尔集成芯片的需求量就上升；同样，当英特尔生产出速度更快的集成芯片后，微软的软件因有了更好的载体而显得更有价值。另外，在21世纪初的美国，正当人们以为网上旅游的市场已被Expedia.com、Travelocity. com和Priceline. com这些先发者占领，后来者很难再有作为的时候，美国航空公司、大陆航空公司、德尔塔航空公司、西北航空公司和联合航空公司结成战略联盟，共同推出电子商务旅游网站Orbitz. com。由于有全美最大的5家航空公司作为后盾，其实力明显高出竞争对手，开业之初业务量即超过最乐观的预测。

目前，越来越多的大企业已经达成这样一种共识：如果公司的利润中有20%～30%是依靠战略获得的，如果公司将要做出的重大投资决策并不完全由自己控制，那么就必须在关系管理方面做得更好。因此，对即将联盟或已经联盟的企业来说，加强联盟关系管理并将其转化为公司的一种能力就显得十分重要。目前，全球500强企业平均每家约有60个主要的战略联盟。

2. 战略联盟的特点

战略联盟是现代企业组织制度的一种创新，它通常具有以下一些特点：

（1）边界模糊。战略联盟这一组织并不像传统的企业那样具有明确的边界和层级，企业之间以一定的契约或资产联结起来对资产进行最优化配置。战略联盟一般是由具有共同利益关系的单位之间组成的战略共同体，他们可能是供应者、生产者、分销商之间形成的联盟，甚至可能是竞争者之间形成的联盟，从而产生一种你中有我、我中有你的局面。

（2）关系松散。战略联盟由于主要是以契约形式联结起来的，因此合作各方的关系十分松散，不像传统企业组织之中主要通过行政方式进行协调管理。另外，战略联盟不是由纯粹的市场机制进行协调，而是兼具了市场机制与行政管理的特点，合作各方主要通过协商的方式解决各种问题。在时间上，战略联盟存在期限一般较短，在战略联盟形成之时，一般部门有存续时间的协议，或者规定一个固定的时期，或者规定在一定任务完成之后解散。

（3）机动灵活。由于战略联盟主要是以契约的方式所组成的，因此通过相对购并或内部投资新建来扩展所需时间较短，组建过程相对也十分简单，同时也不需要大量投资。这样如果外部出现发展机会，战略联盟可以迅速组成并发挥作用。另外，由于合作者之间的关系十分松散，战略联盟存续时间又较短，解散十分方便，因此，当外界条件发生变化、战略联盟不适应变化的环境时，可迅速将其解散。

（4）运作高效。由于战略联盟在组建时，合作各方都是把自己最核心的资源加入到联盟中来，联盟的各个方面都是一流的，在目前分工日益深化的情况下，战略联盟的实力是单个企业很难达到的。在这种条件下，联盟可以高效运作，完成一些单个企业难以完成的任务。

3. 战略联盟的运作

（1）识别关键的战略因素。围绕着关键的战略因素来组织联盟能够增加联盟成功的可能性。惠普公司就从它拥有的众多联盟中寻找出主要的战略伙伴，如微软、思科、美国在线等等，然后设立一个伙伴级的联盟经理职位来监督公司的每一个主要联盟，战略伙伴级的联盟经理有责任与每一个具体的联盟经理及其职员一起工作，以确保合作尽可能成功。

（2）给联盟部门合适的定位。战略联盟职能部门应该使联盟经理能够轻易找到关于某些特殊的问题、联盟的类型或者联盟在其生命周期中所处的阶段这样一些隐含性知识。例如，当具体的联盟经理想知道商讨战略联盟协议的最佳方式是什么？什么合同条款和控制权安排最恰当？应该使用哪些技巧？与联盟伙伴解决分歧的最有效的方法是什么时，他们应该能够通过战略联盟职能部门获得这些信息。

如果定位准确，专门的联盟职能部门就会帮助公司寻求领先战略，获得资源。美国尤它州贝格海姆青年大学国际战略教授 Jeffreyh 和 Dyer 等人的研究认为，建立专门的联盟职能部门是获取竞争优势所需知识的关键，专门的联盟职能部门从完善知识管理、提高公司的外部知名度、提供内部协调、消除责任和干预问题四个方面创造价值。因此，如何建立专门的、有效的联盟职能部门显得十分重要。通常，企业会分别围绕主要联盟伙伴、产业、业务单位、地理区域或者是这四者的组合来建立联盟职能部门。

企业战略联盟作为一种创新的组织形态和竞争形态，因其不涉及企业内部的膨胀，而又能有效扩大企业内部环境和外部环境的分界线，从而实现既可以避免企业组织机构过于庞大，避免因购并企业的管理风格不同和企业文化的差异而带来的冲突，又可以通过联盟企业分析技术和市场等外部资源，并克服市场交易的不确定性带来的种种不利的因素，把经营的风险降到最低的程度，可以说，战略联盟是实现企业规模经营的有效手段。

4. 组建战略联盟应注意的问题

（1）慎重选择合作伙伴。由于战略联盟中合作各方关系相对十分松散，其内部存在着市场和行政的双重机制，因此合作各方能否真诚合作对于战略联盟的成败有决定性影响，所以，在组建联盟时必须选择真正有合作诚意的伙伴。另外，合作各方的核心能力是否能够互补也很重要，因为战略联盟的核心思想就是通过联盟这一方式发挥核心优势互补效应，因此合作之前必须很好地进行权衡。

（2）建立合理的组织关系。战略联盟是一种网络式组织结构，在战略联盟设置之初应该针对合作的具体情况，确定合理的组织关系，对合作各方的责、权、利进行明确的界定，防止由于组织不合理影响其正常运作。

（3）加强沟通。战略联盟各方由于相对独立，因此彼此之间在组织结构、企业文化、管理风格上有着很大不同，尤其是跨国界的战略联盟在这一方面表现得更加突出，这给双方的沟通、合作造成一定的困难。而在战略联盟中，合作各方良好的沟通与协作对于联盟的成败有着重要影响，很多战略联盟的失败都是由于各方缺乏沟通所致。因此，各方应有意识地加强沟通。

案例　华为的组织结构设计

在《华为公司管理战略与策略》的第三章“基本组织政策”第二部分“组织结构”中写道：

（基本组织结构）

第四十四条　公司的基本组织结构将是一种二维结构，按战略性事业划分的事业部和按地区划分的地区公司。事业部在公司规定的经营范围内承担开发、生产、销售和用户服务的职责；地区公司在公司规定的区域市场内有效利用公司的资源开展经营。事业部和地区公司均为利润中心，承担实际利润责任。

（主体结构）

第四十五条　职能专业化原则是建立管理部门的基本原则。对于以提高效率和加强控制为主要目标的业务活动领域，一般也应按此原则划分部门。

公司的管理资源、研究资源、中试资源、认证资源、生产管理资源、市场资源、财政资源、人力资源和信息资源……是公司的公共资源。为了提高公共资源的效率，必须进行审计。按职能专业化原则组织相应的部门，形成公司组织结构的主体。

（事业部）

第四十六条　对象专业化原则是建立新事业部门的基本原则。

事业部的划分原则可以是以下两种原则之一，即产品领域原则和工艺过程原则。按产品领域原则建立的事业部是扩张型事业部，按工艺过程原则建立的事业部是服务型事业部。

扩张型事业部是利润中心，实行集中政策，分权经营。应在控制有效的原则下，使之具备开展独立经营所需的必要职能，既充分授权，又加强监督。

对于具有相对独立的市场，经营已达到一定规模，相对独立运作更有利于扩张和强化最终成果责任的产品或业务领域，应及时选择更有利于它发展的组织形式。

（地区公司）

第四十七条　地区公司是按地区划分的、全资或由总公司控股的、具有法人资格的子公司。地区公司在规定的区域市场和事业领域内，充分运用公司分派的资源和尽量调动公司的公共资源寻求发展，对利润承担全部责任。在地区公司负责的区域市场中，总公司及各事业部不与之进行相同事业的竞争。各事业部如有拓展业务的需要，可采取会同或支持地区公司的方式进行。

（矩阵结构的演进）

第四十八条　当按职能专业化原则划分的部门与按对象专业化原则划分的部门交叉运作时，就在组织上形成了矩阵结构。

公司组织的矩阵结构，是一个不断适应战略和环境变化，从原有的平衡到不平衡，再到新的平衡的动态演进过程。不打破原有的平衡，就不能抓住机会，快速发展；不建立新的平衡，就会给公司组织运作造成长期的不确定性，削弱责任建立的基础。

为了在矩阵结构下维护统一指挥原则和责权对等原则，减少组织上的不确定性和提高组织的效率，我们必须在以下几方面加强管理的力度：①建立有效的高层管理组织；②实行充分授权，加强监督；③加强计划的统一性和权威性；④完善考核体系；⑤培育团队精神。

（求助网络）

第四十九条　我们要在公司的纵向等级结构中适当地引入横向和逆向的网络运作方式，以激活整个组织，最大限度地利用和共享资源。我们既要确保正向直线职能系统制定和实施决策的政令畅通，又要对逆向和横向的求助系统做出及时灵活的响应，使最贴近顾客，最先觉察到变化和机会的高度负责的基层主管和员工，能够及时得到组织的支援，为组织目标做出与众不同的贡献。

（组织的层次）

第五十条　我们的基本方针是减少组织的层次，以提高组织的灵活性。减少组织层次，一方面要减少部门的层次，另一方面要减少职位的层次。

（资料来源：《华为公司管理战略与策略》）

XianDai QiYe
ZuZhi GuanLi
ChuangXin

第五章　价值链与流程再造

许多企业管理者存在着这样的困惑：究竟应该怎样来分解工作？分工可以提高效率，但分工之后往往带来部门本位主义，每个部门都只从自己的角度思考问题，而忽视了分工的初衷：更好地实现组织的目标。

一、部门划分与岗位设置

（一）部门划分的含义及原则

工作分解的第一步就是将组织划分为若干个部门。所谓部门，是指企业组织结构中管理人员有权执行所规定的活动的一个明确区分的范围。划分部门就是确定这些范围。这些部门实际是承担某些工作职能的组织机构，所以部门划分也可称为是组织机构的设置。一个部门通常是由若干个工作岗位组成的。

划分部门，在遵循组织设计原则、考虑各种影响因素的前提下，还要具备两个基本特征：一是使部门与部门之间相对具有较大的独立性，即部门之间的相关性应该小；二是部门内部应相对具有较大的凝聚度，即部门内部的相关性要大。这是符合组织设计原则的，因为这样便于明确责权关系，减少协调工作量。在此基础上，部门划分应遵循以下原则：

（1）确保组织目标实现。更好地实现组织目标是各部门存在的理由和前提。例如，在生产企业中，除生产部门外，销售、财务、人事、计划部门都是确保企业目标实现所必需的。

（2）力求部门数量最少。在有效地实现企业目标的前提下，企业组织机构要求精干、高效，必须力求部门最少。

（3）部门设置应有灵活性。划分部门应按业务的需要，并根据实际情况的变化随时增加新部门，撤销原有部门，或设立临时性部门，成立专门小组来解决临时出现的问题。

（4）各部门职务的指派应达到平衡，避免工作量分摊不均，忙闲不均。

（5）检查部门应具有独立性。执行检查、考核的职能部门应单独设立，不隶属于任何业务部门，从而保证检查人员的公正性和客观性，真正发挥检查、监督的作用。

（二）部门划分的方法

部门划分应该是职能识别和职能设计的结果，是由经过优化组合而确定的职能所组成的。

组织结构设计程序按岗位、部门、层次的相互关系，首先进行管理职能的识别、分析和确定以及适当的分解和组合，组成若干职能组（逻辑上的职能集合），然后按照职能组内部相关性最强、职能组之间接口最少、关系最简单等项原则加以调整，最后按合理的职能确定部门。接下来才对每个职能部门的职责、权限进行设计。

部门划分可按以下三种方法进行：

1. 由上而下划分

以最高层管理人员为出发点，由上而下，将企业的各项工作一层层地分解和细化。对最高层工作的划分将导致各级层次的部门划分。例如，总经理对其市场营销工作的划分将会形成低层的销售部、市场部和公关部等部门。由上而下划分的结果是每类工作将落实到部门，而每一个职责将落实到人。这是大多数公司采用的划分方法。

2. 由下而上划分

先将企业必须完成的全部工作，归并为若干可以分别由个人担当的工作项目，再将若干个人组成一个单位，然后再合并为一个部门。例如，将检查广告申请、计算广告投放数额、填写广告申请单、联系广告公司等作为公司广告宣传工作的主要内容，由公关宣传部人员负责。广告宣传人员形成公关宣传部，公关宣传部与市场信息部、销售部共同构成了市场营销部的基础。

3. 以业务流程为中心划分

价值链管理主张，以业务流程来划分的方式不仅仅是解决什么事按什么流程去做的问题，而是以客户为中心，针对客户的需求，通过一定的业务流程去满足客户的事情。对每一个业务从起点直至完成，都要绘制流程图，明确流程中的每个阶段由哪个部门的哪个人承担。

进入 21 世纪，越来越多的企业倾向于实行面向客户的业务流程，比如海尔、诺基亚等跨国公司，都在不断调整或再造自己现有的业务流程，以便适应和满足客户的各种不同的需求。

在实际的组织结构设计中，以上三种方法都可以采用。由上而下和由下而上的划分方法，体现于直线职能型的企业里；以业务流程来划分的方式，表现在事业部、矩阵式的企业组织中。

从发展趋势来看，以业务流程来划分的方式将是未来企业组织结构设计的主流，也是价值链管理的侧重点。

（三）部门划分的模式

1. 按人数划分

单纯地按人数多少来划分部门可以说是一种最原始、最简单的划分方法。一般来讲，这种划分方法的特点是仅仅考虑人力，当最终成果只取决于总的人数时，或每个人的劳动都是单纯无差别时，采用这种方法是有效的。因此，在现代高度专业化的社会中有逐渐被淘汰的趋势。当然，并不排除这种方法在现代社会的某些基层场合，尤其是在基层的部门划分中仍然适用。

2. 按时间划分

它是由于经济的、技术的或其他一些原因，正常的工作日不能满足工作需要时所采用的一种轮班的做法。这种划分方法有利于连续、不间断地提供服务和进行生产，有利于设备、设施得到充分利用。但这种划分方法给管理带来的主要问题是监督、效率以及协调问题，另外中晚班的费用比较高。

3. 按职能划分

按职能划分部门是许多现代组织最广泛采用的一种方法。这种方法是根据专业化的原则，以工作或任务的性质为依据划分部门。按职能划分部门的优点在于：①由于遵循分工和专业化原则，有利于提高人员使用效率，同时简化了培训工作；②有利于组织的主要基本活动得到重视，从而有利于组织目标的实现；③由于最高主管要对最终成果负责，从而为最高层实施严格控制提供了手段。但是，这种划分方法容易使各职能部门的专业人员产生“隧道视野”，即除了自身领域外，其他什么也看不见，从而给各部门之间的横向协调带来一定的困难；由于只有最高主管才能对最终成果负责，因而对各部门的绩效和责任很难进行评价；这种结构不利于培养综合全面的管理人才，组织适应环境变化的能力较差。

4. 按地区划分

对于活动地域分散在不同地区的组织来说，按地区划分部门是一种比较普遍采用的方法。这种方法是将某个地区或区域内的业务活动集中起来，委派相应的管理者，形成区域性的部门。这种方法有利于促进地区活动的协调；有利于调动各个地区的积极性，从而取得地方化经营的优势效益；有利于培养能力全面的管理者。这种方法的缺点是：由于机构重复设置而使费用增加，增加了最高主管部门对地方控制的难度，要求管理者具有全面的管理能力。

5. 按产品划分

按产品划分部门是根据产品或产品系列来组织业务活动。许多多角化经营的组织常常采用这种划分部门的方法。这种方法最早由于组织规模不断扩大，导致管理工作越来越复杂，职能部门化的组织中部门主管的工作负担越来越重，而管理宽度的限制使得他们难以通过增加直接下属的办法解决问题，此时按照产品重新组织活动就成为必要，因此，产品部门是从按照职能部门化的组织中发展而来的。在这种组织结构下，产品分部主管对某产品或产品系列的所有职能活动拥有充分的职权，同时也对该产品的利润负很大的责任。这种划分部门的方法能够发挥个人的技能和专长，发挥专业设备的效率，有利于部门内的协调，有利于产品和服务的改进和发展；由于能够明确利润责任，便于最高主管把握各种产品或产品系列对总利润的贡献；有利于锻炼和培养能独当一面的总经理型人才。但是，这种方法要求部门主管具备更全面的管理能力，各产品部门的独立性较强而整体性则较差，由于各产品分部也需保持职能部门或职能人员而使得部门重叠，管理费用增加。

6. 按顾客划分

这是一种为了更好地迎合特定顾客群体的要求，将与某类特定顾客有关的各种活动集中起来划分部门的方法。这种方法也是许多不同类型的组织中所普遍采用的。这种方法的最大优点是有利于重视顾客的需要，增加顾客的满意度，并有利于形成针对特定顾客的技能和诀窍。但按这种方法组织起来的部门常常要求给予特殊的照顾而造成部门间的协调困难，此外，这种方法有可能使专业人员和设备得不到充分的利用。

（四）部门划分应考虑的因素

部门划分是一项复杂的工作，常常需要在众多的因素中加以权衡。以下对这些因素进行简要的分析。

1. 系统化

传统的上层管理，从现象上看是机构多、人员多、扯皮多、效率低，其本质是没有形成系统，所以权力集中在上面。但上边的权力也没有集中成系统，互相牵制，办事不力，甚至办不成事，这是企业管理体制的通病。强调系统化，需要上层管理不仅要有指挥监督和控制，而且要突出为基层服务，把与生产现场作业无关的工作全部集中起来，把相关的管理与作业职能集中起来，使之形成一个个的子系统。在这一个个子系统中，每项管理职能尽可能做到从开始到结束的全部过程都由系统去完成，使责权都处在一个系统中，做到政出一门、令出一人。这样，既能保证部门的系统化，又能向生产第一线提供有效服务而不是给他们增加负担和麻烦。

2. 控制因素

工作如何在岗位之间和部门之间分配，这对实现有效地控制有着重要的影响。很明显，如果某一作业可以成为另一项作业的控制点，如会计与出纳、生产与质检等，这类作业一般来说应该划分成不同的岗位。部门的划分，在很多情况下要考虑这种有助于控制的因素。例如，在石油公司，炼油厂的作业便是一个单独的部门，这是因为炼油厂以内的作业与炼油厂以外的作业截然不同，而且炼油厂内的作业也相互关联，密不可分，因此需要自成一个部门，从而便于对炼油的全过程进行有效地控制。有时，由于工作量或技术上的问题，也可以把相同的业务划归为两个以上的部门，这些单独的部门彼此平行，如再分设有数条装配线的制造厂或电话分局、批发公司等。由于这些部门彼此平行，业务相同，管理上更易制定标准，也更易对产出进行比较，并能起到加强控制的作用。如果只考虑到控制因素，甚至实际上的作业层都能以其作为划分的依据。例如，一些企业的产品最后装配工作是设在销售部门之下，虽然产品装配通常被认为是生产部门的事，但设在销售部门也没什么行不通之处。

3. 协调

有一些作业，虽然彼此性质不同，但由于相互间存在极其必要的协调关系，也不妨归在同一部门之内。例如，毛坯供应与机械加工，设备维修与生产等。再如，一些百货公司将某一类商品的采购和销售划归一个主管负责，那是因为这样的管理者最能了解这类顾客的需求，因而能够随时适应顾客的需要。在处理协调关系上，大公司按产品划分部门是一种典型的考虑协调关系的部门模式。说到协调，还有一类颇为难办的课题，就是一些所谓“杂务”应归何处的问题。任何一个企业都有一些这类工作，如接待、信访、整理上报材料、电话转接、司机接送等等。其实企业也没有什么特殊的理由，一定要将这类杂务统统放在一个部门里，将这类工作划归到使用这类服务最多的部门之下，恐怕也未尝不可，至少这样可以增加服务作业和重要作业，辅助职能和主要职能之间的协调便利。当然，也有企业将本来分散的这类服务集中于一个统一的部门之下。这要看实际是否需要。

4. 专业化

划分部门时，能使其中的岗位尽可能地配备专业人员，相同的专业人员尽可能地集中在一个部门，这样可以在部门中更有效地行使某种管理职能，并使其符合“规模经济性”的原则。在谈到专业化时，除了“职能”的专业化外，还不应忽略：某个人也许是某一项产品的专家，或者是对某一类型顾客的专家。换句话说，我们应该问：“此人的专长究竟何在?”要回答这一问题，便会自然地想到：要完成某一工作，是否需要具备某些特定的知识和技能。特定的知识和技能需要得越迫切，则我们在划分部门时，对此类知识和技能的考虑也必将更深刻。

5. 重视心理

前面讲过，划分部门的主要依据之一是管理职能，而管理职能又分为主要职能和辅助职能。但实际上，任何一位部门管理者都希望自己的部门受到高层管理者的足够重视，自己能够直接向高层管理者报告。当然，这种需要受到重视的心理绝不可以当做一项部门划分的原则，因为假定最高决策者要对任何部门和作业都不加区别地同等重视，那么他本来可以圆满进行的任务就会变成许多大大小小的事务而难以进行了，但这种要求受到重视的心理应该在划分部门时，从另一个角度加以考虑。这就是说，要使每一个部门的管理者不但要考虑当前所应该受重视的程度，还要考虑到未来应该受到重视的程度；不但考虑到局部的重视程度，还要考虑到全局的重视程度；不但要考虑到直接受到重视的程度，还要考虑到由于向某个重要部门提供优质服务而受到重视的程度，从而带来部门管理水平提高的现实成果。再加上一些组织上必要的措施，以解决某些心理平衡问题。

6. 减少费用

部门划分的方式，会直接影响管理费用的方式。任何一个新增加的部门，都需要安排管理人员和业务人员并确定办公地点。还要有必要的工作支持，比如办公费、差旅费、电话费等等。除此之外，新部门的成立，还会同时增加与之有关的部门的工作量，如讨论、核阅答复、会签等。这些直接或间接的费用说不定足以冲消成立一个新部门的收益。因此，在决定一个组织的结构时，管理及作业费用应是一项考虑因素。另外，部门内部工作人员的安排，也应在减少管理费用上加以考虑。例如，在一个班组里，可全部由一些具有高度熟练程度的技术工人组成，但也可考虑将其中一部分工作划由普通操作工担任；销售部门人员可以全部是经过专门技术训练的高级推销员，也可以将日常的销售作业交给普通推销员担任。总之，管理费用的增加，要以经营成果的增加为基础。

7. 人的因素

有关组织内人际关系的问题，我们将放在后面讨论。在这之前的研究，只是以组织的“机械面”为重点，纯粹是一种冷冰冰的理性考虑，没有掺杂任何情绪。正像工业家亨利·丹尼森指出的那样：“有了合适的人，任何形式的组织都能办得很好，所以健全的组织结构的重要性有时被低估了。这是有道理的，但决不全是这样。由于内部摩擦和互相推诿，一个不合理的组织结构即使有最好的人才，也会造成浪费。这种组织不可能留住和培养优秀的人才，也不可能吸收高质量的新人进入这个组织。”但用人的问题、非正式组织的问题、组织内部的某些传统问题、人际间的某些特殊关系的问题以及众人对组织形态所持态度的问题等，也要在划分部门时给予足够的考虑。这里只是想提醒读者注意，在最终决定一种组织结构中，不能忽略有关人性方面的考虑。

8. 服务与保证

划分部门时，还要考虑岗位之间或部门之间的服务或保证关系。传统原则与观念是下级服从上级，同级不存在服从关系。因此，在原材料供应、设备修理及生产技术方面的工作需要上一级管理人员或调度人员加以协调，这往往大量增加矛盾发生的几率和大大降低工作效率。所以，在处理工作岗位或部门之间的关系时，应遵守工序、服从原则，下一道工序的管理者可以指挥上一道工序的管理者。另外，现代生产技术的一个重要特点常常是集多种专业技术于一体。例如，生产设备就包括了机、电、光电、仪器仪表等多种专业，经常是"你中有我、我中有你"，很难断然划清交接面和分清责任。

（五）岗位设置的原则

在部门职能划分完成后，岗位设置就成为关键的工作。此项工作涉及个人利益，关系组织效率，非常敏感，也非常重要。岗位设置应遵循以下原则：

1. 岗位设置的数目符合最低数量

岗位不要设置很多，数量要尽可能少；所有工作应尽可能集中，不要特别分散。从经济角度说，不必花很多人工费。每一个人、每一个岗位的工作人员都应该承担很多责任。比如，人力资源部大概有这样四项工作：一是负责企业员工管理，如人员招聘、录用、调转、解聘等；二是薪酬福利，如制定薪酬政策、做工资表、发放工资等；三是培训；四是考核。四项工作就设置四个岗位。设计的时候，每一个基层工作人员所负的主要责任一般是 2～5 项。因为是基层工作人员，所以只承担一部分责任。如果是中层工作人员，如部门经理、办公室主任、下属单位负责人等，这些人工作的主要责任一般是 5～10 项。高层管理人员，比如企业总经理、副总经理、总监等，可能负责的主要责任是 8～12 项。这是一个大致数目，仅供参考。如果基层工作人员分工的时候，已经承担了 8 项或者 10 项了，可能承担起来有困难，这时就要划为两个岗位。中级人员，如果负责的工作超过了 15 项，负担可能很重，需要加设一个副经理。高级人员也是这样。按照这个原则划分，符合最低数量，使每一个岗位、每一个人承担的职责最合适，而且企业所付出的代价最低。

2. 所有岗位实现最有效的配合

设置岗位的时候，应对承担的责任进行划分。一般区分为主责、部分和支持三类，这样来确定配合关系。主责是指某一个人所负的主要责任；部分是指只有一部分责任；支持是指责任很轻，只协助其他人。每个人的主责、部分和支持一定要划分清楚。

3. 每个岗位都在组织中发挥了积极效应

每个岗位在组织设置里面，应该使它发挥最大作用。每一个岗位都要有相应的主责，然后有部分或者支持性工作。比如，基层工作人员要有 2～5 项的主责，如果工作分工里没有主责，都是部分或支持，那么这个员工的积极性会受影响。一项主要责任都没有，会认为自己是跑龙套的，只给别人摇旗呐喊。

4．每个岗位与其他岗位的关系要协调

协调是指岗位之间的责任不交叉、没有空白。避免两个人拥有同一项主责，两个人分不清到底谁是主责，出了事谁负主要责任，在工作中谁主动好。避免一项职能没有人负主责，就是岗位职责出现了空白。如果某一项工作，既有负主责的人，又有配合的人，还有做支持性工作的人，则表明岗位之间配合得很好。

5．岗位设置体现经济、科学、合理和系统化的原则

岗位设置如果体现了经济、科学、合理和系统化的原则，那么岗位设置对企业的经济效益应该是积极的。企业都在追求自己的经济效益，对于人文成本的控制也是企业控制成本的一个重要组成部分。如果岗位设置得特别多，参与这项工作的人就多，企业支付的费用就多，这不符合经济化原则。如果岗位设置过少，可能某一件事情没有人管，或者某一个岗位的员工负担特别重而产生了怨气，或者这项工作做不好。所以，岗位设置要体现经济化原则，要符合科学原理。企业规范化管理体系是一个大的完整的系统，岗位设置要和组织结构设计、职能分解吻合，就是要符合系统化原则。同时，岗位设置也为岗位描述、岗位评价、薪酬福利体系设计提供支持，它们应该是一体的。

二、价值链分析

（一）价值链的含义

价值链（Value Chain）一词最初是由美国著名学者迈克尔·波特于1985年在其著作《竞争优势》一书中提出的。从企业经济活动的角度分析，价值链是企业为客户、股东、企业员工等利益集团创造价值所进行的一系列经济活动的总称。在价值链中，价值的概念可以从内外两个视角来理解，对外针对企业客户的产品使用价值；对内针对企业自身及其内部流程等，指产品能为企业带来销售收入的特性，其数量表现就是在特定时间、特定地点顾客支付的产品价款。企业创造价值的过程一般可以分解为产品开发、设计、生产、营销，以及对产品价值形成起辅助作用的一系列互不相同但又互相关联的经济活动（如产品的售后服务等），或称之为“增值作业”，其总和即构成企业的价值链。

企业从事价值链活动，一方面创造顾客认为有价值的产品或劳务，另一方面也需要负担各项价值链活动所产生的成本。企业经营的主要目标在于，尽量增加顾客对产品或劳务所愿支付的价格与价值链活动所耗成本间的差距（即利润）。因此，从价值链分析的角度，进行企业的业务流程再造必须分析企业的各项活动哪些是增值的，哪些是不增值的，并进一步判断各项价值活动所创造的“利润”空间。为此，需要仔细分析企业的价值链构成。如图5－1所示，价值链包括价值活动和利润，企业的价值活动是企业所从事的物质上和技术上的界限分明的各项作业，它们是企业创造对买方有价值的产品的基石。利润是总价值与从事各项价值活动的总成本之差。

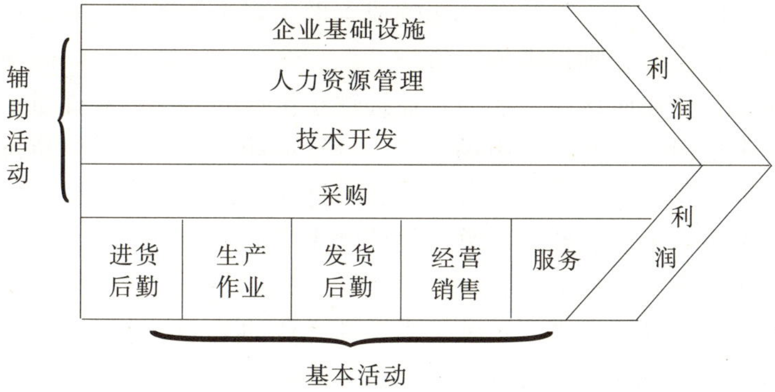

图5－1　基本价值链

企业价值活动分为基本活动和辅助活动两大类。基本活动是涉及产品物流过程中的各种活动，如产品制造及其销售、转移给买方和售后服务的各项活动。任何企业中，基本活动都可以划分为五种基本类别，如图5－1所示。辅助活动是辅助基本活动并通过提供外购投入、技术、人力资源以及各种企业范围的职能以相互支持。

图5－1表明，采购、技术开发和人力资源管理与各种具体的基本活动相联系并支持整个价值链，企业的基础设施虽然并不与各种具体的基本活动相联系，但也支持整个价值链。

（二）企业价值链分析

价值链分析法是企业战略管理中比较流行的一种系统分析工具，该方法认为企业创造的价值产生与其自身的一系列活动中，如采购、生产、服务、产品开发等，企业价值链是这些创造价值的总和。价值活动是企业竞争优势的资源。

价值链分析的第一步是确定企业的价值链构成，然后需要通过价值计算的方法或者通过与外部独立活动对比的方法，确定每一项活动对企业整体价值的贡献。

对比的方法是从市场上寻找可以提供同样活动的交易对象，将企业自己从事该项活动的成本与市场交易价格相对比。如果企业的成本低于市场交易价格，则该项活动就是可以为企业的最终价值做出贡献的活动；如果企业自己从事某项活动的成本高于市场交易价格，则该项活动为企业提供的是负价值。

如果对某项活动，企业在可能的市场范围内无法找到外部交易市场，则可以与竞争对手的成本进行比较，企业的成本低于对手的成本，则该项活动为企业提供正价值；反之，则提供负价值。

总的来说，企业应该保留能为企业提供正价值的活动，对提供负价值的活动，则可以考虑出售，然后从市场上购入该项活动。对那些提供负价值，而又无法由市场购入的活动，就需要进一步分析这部分活动对企业整体价值的削弱情况。一旦从事该项活动使企业整个价值低于最低可接受水平，企业就需要果断地停止整个业务。

另外，还有一种情况需要单独考虑，即企业的某一项业务是为另一项代表着企业未来方向的业务服务的，这时，虽然该项业务中的某些活动不能提供正价值，也不一定就需要停止。此时，需要将这项业务与其服务的战略方向性业务捆绑在一起，作为一项完整的业务进行分析。

根据以上分析可以看出，价值链所包括的一系列经济活动也是流程的基本要素。流程是企业业务流程再造的根本对象，因此从企业内部视角来看，运用价值链进行业务流程再造分析是可行的。

从企业外部视角来看，业务流程再造面向顾客的本质，决定了企业要进行业务流程再造必须为客户创造更大的价值。因此，研究业务流程再造的方法必须能够对顾客所要求的价值进行评估。一般情况下，对顾客价值的考虑都是通过“顾客满意度”进行的。价值链理论认为，顾客是价值链的一部分。因此，基于价值链的业务流程再造方法，不仅要从企业内部组成价值链的各个流程、各项活动进行价值分析，同时从企业外部视角，对企业的供应商、客户进行价值评估。

对企业外部供应商和客户的价值分析包括两项内容：一项是分析企业价值链与为自己提供前项或后项活动的价值链的接口；另一项分析是将企业的价值链系统与竞争对手的价值链系统进行对比分析。对很多企业来说，其竞争对手与自己有共同的供应商和共同的客户，企业与对手的竞争不但表现在自己的价值链功能与对手的价值链功能的竞争上，还表现在双方在与供应商和客户价值链连接的效果上，企业只有在价值链系统整体价值高于竞争对手时，才能在市场上表现出更高的竞争力。从这一点上看，企业不但要关心对自己价值链的培养，而且要关心对供应商和客户价值链的培养。

价值链分析非常注重企业当前各项活动的成本和外部交易价格，注重当前活动所涉及的企业供应商和客户价值链以及竞争对手的价值链。形成和完善价值链对于企业的正常运行来说确实是非常重要的。

1. 识别价值活动

识别价值活动首先要对在技术上和战略上有显著差别的各种活动进行界定、拆分，并区别各种价值活动。

（1）基本活动。涉及任何产业内竞争的各种基本活动有五种基本类型，可根据产业特点和企业战略划分为若干显著不同的活动。

1）进货后勤。与接受、存储和分配相关联的各种活动，如原材料搬运、仓储、库存控制、车辆调动和向供应商退货等。

2）生产作业。与将投入转化为最终产品形式相关的各项活动，如机械加工、包装、组装、设备维护、检测、印刷和各种设施管理。

3）发货后勤。与集中、存储和将产品发送给买方有关的各种活动，如产成品库存管理、原材料搬运、送货车辆调度、订单处理和生产进度安排等。

4）市场销售。与提供一种买方产品的方式和引导他们进行购买有关的各种活动，如广告、促销、销售队伍、报价、渠道选择、渠道关系和定价等。

5）服务。与提供服务以增加或保持产品价值有关的各种活动，如安装、维修、培训、零部件供应和产品调整等。

根据产业情况，每一种类型的活动对于竞争优势都可能是至关重要的。对批发商而言，进货和发货的后勤管理最为重要；对于向饭店或零售店这类提供服务的企业而言，外部后勤可能在很大程度上根本不存在，而经营则是关键。然而，无论在任何企业中，所有类型的基本活动都在一定程度上存在并对竞争优势发挥作用。

（2）辅助活动。在任何产业内竞争所涉及的各种辅助价值活动可以被分为采购、技术开发、人力资源管理、企业基础设施四种基本类型。与基本活动一样，每一种类型的辅助活动都可以根据产业的具体情况划分为若干显著不同的价值活动。例如，在采购过程中，各种相互分离的活动可能包括审核新的供应商、外购投入不同组合的采购和不断监督供应商的业绩。

1）采购。采购是指购买企业价值链上各种投入的活动，而不是外购投入本身。外购的投入包括原材料、储备物资和其他易耗品，也包括各种资产，如机器、实验设备、办公设备和建筑物。尽管外购投入一般与基本活动相联系，但是外购投入却在包括辅助活动在内的所有价值活动中存在。采购往往遍布整个企业。一些物件如原材料是由传统的采购部门购买，而其他东西则由工厂经理（如购买机器）、部门经理（如安排临时帮工）、销售人员（如出差食宿），甚至总裁（如战略咨询）购买。采购职能的分散性常常导致不清楚的总的购买量，并意味着很多购买活动很少得到详细研究。

一次特定的采购活动通常与一项具体的价值活动或它所辅助的各项活动相联系，尽管通常一个购买部门服务于很多价值活动而且购买政策适用于全企业范围。采购活动本身的成本如果不是总成本中无足轻重的部分，那么通常也只能算很小的一部分，但是它对企业的全面成本和经营差异性常常有很大的影响。改进过的购买行为对于外购投入的成本和质量产生强烈的影响，而且也强烈地影响到其他与接受和使用这些投入有关活动的成本和质量，并与供应商相互作用。

2）技术开发。每项价值活动都包含着技术成分，无论是技术诀窍、程序，还是在工艺设备中体现出的技术。大多数企业中所应用的技术非常广泛，从用在准备文件中和运输商品中的技术到产品本身所体现出来的技术。此外，大多数价值活动所使用的技术都综合了涉及不同学科的大量不同的分支技术。例如，机械加工包括冶金、电子和机械等学科的技术。

技术开发是由一定范围的各种活动组成的，这些活动可以被广泛地分为改善产品和工艺的各种努力。技术开发表面上与工程部门或开发小组相联系，然而，技术开发发生在企业中的很多部门，尽管这一点并未得到明确的认识。技术开发不仅仅适用于与最终产品直接相关的技术，技术开发过程对于各种价值活动中所包含大量技术中的任何一种也可能起到辅助作用，包括所应用的电子通信技术或会计部门的办公自动化。技术开发也有很多形式，从基础研究和产业设计到媒介研究、工艺装备的设计和服务程序。与产品及其特征有关的技术开发对整个价值链都起到辅助作用，而其他的技术开发过程则是与特定的各种基本或辅助活动有关。技术开发对所有产业中的竞争优势都很重要，在某些产业中甚至起到核心作用。

3）人力资源管理。人力资源管理包括各种涉及所有类型人员的招聘、雇佣、培训、开发和报酬等各种活动。人力资源管理不仅对单个基本和辅助活动起到辅助作用，而且支撑着整个价值链。人力资源管理的各种活动发生在企业当中的不同部分，正如其他各种辅助活动一样，这些活动的分散可能会导致政策的相互抵触，人力资源管理的累积成本很少被正确认识。

4）企业基础设施。企业基础设施由大量活动组成，包括总体管理、计划、财务、会计、法律、政府事务和质量管理。基础设施与其他辅助活动不同，它通过整个价值链而不是单个活动起辅助作用。企业的基础设施可以是自我支撑或在业务单元和母公司之间分担，在分散化经营的企业里，基础设施的各项活动分布在业务单元和公司层次之间，如财务管理是在公司范围内进行的，而质量管理则在业务单元进行。然而，很多基础设施活动同时发生在业务单元和公司的范围内。

企业基础设施有时仅仅被视为间接费用，但它却是竞争优势的一个重要来源。例如，在老客户之间的谈判和维持持久的关系可能是对竞争优势最重要的活动之一。

（3）活动性质。在每一类基本和辅助活动中，有三种性质的活动分别对竞争优势起不同的作用。

1）直接活动。即直接涉及为买方创造价值的各种活动，如总装、零部件加工、销售业务、广告、产品设计、招聘等。

2）间接活动。即使直接活动的持续进行成为可能的各种活动，如维护、进度安排、设施管理、销售管理、科研管理即销售记录等。

3）质量保证。即确保其他活动质量的各种活动，如监督、视察、检测、复查、核对、调整和返工。质量保证和质量管理并非同义，因为很多价值活动都对质量有贡献。

任何企业都有直接、间接和质量保证三种性质的活动，这不仅出现在基本活动中，而且存在于各种辅助活动中。例如，在技术开发中，实际的实验队伍是从事直接活动，而科研管理则属于间接活动。

间接活动和质量保证活动的作用常常没有得到正确认识，这使得这三种性质的活动之间的区别成为判定竞争优势的一项非常重要的因素。在很多产业中，间接活动所占的成本很大，而且在总成本中所占的比例增长很快，通过它对直接活动的影响从而对经营差异性起到举足轻重的作用。尽管如此，管理人员经常把间接活动和直接活动归在一起，尽管这两种活动有完全不同的经济效果。间接活动和直接活动之间常常有权衡取舍的问题。间接活动也经常归类于

"管理费用"和"间接费用"科目，混淆了它们的成本和对经营的差异性贡献。

质量保证活动也遍布企业的几乎每一个部分，尽管人们很少认识到这一点。检测和监查都与很多基本活动有关，经营之外的质量保证活动尽管也同样普遍，但却没有那么明显。质量保证活动的累积成本可能会十分巨大，常常影响到其他活动的成本或效率，其他活动的方式又反过来影响对质量保证活动的需要和方式。改善其他活动有可能会简化或减少对质量保证活动的需要。

2. 价值链确定

为判定竞争优势，有必要为在一个特定产业的竞争而定义企业的价值链。从基本价值链着手分析，个体的价值活动在一个特定企业中得到确认。每一个基本类型都能分成一些相互分离的活动，如图 5－2 所示。

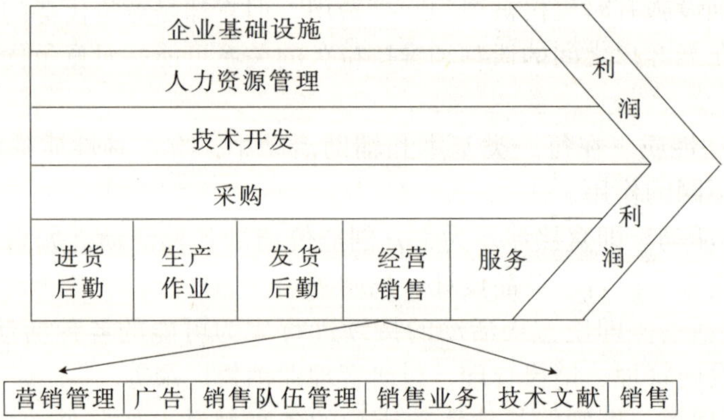

图 5－2 价值链确定

定义相关价值活动要求将技术上和经济效果上分离的活动分解出来，如生产或营销这样广义的职能必须进一步细分为一些活动。产品流、订单流或文件流在这种分解中或许有益。一些活动在分解后能够达到范围日趋狭窄的活动层次，这些活动在一定程度上相互分离。例如，工厂里的每台机器可以被看作是一项分离的活动，这样潜在活动的数量通常十分巨大。

分解的适当程度依赖于这些活动的经济性和分析价值链的目的。这些活动被分离的基本原则是：具有不同的经济性，对差异性产生很大的潜在影响，在成本中所占比重很大或所占比例上升。在使用价值链分析揭示出对竞争优势重要的差异时，对一些活动的分解必定会更成功，而另一些活动则被组合起来，因为它们被证明对竞争优势无足轻重。

选择适当的类别以将某一活动归类需要进行全面判断。例如，订单处理过程可以作为外部后勤的一部分，也可以作为市场营销的一部分来进行归类。对一个批发商而言，订单处理的作用更接近于营销的一部分。价值活动应分别列入能最好地反映它们对企业竞争优势贡献的类别中。例如，若订单处理是一个企业与买方相互作用的一个方面，则它应被归在营销这一类别下。同样，若进货材料处理和发货材料处理用的是同一套设施和人员，那么两者就应该有可能合并为同一价值活动，并从其职能具有最大竞争性影响的角度进行分类。企业通常通过重新定义传统活动的角色获得竞争优势。例如，将对买方的培训工作作为一种营销工具和增加转换成本的一种方法。企业的一切活动都应视为一项基本或辅助活动。价值活动的分类是任意的，但应该选择能为企业提供最透彻理解的类别。活动的顺序从广义来说应根据工艺流程来进行，但顺序安排也是一种主观判断。通常企业进行一些平行的活动，其顺序选择应能增强管理人员对价值链的直觉辨别力。

3. 价值链的内部联系

虽然价值活动是构筑竞争优势的基石，但是价值链并不是一些独立活动的集合，而是相互依存的活动构成的一个系统。价值活动是由价值链的内部联系连接起来的。这些联系是某一价值活动进行的方式与成本或与另一活动之间的关系。例如，购买高质量、预先剪切好的钢板可以使生产简化并减少废料。

竞争优势经常来源于活动间的联系。联系可以通过最优化和协调一致这两种方式带来竞争优势，联系常反映出为实现企业总体目标的活动之间的权衡取舍。例如，成本更高昂的产品设计、更严格的材料规格或更严密的工艺检查也许会减少服务成本。企业必须优化这些反映其战略的联系以获取竞争优势。联系也反映协调各种活动的需要。例如，按时发货会要求生产作业、外部后勤和服务安装这些活动协调配合。协调各种联系的能力常常能削减成本或增加经营差异性。例如，协调的改善会降低全公司库存的需要。联系意味着一个企业不仅仅是削减成本或改善每一个单个价值活动的效果。

联系的数量众多，其中一些是许多企业普遍存在的。最显而易见的联系是那些基本价值链中辅助活动和成本活动之间的各种联系。例如，产品设计常影响一种产品的生产成本，而实际采购则常影响外购投入的质量以及生产成本、检查成本和产品质量。更微妙的联系是各种基本活动之间的那些联系。例如，加强对投入部件的检查会降低后面生产工艺过程中的质量保证成本，而更好地保养维护会减少机器故障造成的停工。相互作用的订单处理系统会解决各种询问和问题。

尽管价值链内部的各种联系对竞争优势十分关键，但却常常难以认识和把握。各种联系的确认是探索每种价值活动影响或被其他活动所影响的一个过程。各种价值活动之间的联系基于以下一些基本原因：

（1）同一功能可以以不同方式实施。例如，高质量外购投入、明确生产工艺过程中的微小公差或对成品 100% 的检查都可以使产品符合规格。

（2）通过间接活动的更多努力来改善直接活动的成本或收益。例如，改进时间安排（间接活动）可以减少销售人员出差时间或交货车辆运输时间（直接活动）。

（3）可以以不同方式来实施质量保证功能。例如，进货的检查可以替代对成品的检查。

联系的基本原因仅是一个分析起点。分解采购和技术开发以将它们与各种具体的基本活动相联系，也有助于突出辅助活动与基本活动之间的联系。

三、流程再造

（一）流程再造的含义

1993 年美国两位管理专家麦克·哈默和詹姆斯·钱皮出版了一部令管理学界及企业界震动的书——《改造企业》，引发流程改造研究与实践的热潮，成为当今与未来企业管理变革与创新的主要方面之一。

在他们看来，进入 20 世纪 80 年代以来，尤其到了 90 年代，企业生存与发展的空间环境发生了巨大的变动，这些巨大的变动可以用 3C 来描述，即顾客、竞争和变化。这个 3C 在新的条件下对企业的冲击非常大。

1. 顾客

过去，厂商与顾客的关系，通常是由厂商决定，即厂商提供标准化的产品或服务以满足顾客的消费需求，而厂商的决定又以顾客现时的需要为转移。到了 20 世纪 80 年代以后，顾客与厂商的关系开始发生变化，即顾客运用其对商品或服务的选择权，决定了某个厂商的兴衰。顾客的这种选择权，一方面是顾客对自己的权利有日益清楚的认识，另一方面也是厂商们不断提供同类有差异化商品的结果，加上信息在顾客与厂商之间愈来愈容易沟通，导致了顾客知道厂商商品的基本成本、质量、功能，给厂商一种生产销售的压力。

工业品消费者同样如此，因为工业品消费可以采取向前或向后一体化的策略，使所需消费者变采购为自己生产，从而使原来的生产厂商受到巨大打击。所以，消费者即顾客在生产与消费过程中的主导作用，使得企业必须重新认识顾客，因此也就有了 CS，即顾客满意度的产生。20 世纪 90 年代兴起的 CS 理念，是应消费者主权的变动而产生的。这一理念把顾客看作企业的合伙伙伴，是一家人，无非是希望建立厂商与顾客的新型关系。

2. 竞争

市场上历来有竞争，而且竞争的手段无非是价格手段和非价格手段两大类。企业之间的竞争在 20 世纪 80 年代之后有了新的特点。在钱皮与哈默看来，企业之间的竞争有如下四个方面的特点：

（1）在市场更为开放和世界统一市场形成的条件下，在任何一个行业中都可以找一两个经营业绩很好的、竞争优势极大的现代企业，因此，某个企业如果不能肩并肩地与世界上最好的企业站在领导世界新潮流的企业行列之内，便会很快从市场上消失。

（2）市场上不断涌现出新的企业，这些企业观念新，有新产品，有管理上的新办法，有开拓性，往往具有很强的竞争力。

（3）竞争的另一方面则是一些原来的竞争对手在某一方面进行战略联盟，如联合开发某项新消费品，并瓜分市场，而不像过去搞相互竞争，互抢市场。

（4）在未来的世界市场上，企业与企业之间竞争，可能成为国家与国家的利益与实力的竞争，政府可能进入企业的竞争之中。

3. 变化

所谓变化，是指企业本身在变化，企业的发展环境在变化，顾客与竞争在变化，即一切都在变化。因此，企业唯有以变化适应变化才可能发展成功。钱皮与哈默认为，在诸多变化中，技术进步的变化最具有威力，因为它将导致企业新产品的生命周期缩短，一些企业如果跟不上技术进步的步伐就有可能被淘汰。此外，未来的变化变得更难预测、更难把握，连消费者自己都不清楚未来的需求是什么，在这种情况下，企业甚至对变化的迅速不知所措。正是在这样的条件和状态下，进入 20 世纪 90 年代之后，企业需要以变制变，才能站在现代优秀企业的前列。如何变呢？钱皮与哈默认为就是流程再造。

流程是指完成一项任务、一件事或一项活动的全过程，这一全过程由一系列工作环节或步骤所组成，相互之间有先后顺序，有一定的指向。例如，订单至生产发货的流程如图 5－3 所示。

图 5－3　订单至生产发货的流程

图中的订单、核单、审核信用、工厂生产、发货为一个个工作环节，每个环节均有指向，相互之间有一定的先后顺序，这种先后顺序反映了这一工作或活动完成的内在逻辑。所有的工作环节衔接起来便构成了一个完整的工作流程。所谓流程再造，就是对企业原有的工作流程进行全面的再造，使企业适应外部环境的变化，适应顾客的变化，提高企业在生产运作、管理方面的效率，节约更多的成本，使产品或服务更能取得顾客的认可和满意。

（二）流程再造的基本目标

企业业务流程再造的核心思想同时体现了再造的两个不同层次的目标。

（1）通过对企业原有的业务流程的重新塑造，包括进行相应的资源结构调整和人力资源结构调整，使企业在赢利水平、生产效率、产品开发能力和速度以及顾客满意度等关键指标上有一个巨大的进步，最终提高企业整体竞争力。

（2）通过对企业原有的业务流程的重新塑造，使企业不仅取得经营业绩上的巨大提高，更重要的是，使企业形态发生革命性的转变，其内容是：将企业形态转变为以流程为中心的新型流程导向型企业，实现企业经营和企业管理方式的根本转变。

流程再造的基本方向是：①在信息技术支持下，以流程为中心，大幅度地改善管理流程；②放弃陈旧的管理做法和程序；③评估管理流程的所有要素对于核心任务是否重要。专注于流程和结果，不注重组织功能。在方法上以结果为导向，以小组为基础，注重顾客，要求严格衡量绩效，详细分析绩效评估的变化。

（三）流程再造的核心原则

许多企业在变革之初对变革抱有很高的期望和热情，但在变革实施以后发现似乎一切又恢复了老样子，其实，绝大多数这种憾事的起因在于变革的设计者和领导者未能在变革中坚持企业再造的三个核心原则。

1. 以流程为中心

企业再造不同于以往的任何变革。再造不仅是机构调整，不仅是减员增效，甚至也不是单纯的重新设计建造企业流程，所有这些变革都不足以涵盖企业再造的最终目标——将企业由过去的职能导向型转变为以顾客为中心的流程导向型。再造的这一目标意味着，不仅企业的流程设计、组织机构、人事制度等要在再造中根本变革，更为重要和基本的是，一个经过真正意义上再造过程的企业，其组织的出发点、领导人和普通员工的思维方式、企业的日常运作方式、员工的激励方式乃至企业文化都得到了再造。一个以流程为中心的企业和一个传统的以职能为中心的企业的根本区别不是企业运营流程的不同，而在于维系企业的基本结构不同。在传统企业中，组成企业的基本结构是职能相对单一的部门，由这些部门分别完成不同的任务，这些任务构成每一个流程的片断；而在一个以流程为中心的企业中，企业的基本组成单位是不同的流程，不存在刚性的部门。在传统的企业中，流程（指对客户而言具体体现一种有效价值的任务集合，而不是作为流程片断的子流程）隐含在每个部门的功能体系中，没有专职人员对流程负责，流程成为片断式的任务流，任务间的脱节和冲突司空见惯；而在以流程为中心的企业中，每个流程都由专门的流程主持人负责控制，由各类企业人员组成的团队负责实施，流程成为一种可以真实地观察、控制和调整的过程，仿佛每个顾客都得到了特殊对待，而流程本身变得紧凑，任务之间没有了过去那种冲突和拖延。

以流程为中心的企业还意味着企业形态的弹性化，流程是直接面对客户需求的，随着市场变化，流程也必须随时变化，所以，仅仅一次的改进，即使是显著的改进，其价值也是有限的。以流程为中心的革命是一场持久的革命，一个企业必须持续集中关注它的流程，这样才能与不断变化中的企业环境的要求相协调。

为了真正贯彻以流程为导向的原则，使企业真正开始走上以流程为中心的道路，企业必须做好以下四个方面：

（1）企业必须识别和命名它的各种流程。每个企业都有它自己的一套独特的业务流程，大多数企业发现，它们有一套相对较小的关键流程（一般是在5～15个流程之间），但流程的特性取决于企业所属的行业以及它为顾客生产的主要结果。一些典型的流程是：获得订单、完成订单、产品开发、选择市场、提供售后服务和开发制造能力等，显然这些流程中没有几个能够完整地描述企业的运作。企业通常将基本的流程划分为若干子流程，这些子流程可以用基本任务或活动来描述。

（2）要保证企业中的每一个人都意识到这些流程以及它们对企业的重要性。关键是每一个人，从高级行政管理员到基层车间，从公司总部到偏远的销售办事处，每个人都必须认识到公司的流程，能叫出它们的名称，清楚它们的投入、产出和相互关系。走向以流程为中心并不立即改变人们所执行的任务，但它会改变人们的心理定势。

（3）重新设计企业的流程体系。企业的原有组织体系是基于职能结构基础，而流程则被肢解成碎片状分布于企业的各职能部门之中。要实现以流程为中心，一个极其重要的方面就是打破职能框架，将这些破碎的流程重新组合起来，以一种全新的、完整的方式运转起来。从另一角度而言，这种流程运营方式的转变，也有助于流程组织中的个人学会以新的流程观点来看待企业的运营。

（4）流程管理的实现。一个以流程为中心的企业必须积极管理它的流程，确保它们是在发挥其潜力，寻找使流程得到改进的机会，并把这些机会变成现实。专注于流程是管理层首要和持续的责任。

2. 坚持以人为本的团队式管理

以流程为中心的企业既关心人，也关心流程。流程小组的成员可能拥有各种不同的技术，接受过各种不同的训练，诸如销售、工程、制造以及采购等等。作为流程小组的成员，他们共同关心的是流程的绩效。以流程为中心的企业里，企业领导者的角色就类似于球队的教练，他们要将主要流程编制在一起，要分配资源，还要制定战略。在企业中，必须有人将产品开发、生产与订货统一起来；必须有人确保产品开发与订货方面的投资保持在合理的水平上；必须有人制定企业的全面发展战略；必须有人调动大家的积极性。这种人就是现代企业的领导人和行政管理者。人们从“要我做”变成“我要做”，这是企业再造的最高境界，也是坚持团队式管理的精髓所在。

3. 顾客导向

传统的供求关系已经或正在发生深刻的变化，顾客的需求越来越趋于多元化，企业的任务正在由传统的满足顾客需求为主向开发、创造顾客潜在需求为主。过去那种眼睛向内，专注于分解手中工作的做法已经潜伏着危机。现代企业组织是以顾客为生存基础的，不能灵敏、及时地了解顾客，企业就很难取得成功。而且，由于顾客的潜在需求正不断得到满足，对企业来说，发掘、开发和创造未来的需求，正成为决定企业未来前景的重要因素。企业的流程必须以顾客为导向，进行重新设计、重新改造，而且，以顾客为导向的思想还必须贯穿到整个流程的运行中：即以外部顾客满意为目标，将整个流程中前后各个工作环节、工作单元或工作步骤之间的关系视为一种内部供求关系，追求整个流程的顾客满意，或者是全员顾客满意。

（四）基于流程的组织建设

1．面向流程的组织结构

企业流程再造就是要通过组织和管理模式上的变革将这些被割裂的过程重新联结起来，使其成为一个连续的流程，通过对流程的整合和优化，实现对顾客服务、成本和效率的全局优化。在传统的面向职能管理的传统企业组织中，组织运营是围绕着职能及其分解以后的职能部门、工作或任务来组建的，而面向流程的管理则发生了革命性变化。表 5 – 1 对职能管理和流程管理的特征进行了比较。

表 5 –1　面向职能的组织结构与面向流程的组织结构的区别

特性	面向职能	面向流程
组织结构	层次状 关注的焦点是职能	扁平化 关注的焦点是流程
运营机制	以职能为主 存在职能界限 不连续的流程 运营局部最优	以流程为主 针对顾客的点对点管理 简单的流程 达到顾客服务、成本和效率全局最优
员工	按职能安排 专业技能分工 工作以个人为中心 对顾客有限的关注	按流程来安排 技能综合、多面手 工作以小组为中心 关注的是顾客

续表 5－1

特性	面向职能	面向流程
技术	由于职能界限而被分离 评价以职能目标为主 计划和控制之间松散的连续	在流程中被集成 评价以流程目标为主 针对流程的计划和控制
沟通	垂直方向	水平方向
企业文化	职能为主 前线（市场）/后线（内部）隔开 专业术语	流程拥有主权 整个流程以顾客为焦点 传递服务的语言

在面向职能的管理组织中，人们关注和解决问题的焦点是职能、部门和任务。每个部门经理最关心的是自己的职能部门而不是整个企业，其业绩考评和升迁与其所在职能部门效益的好坏息息相关，员工一般都具有与职能相关的专业知识，他们讨论和关心的是某一项固定的活动或是支持目标的某种新技能，员工的职位是根据内部报告系统来确定的，这个系统将对本部门有用的信息封闭起来。

在面向流程的组织管理中，组织运营是围绕着企业的核心流程有关的问题。在这样的组织中，人们关心和解决问题的焦点在于企业整个运营流程。这些运营流程与顾客需求密切相关，直接体现企业的价值链及其关键性指标，企业的组织结构趋于扁平化，员工清楚地知道流程的结构及其与绩效指标的关系，他们对顾客的需求有高度的敏感性。在自我管理、分工协作的工作团队中，具备某些专业知识的员工注重其作为一个专家在团队中的作用，能通过发挥自身的创造性才能改善流程绩效，并有助于团队中其他成员专长的发挥与完善。采用先进的信息技术，开发和利用信息系统，将企业的内部组织与外部顾客联系起来，也使得组织内部的沟通变得容易。面向流程的组织具有两大特点：

（1）组织结构的扁平化。流程再造之后，企业流程已成为工作团队的工作范围，流程管理很大程度上成为团队工作的一部分，而外部只需很少的管理人员指导和协调。这样一来，中层管理者就变得毫无必要，而中层管理人员的削减，可以极大地简化企业流程，使企业结构趋于扁平化。

（2）自我管理的工作团队。在面向流程的组织中，大量的具体任务被联结起来成为一个完整的流程，以实现对顾客需求的快速响应和服务质量的高品质。在这样的环境里，流程的工作已不可能由个人来完成，更主要的是依赖于工作团队的分工协作来完成。

现代大多数企业的活动可以划分为增值的活动、非增值的活动和浪费的活动三类。非增值的活动可以改善，但很少能从流程中消除；浪费的活动一般说来应该从根源上加以消除。非增值的活动包括检查监督、联络、协调、控制等管理性的活动，它们把流程增值的活动连接起来，但也往往是产生错误、延迟和缺乏柔性的根源。据统计，在一个流程中，增值的活动通常不到10%，近90%的是大量非增值的活动，但是这些非增值的活动又不能简单地删除掉，否则流程本身的有序性也就不存在了，要将非增值的活动减少到最少。这样一来，一项活动或任务本身将变得比较复杂而且范围较宽，很有可能已超出个人的工作能力范围，因此需要由自我管理的工作团队来完成。

所谓工作团队是指具有共同目标的、由不同专长的人组成的小组，这个小组必须是高度自治、分工协作、相互职责可述的小组。团队工作的优势在于：第一，可以集合多种职业技术；第二，可以改善工作生活的品质。工作团队为员工提供了小范围交往、沟通和建立友谊的机会，许多人似乎也更喜欢能与他人交往的工作。

在传统的组织模式中，企业的基本构架是智能部门，衡量绩效的基本构架是个人，命令自上而下地传达和执行，报告自下而上地传递和汇总，管理者的职责就是要把正确的任务交给正确的人去做，然后对其进行控制和评估。而在面向流程的组织模式中，任务的执行往往是由自我管理的工作团队来完成的，与面向职能的组织模式相比，必然存在着显著的差异。这主要体现在：

（1）员工工作内容的变化。流程再造后重复任务由简单过程所取代，团队成员共同负责整个流程，员工之间的界限变得模糊，每个人都需要有关于整个流程的最基本的认识，需要掌握更全面的知识技能，视角更广。

（2）衡量员工绩效标准的变化。应该对工作的结果，也就是员工创造的价值进行衡量，衡量团队的绩效是完成了多少份令顾客满意的订单，而不是花费了多少工作量。

（3）员工工作目标的变化。流程中员工的工作目标是为了顾客满意，他们关心的是流程的结果，而不是所付出的工作量。只有顾客的满意才能给企业带来效益，而领导的满意并不能改善企业的绩效。以顾客满意为目标，员工就具有了较高的工作主动性、创造性和责任感。

（4）员工地位的变化。企业对员工的再教育应是提高员工的洞察力、理解力和判断力，把员工培养成智能型的复合人才，让员工自我管理，赋予员工足够的自主权去思考、分析和决策。工作团队只需要知道目标是什么，而其具体的实现则由团队内部自主决策。

（5）管理者角色的变化。自我管理的工作团队集合了管理和运营的大量具体活动，使得整个流程变得简单了，不需要太多的监督和控制。因此，管理者的角色也将随之改变，他们的作用不再是保证职能任务的完成，而是要保证整个流程的完成。其具体的职责包括流程的设计、培训员工和推动流程的运营。

2. 建设管理团队

（1）确定流程负责人。流程负责人是负责某个特定流程再造的管理者。一般而言，他是企业中资深的高级管理者，拥有威信和业务管理经验，能从流程的层面上开展工作。流程负责人是对特定流程进行变革的发动者和推动者。首先，流程负责人必须同时具备流程观念和全局观念；其次，流程负责人必须具备高昂的热情和坚忍不拔的毅力；最后，流程负责人要有高超的沟通技巧。

流程负责人的首要职责是搞好流程设计，流程的设计以顾客和外部的需求为出发点。流程负责人需要考虑的问题包括：流程向顾客提供什么；顾客愿意为流程的产出支付什么样的报酬；顾客什么时候需要这些产品；对于精确度和灵活性，顾客有什么样的要求；等等。流程负责人必须对这些问题深思熟虑，并将答案融入流程设计的基本思想中去。除了满足顾客的需要之外，流程负责人还必须考虑到流程的产出和绩效对于企业生存与发展的影响，制定出利润率、资产回报率、生产增长率等指标，以满足公司成长与发展的需要。

（2）组建再造小组。再造小组是企业流程再造的实际组织和实施人员，他们负责对现有流程进行分析，并设计和执行新的流程。再造小组的工作内容包括：①从分析原有流程和顾客的需求入手，确认现有流程的缺陷和新流程的绩效要求；②打破约定俗成的假设，重新设计一个新的流程；③构建新的流程，包括拟定流程运行的细节，确定与组织中其他方面的协作关系，培训流程的执行人员，建立必要的信息系统；④向整个组织推荐这种新的工作和生活方式，以争取各方面的认同和支持。

再造小组一般由 5 ~ 10 人组成，分为圈内人和局外人两种类型。所谓圈内人，是指原来的职务工作与正在改造的流程直接相关的人。圈内人应该是企业中最优秀、最聪明、最富有创新精神的人，他们十分熟悉原有流程，但也清楚地知道原有流程的弊端所在；他们既了解企业的既有规则，又懂得如何加以规避，以实现自己的意愿。由于圈内人往往是现有流程和职能部门的既得利益者，因此希望他们完全抛开原有流程的影响可能不现实。局外人是原有流程以外的人。由于局外人的自身利益并不因为提出的建议而发生改变，因此他们往往更愿意承担风险，并且他们没有限于原有流程的思维定势，从而更容易摆脱原有流程的影响，为改革小组带来更多客观的和新颖的观点，开阔思路，寻求设计新流程的最佳方案。

3. 重建人员激励机制

员工激励机制的好坏与企业的绩效息息相关。好的激励和考核制度可以充分调动员工的积极性和主动性，促进企业绩效目标的实现。

（1）建立基于团队的激励方式。新的激励和考核指导思想是，员工的工资报酬不再以员工的工作量为衡量标准，而是取决于员工为顾客创造价值的多少。这一改变使得工资这个传统的保健因素也具有了一定激励因素的特征。企业对于以团队方式工作的员工采用的激励方式包括以下几个方面的内容：

1）建立明确的业绩目标。扩大企业的目标范围，在考虑成本的基础上，将顾客和员工的满意程度也包括进去，并对建议和指标的落实情况进行跟踪，从而极大地发挥了员工的潜能。

2）明确界定工作范围。工作范围的明确界定也有助于消除个人行动和相互配合时可能遇到的障碍，使员工可以更加顺利地完成自己的任务。

3）把适当的员工安排在适当的位置上。

4）简洁、灵活的参与程序。

5）良好的沟通。正式的和非正式的沟通是激励机制的润滑剂。

（2）创新设计企业的考核制度。企业的考核制度也要针对流程再造进行设计，一般由以下三个方面组成：

1）考核目标。对于再造领导者而言，真正的业绩绝不仅仅是一些财务数字，而应该既有利于顾客和员工，又能增加股东财富。考核目标的设置应满足以下几点要求：①明确；②可评估；③相容性，目标相辅相成，环环相扣；④挑战性，目标的设置既要反映顾客之上的经营理念，又要体现以人为本的企业文化内涵。

2）奖励制度。通常奖励的内容包括以下几个方面：①奖金，员工的计酬标准不再是他们的工作时间或活动内容，而是员工活动的结果，即员工为顾客创造的价值；②行为认可；③个人职业发展。

3）分配制度。分配制度就是对员工的工作成果和奖励内容之间联系方式的规定。企业的考核制度应该体现企业对员工的行为导向。

（3）不断地再设计。取得企业绩效改善的短期成效较为容易些，而要保持业绩持续不断地改善，则困难得多。如果领导者想要继续发扬初期的成果，并且长期保持员工的工作热情，则需要付出更多的努力。要做到这一点，领导者必须时刻把握顾客和竞争对手的最新动态，并据此不断调整企业的业绩目标和实施措施，对于员工的激励机制和考核制度也要随之发生改变，通过不断地再设计，适应不断变化的外部环境。

（五）再造流程的实施步骤

再造流程实际上是将构成流程的基本工作环节、工作单位或工作步骤加以判认，并对逻辑关系、时间耗费、可否并行等进行分析研究，大胆创意构想出能够最佳地完成同一工作任务或目标的一系列工作单位或环节的过程，这个过程就是流程。当然，这么做的前提是已明确了组织的目标、流程再造的目标任务等。实际上再造流程的内容也就决定了再造流程的实施步骤，如图5－4所示。

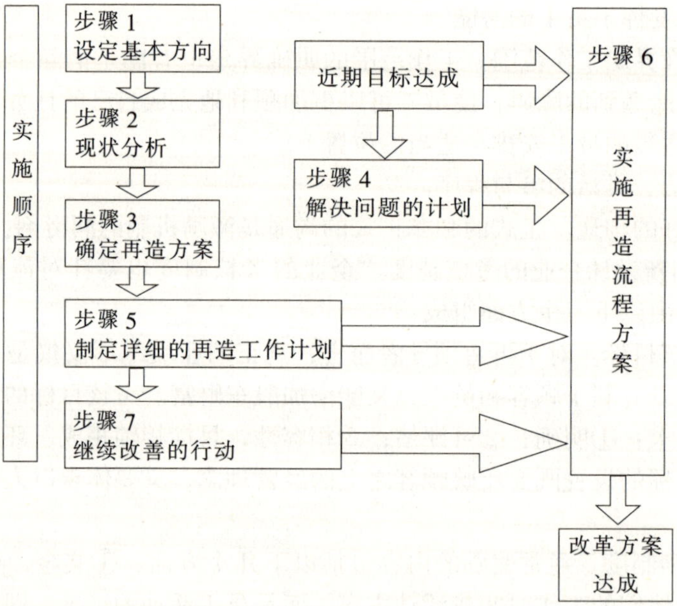

图5－4　再造流程的实施步骤

图5－4显示了再造流程的七个步骤，这为一般流程再造工作指明了基本方向。每个步骤实际上还包括了一些具体的工作。

1．设定基本方向

设定基本方向是指设定流程再造的总目标、总方向、总思路，以免走冤枉路，浪费资源。这是再造流程的第一个步骤，具体包括如下一些工作：①明确组织战略目标，将目标分解；②成立再造流程的组织机构；③设定再造流程的出发点；④确定再造流程的基本方针；⑤给出流程再造的可行性分析。

2. 现状分析并确认改造目标

此为流程再造的第二个步骤，其目的是对现有流程、外界环境、顾客、组织核心能力等状况进行深入细致的调查分析，寻找问题之所在，以便设定具体的再造目标及标准。具体包括如下一些工作：①组织外部环境分析；②顾客满意度调查；③现行流程状态分析；④再造的基本设想与目标；⑤给定再造成功的判别标准。

3. 确定再造流程方案

确定再造流程方案是一个很重要的步骤，这一步骤要求完成具体的流程改造方案，这个方案可行与否很大程度上决定了流程再造的成功与否，这个步骤需要众多人员来参与。此时，具体应做好以下工作：①流程设计创意；②流程设计方案；③确定再造的基本路径；④设定先后工作顺序和重点；⑤宣传流程再造；⑥人员配备。

4. 制定解决问题的计划

这一步骤主要是制定一个解决近期问题的计划，以便在再造流程的过程中，先解决一些近期问题，从而使组织员工可以看到改革的效果，坚定他们继续努力的决心。这个步骤是个辅助性的步骤，但也很重要，需要做好以下工作：①挑选出近期应解决的问题；②制定解决此问题的计划；③成立一个新的小组负责实施。

5. 制定详细的再造工作计划

当再造方案设定并通过后，需要有一个详细的工作计划，其中包括如下要点：①工作计划目标、时间等的确认；②预算计划；③责任、任务分解；④监督与考核办法；⑤具体的行动策略与计划。

6. 实施再造流程方案

这一步骤就是具体展开流程再造的工作，这些工作有很多，是完成流程再造的关键。这些工作主要有：①成立实施小组；②对参加再造的人员进行培训；③全体员工配合；④新流程实验性启动、检验；⑤全面开展新流程。

7. 继续改善的行动

即对再造的流程进行修正、改善等工作，以保证新的流程全面达到再造的预定目标，使组织的核心能力有所增强，使组织的效率大大提高。这一步骤包括以下一些主要的工作：①检测流程运作状态；②与预定再造目标进行比较分析；③对不妥之处进行修正、改善。

（六）实施流程再造应注意的问题

（1）大量的研究与实践已经充分表明，企业实施流程再造与成功地应用ERP和推进信息化建设有着必然的联系。然而，我们在研究和应用流程再造的核心思想时，认识不能仅仅停留在企业应用ERP和信息化建设的需要方面，而主要应着眼于面对新经济时代的竞争和挑战，切实提高企业管理水平和竞争力的需要方面。

（2）根本性思考和彻底重组的思想能给企业带来戏剧性的改善和提高，因此在实行流程再造的过程中，要做到以下三点：一要立足于管理创新，首先是思想创新和观念创新；二要同步运用其他管理思想和方法，相辅相成，互为作用；三在制定流程再造目标时要切实可行，要对具体问题进行具体分析。

（3）企业实施流程再造一定要从与业务流程的科学性和合理性有着紧密关联的企业的经营发展战略、营销体系、管理模式、管理方法、组织结构和员工评价体系等方面的改进和创新入手，为企业实施流程再造创造一个良好的基础。因此，整个流程再造过程要采取自上而下和自下而上相结合的重组原则，但首先是自上而下。

（4）企业在实施流程再造过程中必须研究整个流程中输入、处理、输出三个环节的内容、形式和方法。此外，评价体系不但要有定性的评价内容，而且还要有各种用于定量分析的相关经济指标、管理过程评测指标及其指标值。只有这样才能使流程再造落到实处，才能实现流程再造的预期目标，从根本上提高企业的管理水平和竞争力。

（5）选择重建的时机和条件。企业并不总需要进行彻底的重建。设施流程再造虽是高收益的项目，但也伴随着巨大的风险，因此必须明确企业重建的动机，选择好企业重建的最佳时机。以下三种情况通常是比较好的时机：①企业陷入困境，营业额和市场占有率大幅度下降，产生严重的亏损现象，面临生存危机，这时，员工配合意愿强，愿意为重建承担额外的工作负担。②趁主要竞争对手进行重建之际，进行本企业重建，以超过对手成为标杆。③企业预感到某项新科技的产生足以改变市场的竞争规则时，运用此项新规则，进行流程重建，以创造竞争优势。

（6）选择流程重建的环节。流程重建不能全线出击，必须首先分析全部作业流程，选择存在问题最突出的环节或核心环节进行重建，而如何确定这样的环节，是件艰苦的工作。在具体分析时，必须考虑如下问题：①这项流程是否已经成为企业发展的“瓶颈”？②这项流程重建后能否解决企业面临的危机？③这项流程重建成功的概率有多大？④这项流程重建失败的后果有多严重？

（7）避免下面的误区：①忽视自上而下的领导和自下而上的变革。企业重建，必须有权威领导，由他对整个过程负有自上而下的责任，同时，作为一个团队运作，除了需要有最高主管的领导之外，还需要全体员工主动的、创造性的合作。②错误理解 IT 在流程再造中扮演的角色。将流程再造等同于 IT 是错误的，而忽视 IT 的作用也是错误的。信息技术的真正价值在于它提供了必要的工具和手段，使得人们有能力打破传统的管理规则，创造出新的工作方式，从而给企业带来活力。

（8）企业在实施流程再造的同时必须注意持续性改进。流程重组之后，必须经过一段时间的调整与改进，才能达到和谐统一。实施流程再造犹如完成一次质的飞跃，如何巩固这一成果，还需量的积累。

案例 海尔市场链约束下的流程再造实践

1999 年海尔开始实施国际化战略，在全集团范围内对原来的业务流程进行了再造，并以“市场链”为纽带对再造后的业务流程进行整合，在业务流程上与国际化大公司全面接轨，大大提升了海尔的国际竞争力，取得了前所未有的经营效果。

（一）市场链的含义

所谓市场链，是指企业围绕一个中心任务，相关职能部门和分厂形成一个责任清晰、利益共享的作业链条，一环扣一环，最后形成一个闭合的链，各环节间的责任关系在组建市场链时，事先加以规定，并可随着整个任务的完成状况而进行适当地调整。当这条链围绕的中心任务完成后，市场链自动解散。一个部门或分厂可以同时是多个市场链的组成部分。

以市场链为纽带的企业业务流程再造主要是指以海尔文化和 OEC 管理模式（即日事日毕、日清、日高管理法）为基础，以订单信息流为中心，带动物流和资金流的运行，实施三个“零”目标的企业业务流程再造。通过市场链同步流程的速度和SST的强度，以市场链工资激励员工将其价值取向与用户需求相一致，创新并完成有价值的订单，构筑核心竞争力，不断创造需求、创造市场。

每一个业务流程都有直接服务的顾客；领导面对的是市场和顾客，而每一位员工同样面对着市场和顾客；每一流程具有高度的决策自主权；每一个业务流程的经营效果都可以用货币计算；企业的产品质量、成本和周期等绩效指标取得了显著的改善。

（二）以市场链为纽带的业务流程再造的主要内容

1. 构建内部业务流程及其经营关系

根据国际化发展思路，海尔集团对原来的事业部制组织机构进行了战略性调整：把原来各事业部的财务、采购、销售业务全部分离出来，整合成商流推进本部、物流推进本部、资金流推进本部，实行全集团统一营销、采购、结算；把集团原来的职能管理资源进行整合，形成创新订单支持流程3R（R&D——研发、HR——人力资源开发、CR——客户管理），以及保证订单实施完成的基础支持流程3T（TCM——全面预算、TPM——全面设备管理、TQM——全面质量管理），3R和3T支持流程是以集团的职能中心为主体，注册成立独立经营的服务公司。整合后集团同步的业务流程中全球的商流（商流本部、海外推进本部）搭建全球的营销网络，从全球的用户资源中获取订单；产品本部在3R开发支持流程的支持下通过新产品的研发、市场研发及提高服务竞争力，不断地创造用户新的需求，创造新的订单；产品事业部在3T基础流程的支持下将商流获取的订单和产品本部创造的订单执行实施；物流本部利用全球供应链资源搭建全球采购配送网络，实现JIT订单加速流；资金流搭建全面预算系统。这样，形成直接面对市场的、完整的物流、商流等核心流程体系和3R、3T等支持流程体系。商流本部、海外推进本部从全球营销网络获得的订单形成订单信息流，传递到产品本部、事业部和物流本部，物流本部按照订单安排采购配送，产品事业部组织安排生产；生产的产品通过物流的配送系统送到用户手中，而用户的贷款也通过资金流依次传递到商流本部、产品本部、物流本部和分供方手中，这样就形成了横向网络化的同步的业务流程。这种结构实现了企业本部和外部网络相连，使企业形成一个开放的而不是封闭的系统，可用下图来表示。

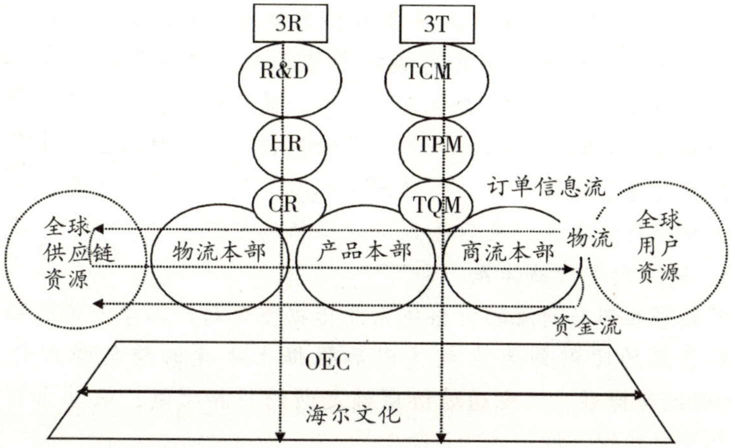

海尔的同步企业业务流程结构

这个开放的系统将外部市场的压力传递给企业的每一位员工，使每一位员工把这种压力变成工作动力，最大限度地把每位员工的创新力发挥出来，追求使顾客满意度最大化，从而实现海尔三个“零”的目标，即：质量零缺陷、服务零距离、流动资金零占用。

2. 确立流程的岗位负债经营机制

流程再造后，员工工作行为是对“顾客”负责，而“顾客”满意是动态的，是个性化的，反过来要求每一个员工必须不断创新，这种激励约束机制就是负债经营机制。简单地说，负债经营机制就是将企业以前无偿给员工使用的资源（如设备、工具、材料等）转变为有偿使用，企业给员工提供的这些资源就是员工的负债。员工经营这些资源就必须运用创新的办法使资源增值。

负债经营机制的确立实际上经历了两个发展阶段。第一阶段是以OEC管理为平台，通过市场链把每个员工自己的目标和企业的目标有机地结合起来。每一个员工都有一个“市场”，每个员工可以根据“市场”的需求（与“市场”签订SST合同）确定自己的主项指标和辅项指标，并且量化指标及酬劳。通过3E（OEC管理）卡进行控制，每天都有差异，每天都有索酬，如果服务不到位，则产生索赔。每个人的收入都有目标标准来衡量，只要每个人的工作都达到目标和标准效果，那么他就能获得较高的收入。

在市场链运行过程中，如何进一步把市场链对员工的目标牵引作用和激励作用与企业经营资源最有效的利用结合起来，始终瞄准

“顾客”的个性化需求来提高竞争力和美誉度，海尔提出了负债经营模式。负债经营的过程是首先确定负债资源，建立负债经营计算平台，对比国际先进水平、本企业上一年度最高水平，确定资源增值的目标。通过竞标的形式确定经营自我的创新主体，然后创新主体与下一流程签订负债经营合同，明确SST标准，创新主体利用创新的工作方式去经营负债资源，最后达到资源增值的目标。

3. 建立内部价格体系

产品事业部与商流的价格体系是根据整合前产品事业部的销售费用占销售额的比例作为基数（以后根据上年度的销售费用作为基数），以此为标准，双方通过协商确定新的折扣比例，核算出商流从事业部的采购价，即：

采购价 = 产品市场价格 ×（1 - 折扣比例）

产品事业部与物流的价格体系是根据整合前产品事业部每批次采购物品所需的采购费用作为基数（以后根据上年度的采购费用作为基数），以此为标准，双方通过协商确定新的折扣比例，核算出事业部从物流的采购价，即：

采购价 = 物流采购价 ×（1 + 折扣比例）

人力资源中心与产品事业部的内部价格体系是根据由于人力资源中心的服务而提高生产效率从而降低的成本作为基数，双方经过协商确定一个比例和基数相乘得出的数额，作为人力资源中心应得的报酬。

研发中心与产品事业部的内部价格是根据研发的新产品带来的新增利润作为基数，然后双方经过协商确定一个基数相乘得出的数额作为研发公司应得的报酬。

4. 建立基于准市场模式的内部激励机制

准市场机制下企业的内部激励机制不同于行政管理下的激励机制，各个核算单元、部门乃至个人，完全依据个人在公司准市场机制中创造的价值而确定，如海尔的“内部市场”工资模式，流程再造后业绩评价和分配体系截然不同，以海外出口为例。以100万元的订单计划对应酬劳为100元的订单流为例，来描述整合前后的流程（岗位）业绩评价体系和价值分配体系的变化。

假设完成100万元订单的三个流程的市场经理、备货经理、商务经理分别占工作的50%、30%、20%（此比例的分解在实际操作中主要依据海尔集团的计效联酬和点数工资方案中各岗位之间的计效或点数关系确定)，市场经理从市场获得了100万元的订单并把订单转到备货经理，备货经理根据订单计划完成100万元的备货；但是，商务经理却由于自己的原因只完成了85万元的订单出运。

在整合前，三人的收入分别为：市场经理100元×50%＝50元；备货经理100元×30%＝30元；商务经理85元×20%＝17元。合计企业支出97元工资，但是根据100万元订单对应100元的关系，根据实际市场效果企业只应该支付85元的工资，也就是说企业在这种评价体系和分配体系下多支出12元的工资。

在整合后，三者成为一种“购买”关系，即市场经理向备货经理提供100万元的订单，备货经理应该支付市场经理酬劳50元；备货经理向商务经理提供100万元的货物，商务经理应该支付备货经理80元的酬劳；商务经理向市场出运100万元的货物可获得100元的酬劳。根据以上的关系，商务经理实际出运85万元货物，应该获得85元的酬劳，用来“购买”备货经理100万元的货物用掉80元，实际获得5元；备货经理得到80元酬劳，用来购买市场经理的100万元订单用掉50元，备货经理实际得到30元；市场经理得到50元酬劳，但如果其完成的订单多于计划的订单值，则其相应的报酬也越多。

这些复杂的计算办法全部做成软件，利用先进的计算机设备来计算每个人的酬劳，资金流推进本部把实际的出口创汇额输入计算机、企划部门把产品的产量输入计算机，各岗位得到的酬劳便自动生成。人们把这种评价体系和分配体系形象地称为“市场”工资模式。

5. 支持流程与核心流程的整合

支持流程必须是要向核心流程提供信息、服务和有效的指导，核心流程才能在外部市场上取得更好的销售成绩，才能据此付费给支持流程，两个流程之间的关系是相互支持、相互制约、互为“市场”。它们之间的关系是契约关系。

业务流程再造前后职能管理业务发生了一系列变化，职能部门过去主要是行使管理职能，整合后职能部门变成独立核算的服务型公司，主要是行使服务职能。只有被服务单位对服务效果认可了，才能从被服务单位获得报酬。

6. 外部市场资源与内部流程的整合

纵向整合规定了在一个企业和其供应商、销售渠道、买方之间的各种活动的分工。例如，企业可以外购零部件而不是自制，或者将服务承包出去而不是拥有一个服务组织。同样，营销渠道可以代替企业实施许多分销、服务和市场功能。海尔集团在1999年分别成立了物流本部和商流本部，就是为了最大限度地整合市场资源，大幅度降低运营成本，取得整合的集成效益。其中最主要的有两个部分：一是物流与分供方的“市场链”整合，纳入国际化供应商，实施全球化规模采购，借力整合邮政配送网络；二是商流销售渠道的“市场链”整合，海尔集团提出了“商家设计，海尔制造”市场零销售营销模式。

（本案例摘自“世纪培训网”。http://www.123px.com/down/software/catalog19/2263.html）

XianDai QiYe
ZuZhi GuanLi
ChuangXin

第六章　组织运行创新

制度和权力是组织有效运行的基础和保证。然而在实践中，两者之间又存在一定的矛盾；一方面，组织需要制度来约束、规范权力的使用；另一方面，过于严格、死板的制度又可能使权力的使用失去灵活性，从而导致企业失去市场机会。事实上，很多管理者都面临着这一问题：如何在制度与权力之间寻求平衡?

一、规章制度的设计与执行

（一）规章制度的含义及功能

企业规章制度是指由企业有权部门制定的以书面形式表达的并以一定方式公示的非针对个别事务的处理的规范总称。这一概念包括如下含义：①规章制度必须出自企业有权部门，或经其审查批准；②规章制度必须按照企业内部规定的程序制作，如果法律对企业规章制度的制定又规定了特定的程序，必须遵循该程序；③规章制度必须向劳动者公示；④规章制度是规范，是有关权利、义务的设定，非针对个别人、个别事件。例如，企业就召开某次会议的特别决定就不是规章制度；但企业就会议制度做出规定，就是企业的规章制度组成部分。

对于一个具体的组织（企业）而言，制度的类型可以根据层次的不同，分为以下三类：第一层次的制度，我们称之为法律制度，这其中很多是由外部环境决定的（法律、政策等），也就是说“先定”的成分很多，组织成员一般只能接受；第二个层次是组织的管理制度，它是对组织管理各方面规定活动框架，调节集体协作行为的制度；第三个层次的制度是组织成员的个人行为规范，包括业务技术规范和职业道德规范等，主要是对成员具体行为的定量和定性规范。

无论从用人单位的运作、发展和强大来看，还是从履行企业法定义务的角度来看，建立和完善企业规章制度都有必要性。“要想富，先修路。”同样，企业要做大、做强，就得先建立规章制度。成功的企业都有一个共同的秘诀：建立适合本企业的优良的规章管理制度。一个好的企业规章制度应该具备以下功能：

（1）依法制定的规章制度可以保障企业合法有序地运作，将纠纷降低到最低限度。

（2）好的企业规章制度可以保障企业的运作有序化、规范化，降低企业经营运作成本。

(3) 规章制度可以防止管理的任意性，保护员工的合法权益；对员工来讲，服从规章制度，比服从主管任意性的指挥更易于接受，制定和实施合理的规章制度能满足员工公平感的需要。

(4) 优秀的规章制度通过合理地设置权利、义务责任，使员工能预测到自己的行为和努力的后果，激励员工为企业的目标和使命努力奋斗。

要切实发挥企业规章制度的功能，需要注意两个重要的方面：

(1) 制度一旦制定，就应当严格执行。企业规章制度一旦制定，所有的规章制度涉及到的流程、惩罚和规范都要严格按照规章制度办事，否则规章制度的严肃性、权威性和实施效果就会大打折扣。

(2) 防止权力干预制度。通常情况下，对企业的破坏力最大的是管理者，尤其是制定制度的管理者。在执行制度的过程中，一方面，作为管理者应当杜绝权力干预制度实施的现象发生；另一方面，管理者还应该以身作则，起好模范带头作用，严格按照制度办事和按制度裁判，维护制度的权威性。

1997 年，在亚洲金融危机中，陈久霖带领一名助手奉命出任曾经两度亏损并又休眠 2 年的中国航油（新加坡）有限公司总裁。在他的带领下，公司只用 2 年时间，就一举成为扭亏为盈的上市公司。到 2003 年公司净资产从原来的 16.8 万美元猛增到 1.28 亿美元，增幅高达 761 倍。公司业绩和管理机制被列为新加坡国立大学 MBA 课程教学案例。公司也曾获新加坡上市公司“最具透明度”企业，并被美国应用贸易系统（ATS）机构评选为亚太地区“最具特性”、“成长最快”和“最有效率”的石油公司。但在 2004 年 11 月 29 日一天之内，他即经历了由天堂到地狱的命运转变：他所领导的中国航油（新加坡）有限公司向法院呈交的一份宣示证明中称，公司投资亏损 5.5 亿美元，严重资不抵债，申请破产保护。事实上，在中国航油（新加坡）有限公司，也成立了风险管理委员会，制定了“风险管理手册”。风险控制的基本结构是：实施交易员—风险控制委员会—审计部—CEO—董事会，分级管理、交叉控制的模式。每名交易员亏损 20 万美元时，要向风险控制委员会汇报；亏损 37.5 万美元时，要向 CEO 汇报；亏损 50 万美元时，必须斩仓。如果当时按照风险控制要求实行制度性平仓，当年 3 月平仓亏 580 万美元，6 月平仓亏 3500 万美元，10 月平仓亏 1.8 亿美元，然而当制度遇到权力时，始终没有生效。

（二）企业管理制度体系

为了企业的稳步发展，建立一套完整、规范的管理制度体系是相当重要的。在此整理出一般企业的制度体系，因为各行业还有自己的特点，所以还可以进一步地补充、修订自己的管理制度体系。

1. 组织系统

组织系统（由总经理办公室或行政部门负责）包括：公司介绍，公司大事记，公司章程，公司组织架构，公司各部门职责等。

2. 行政系统

行政系统包括：办公室管理制度，出差管理制度，会议管理制度，文书管理制度，档案管理制度，保密管理制度，办公用品管理制度，车辆管理制度，安全保卫制度，食堂管理制度，宿舍管理制度等。

3. 人力资源系统

人力资源系统包括：人力资源制度基础文件（人力资源方面不便列为制度的文件可统一到此下管理），组织机构图，各部岗位设置及人员编制，公司级别层次表（含薪金等级表），职位说明书，考勤及休假管理制度，招聘管理制度，晋升及调任制度，员工培训管理制度，薪资管理制度，员工福利制度，绩效考核管理制度，奖惩制度，合理化建议制度，员工离职管理制度等。

4. 财务系统

财务系统包括：资金管理制度，财产管理制度，财务控制制度，报销管理制度，会计档案制度，审计工作制度等。

5. 市场管理系统

市场管理系统包括：采购管理制度，连锁店管理制度，超市管理制度等。

6. 物流系统

物流系统包括：仓储管理制度（含货物进出程序、手续、流程图），盘点制度，计算机使用管理制度等。

（三）企业管理制度的编制

1. 明确什么是好的制度，并以好的制度为准绳来组织管理制度类文件的具体编制

好的制度是相对而言的，是相对于其他企业的、相对于企业自身过去的。好的制度能增加员工的积极性，最大限度地激发全体员工积极性的因素和抑制人的惰性、可能的负面因素，最大限度地减少管理成本，最大限度地减少员工之间职务行为的心理障碍，以最小的代价实现与客户的沟通，创造适应市场和客户的优质成品，不断满足客户的要求，从而在充分体现和实现企业使命的同时，实现员工的社会价值。

2. 编制企业管理制度时，必须保持基本认识或指导思想，处理好“十大因素”

（1）好的制度是吸引人才的制度，好的制度能帮助有坏习惯的人养成好的习惯。有人说：企业是一所学校，实质上就是说制度在改变人，在改变人的观念、习惯，形成与社会进步、发展相适应的观念和习惯。

（2）制度是有成本的，而且是具有极大成本的。企业在编制和实施某项不适宜的制度时，可能表面上某项制度中规定是节约了成本，殊不知因为大部分员工从内心、骨子里不认同制度，就不会最大限度地投入工作，甚至经常因为制度的事情而耿耿于怀，心事重重，把情绪集中在一项不认同的制度上，精力分散，注意力不集中，工作成效大大减少；一个员工不是孤立的员工，他的行为也会感染他人的，尤其是一个部门要职的领导，如果他的内心没有认同企业的制度，他的言行是不可能与制度相一致的，或者是费了成本才一致的，无形的成本就这样产生了。

（3）制度不是上级管理下级的工具，制度是企业内部员工共处的行为规范、准则，是企业经营生产过程中必须共同遵守的程序。

（4）制度要以企业的使命为指南，凡是有助于企业使命实现的制度或实现企业使命所必须的制度，就是好制度，企业使命是要体现客户、股东、员工、资方等各方面利益的，因此制度就必须是综合性参考客户、股东、员工的利益，制度要带有企业使命的烙印。

（5）制度一定要有企业的特点，要结合企业的发展历史，体现企业的产业特征，发扬和保持原有好的制度思想和制度，改善不适宜的制度文件。

（6）制度要体现管理科学，制度不是可有可无的，制定一项制度就必须执行一项制度，制度一定要有所为。

（7）制度是一个体系，各项制度之间不能在指导思想上或编制思想上出现自相矛盾的现象。

（8）制度不能朝令夕改，制度需要有一定的稳定性，制度需要符合企业发展的进程，适当超前但不能过度超前，对于管理某项具体的事物或人和过程来讲，制度有标准高低之分，没有先进之分，先进的制度是实现企业使命的推动力最大的制度。

（9）制度不可能100%堵住企业所有的漏洞，制度不能100%改变人的所有惰性的一面，制度与企业文化的关系需要时刻和谐地处理好。制度是企业文化的重要组成部分，换个角度讲，制度的实施离不开企业文化的基础或支柱，离开了企业文化指导的制度或与企业文化不相符合的制度，此制度必然是空中楼阁，必将是短命的制度，或者是效果不好、不具备一定执行率的制度，或者是制度的实施成本很高，反过来，不适宜的制度会有损于企业文化的建设。

（10）企业间的竞争会体现在制度的竞争上，企业是社会性的企业，企业的制度要在适应和满足国家法律的同时，注意从竞争性的角度设计和体现自己的竞争性风格。

3. 将岗位养成与培训、提升相结合

通过安排和组织各关联职能部门的管理人员编写制度、修改制度，提高管理人员编写制度的能力，并将制度文件的培训和实施与具体工作相结合，从而对管理人员的素质和部门改进职能管理等方面起到明显的促进作用。

（四）管理制度的执行

有一个故事，哈佛曾经发生了一场大火烧毁了哈佛楼，把哈佛牧师当年遗赠的250本图书基本上烧掉了，碰巧一名学生在大火发生前夜带出了一本。按照校规，这批珍藏的书只能在图书馆阅读，不能带出馆外。这名学生想来想去最后还是把这本书还给了学校，校长收下后感谢了他，然后下令把他开除出学校。感谢他，是因为他把书送回来的诚信；开除他，是因为他违反了校规。哈佛的理念是：让校规守护哈佛的一切，比让道德看守哈佛还安全有效。哈佛的行事态度是：法理第一。

1. 制度为什么不能得到很好的执行

制度的建立是为了组织能以更强的能力完成更大的业务量，但在企业实务中却常常出现这种情况：制度很完整，装订得很美观，但仅仅放在抽屉里或挂在墙上给人欣赏，工作人员依然按照各自的习惯开展工作；制度完美有序，工作混乱无序。ISO9000 是最典型的例子，中国目前通过 ISO9000 的中型以上企业可能已经超过了总量的 80%，小企业也有大量的已通过或正在通过，但真的有 80% 的企业符合 ISO9000 吗？在进行质量文件的编写过程中，企业把内部 60% 左右的流程、规定都重新审核了多遍，并据此制定了针对性的系统方案，为迎接外审，企业也不遗余力地展开培训和贯彻标准，花了大量的精力，就为了那一纸证书？而当绝大部分企业已获得 ISO9000 证书时，证书本身也就像营业执照一样，仅仅是一张基本的文件，不再是品质的象征和竞争力的象征了。竞争力体现在 ISO9000 的执行情况，体现在企业流程、制度的合理性和执行力。从某种意义上说，管理就是细节和执行力，细节体现质量，执行力体现效率。事实证明，制度制定以后关键是执行，再好的制度，没有人去执行或执行力不到位也是没有用的。因此，制度制定后并不等于达到了管理的目的，关键是通过制度实现有序管理，使管理有法可依，并在管理过程中不断完善相关的制度。然而，很多企业的制度并不能得到很好地执行，主要的原因可能来自于以下几个方面：

（1）制度不合理。制度不合理引起的抵触，进而产生的过于频繁的修改—执行—修改，使企业的制度逐渐失去权威性，员工因无所适从产生的困惑，会导致企业文化形成应付和无所谓的态度，一个好的制度应该在制定者离开组织后 3 ~5 年，还能健康地运行，后期的改变也只是在原有基础上少量地调整，这就需要有对企业业务流程现状的深刻理解和对企业发展的前瞻性把握。

（2）固有文化与新制度差异冲突太大。流程是合理的，制度也是科学的，但不能适应企业或行业现状，行业有自身的业务组织和运营特点，行业的运营特点决定了企业对资源组织的方法和对资源管理的手段，如软件开发业与流水线生产制造业的差别就很大。而企业固有的行事风格、价值观等对新制度的制定和执行也起着范围界定的作用，新制度如果过分超越原有文化，会产生灾难性的后果——员工离职、企业权利斗争、消极怠工等，并延伸到客户等一系列连锁反应。

（3）准备不足的执行反复。即使制度考虑了原有文化，但新制度执行前的宣传贯彻依然重要，新制度的宣传贯彻必须由企业的实际影响力人员带头，不然后遗症影响深远。在处理类似事件时，可以在宣传贯彻文件中附带一笔，如由部门主管负责将文件内容传达到每个人（会议签名），如未通知到，员工违反规定，并认为未接到通知，主管又不能拿出明确证据证明该员工已获知，由主管承担责任。严格避免执行制度后，收回处罚令或减轻处罚，否则会引起后期不断的讨价还价。

（4）缺少执行人。监督执行人缺位，是很多企业制度执行不到位的主要原因，制度监督执行人的挑选和任用支持，是企业制度能否贯彻的关键。监督执行人必须具备以下特征：顽强的意志，原则性强，很强的沟通协调能力，超越一般的正直人品，无亲属在企业，熟悉企业所有业务环节。执行人必须被公开授予权力，并公开制约其行为的措施（如有意遗漏的双倍处罚），执行人必须获得企业最高领导人的支持。

（5）领导不执行。即使企业设置了制度监督执行人，但与其平级或上级领导人违反制度后，如何处理，特别是当该领导人为元老或实力派时，除了要考验监督执行人的协调手段外，企业政治在此种情况下会毫不掩饰地体现出来，该有效地利用企业政治还是规避企业政治，其实最后将考验企业最高领导人的管理能力倾向。

2. 如何保证制度的有效执行

事实证明，制度制定以后关键是执行，再好的制度，没有人去执行或执行力不到位也是没有用的。因此，制度制定后并不等于达到了管理的目的，关键是通过制度实现有序管理，使管理有法可依，并在管理过程中不断完善相关的制度。在这样的前提下，员工会以制度为准绳保质、保量地完成工作指标，以强化各级管理人员的执行力，使组织从上至下都成为制度的维护者、执行者和建设者。

量子基金曾有一个业务非常好的交易员，据说他的业绩引起了索罗斯本人的关注。索罗斯请他到办公室来陈述理由，在听完其陈述后，索罗斯决定解雇他，人们不解地问，这么好的交易员为什么要解雇他，索罗斯回答说，他的业绩好是由于超限使用信用额度，对了就可多赚，错了就会多赔，他的错误就是我的错误，我不想犯错，所以他必须离开。

组织制度一经批准就必须在实际工作中切实地贯彻执行，否则制度就变成一纸空文。为了使各项制度能够顺利地得到贯彻执行，应当注意以下几点：

（1）管理者必须率先带头严格执行。管理者尤其是领导者要成为各项制度的模范，要坚持制度面前人人平等的原则，组织内的一切制度规范，各级管理干部必须带头遵守，认真贯彻。

（2）坚持严格的检查和考核制度。对于各项制度的执行，要坚持定期或不定期的检查，通过检查发现问题，纠正不足。同时对每个部门、每个岗位实行定性、定量的考核，把考核与个人福利措施结合起来。

(3) 加强教育培训。如果员工不理解甚至不了解公司的制度，当然也就谈不上遵守和执行，制度也就不可能发挥应有的作用了。因此，企业必须通过各种教育培训，帮助员工提高对制度的认识，掌握执行各项管理制度的业务知识和技能，从而增强执行制度的规范性。

(4) 重视企业文化建设。建设企业文化就是通过改变执行者的意志进而改变其心态，最终让执行者自觉改变行为的有效方法。制度的最高境界就是让遵守制度、执行制度成为员工的一种习惯、一种下意识的行为方式。

二、权力及领袖模式

(一) 权力的含义

任何一种组织，要有效率地运行都不能缺少权力。因为在组织中，个人的行为是被调整了的，而对个人行为给予调整靠的是权力。大家都知道企业组织是这样一种地方：在那里人们不能为所欲为，必须遵守某些特定的规范和标准。反过来，如果人们随心所欲，高兴说就说，高兴做就做，将没有一个企业能存在下去。因此，权力可以定义为一种影响力，这种影响力可以限制人们的行为，促使组织协同行动。

定义为影响力的权力主要包括专长权、个人影响权与制度权（或称法定权）三种类型。专长权是指管理者具备某种专门知识或技能而产生的影响能力；个人影响权是指因个人的品质、社会背景等因素而赢得别人的尊重与服务的能力；制度权是与管理职务有关，由管理在组织中的地位所决定的影响力。与个人品质、社会背景、知识、技能有关的影响力显然不会成为集中或分散的对象，因此，我们这儿关心的主要是制度权力。作为赋予管理系统中某一职位的权力，制度权的实质是决策的权力，即：决定干什么的权力，决策如何干的权力，以及决定何时干的权力。制度权的这三个方面从本质上来说是不可分割的：只有决定干什么的权力，而不需决定行动的内容和方式，会影响决策者对目标实现的可行性研究，从而可能导致决策的盲目性；相反，如果只有决定如何干、何时去完成的权力而无权确定行动的方向，则会影响决策的积极性，降低决策的动力。制度权力与组织中的管理职位有关，但与占据这个职位的人无关。生产经理一旦调任营销或财务主管，对原部门的管理人员就不再具有命令或控制的权力。赋予某一职位的权力，也并不意味着在某个时期占据该职位的管理人员对本系统的任何较低层次的员工都能直接指挥和命令。生产经理负责整个企业的产品制造活动的统一组织指挥，但这并不意味着他可以不通过车间主任或工长而直接向某个工人分配任务。制度权力只赋予某个职位的管理人员向直接下属发布命令的权力。

（二）限制性权力与创造性权力

根据权力的行为指向可以将权力划分为限制性权力和创造性权力。限制性权力可以理解为通过权力限制组织成员的行为，使其更符合管理者的要求，通常表现为要求组织成员“不得……”，“必须……，否则就……”等。限制性权力带有太多消极、否定的成分，组织成员更多的是被动地工作，在工作相对简单的组织中，这种权力可能会有效。创造性权力则指向组织成员的创造性行为，管理者向组织成员施加影响，使其更能动地、更有创造性地工作，通常表现为赏识、鼓励、沟通、带领等。限制性权力与创造性权力的不同表现见表6－1。

表6－1　限制性权力与创造性权力的不同表现

类别／对比	限制性权力的表现	创造性权力的表现
对比一	不得擅自离开工作岗位	当您须暂离工作岗位时，请及时向负责人通报
对比二	严禁在办公场所打私人电话，否则罚款50元	请不要在办公室打私人电话，以免影响他人工作
对比三	公司三令五申，要求下属严格执行上级的部署	为了共同的目标，让我们在统一的战略部署下行动
对比四	你们不要凡事都找领导解决	让我们每个人都充分发挥自己的聪明才智

随着知识及知识分子在企业中所占据的主导地位，限制性权力机制已不能适应现代企业管理的实际需求。现代企业所需要的权力机制，是一种能够充分发挥每一名员工潜能的创造性权力机制。要做到这一点并非轻而易举，这牵涉到权力范式的彻底转变。首先，要建立一种非统治性的权力机制，这种机制不仅能够最大限度地发挥员工的创造性，同时还要避免陷入无政府主义的散漫，进而避免走向创造性的对立面。其次，从限制性权力范式走向创造性权力范式的过程，本身就是一条充满创造性的漫长的探索之路，不仅需要非凡的智慧，还需要非凡的勇气。完成这种转变需要企业管理专家与企业家的共同努力。

（三）领袖模式的转变

权力范式的转变必然带来领袖模式的转变，现代企业组织管理中，领袖模式的转变趋势表现为以下几个方面：

1. 从绝对权威到相对权威

领袖模式是时代的产物，具有其特定的社会和思想基础。在传统的管理中，理性具有绝对的权威，领袖与理性一道被神化了。这是西方形而上学——逻各斯中心主义哲学体系所导致的历史性后果。后现代思想家雅克·德里达等人颠覆了形而上学和西方文明的理性大厦，然而他们颠覆的只是绝对和唯一的理性，相对和多元化的理性仍然是后现代社会所需要的。这种相对、多元理性模式决定了其权威模式。从绝对权威到相对权威的转变是思想史演变的结果，也是领袖模式转变的基础和核心所在。

事实上，在由股东会、董事会、监事会、经理层所构成的经典现代公司治理结构中，这种趋势已露端倪。因为，这种公司治理结构已经通过各机构的设置来避免权力集中。但是，尽管现代公司已经开始有意识地尝试通过各种力量的相互制衡来避免权力的集中，它的领袖模式仍然没有发生彻底的转变。不仅现代公司的总经理是高度集权的，而且他仍然是一个命令者和控制者，因而具有绝对的权威。

领袖模式未来发展的趋势是，企业的总经理是一个引导者和帮助者，是教练或导师，他的权威不是通过职位和权力来体现，而是通过能力和影响力来体现。

2. 从虚假的大领袖到真实的小领袖

在现代企业组织中，传统领袖的思想根基被彻底颠覆了。建立在绝对理性主义基础之上的领袖模式，如同理性本身一样是不牢靠的。传统的大领袖是一个梦想，是乌托邦，他的虚假表现在：①他塑造了超凡、完美、理性的和绝对可信赖的形象，而事实上是平凡、残缺、癫狂和不可信赖的；②他看起来拥有至高无上的权力，可以对任何人颐指气使，而实际上不能够把持丝毫权力在手中，因为权力从来就不是可以把持之物，从来就没有被任何人所拥有；③他高举真理的大旗，自诩为黑暗中引路的灯盏，而实际上他自己也是迷途的羔羊；④他披着高尚的外衣，以伟大星辰的形象呼召众人，而他真实的景况可能既卑劣又无耻。

因此，现代企业呼唤真实的领袖。现代企业领袖打破了传统领袖的全部虚假与“伟大”，他看起来平凡而真实，与传统的“大领袖”相比，他是“小领袖”。但是，由于他完成了健康的领袖人格的塑造，因而是真正伟大的领袖。现代企业领袖的伟大之处在于：①他平凡、有缺点、相对理性和相对可信赖，因而是真实和可亲近的；②他把权力看作是身外之物和危险之物，他关注事业而不关注权力，他懂得权力从来就不是可以把持之物，从来就没有被任何人所拥有；③他总是尽可能把权力作为礼物赠送给有能力的部属；④他承认能力超凡的自己也是有限的，因而需要和部属一起去面对复杂的境遇，而不是独自承担所有压力。

3. 从“鲨鱼式”领袖到“海豚式”领袖

传统管理模式的产生和发展的背景是以社会化大生产为特征的工业经济时代，并以等级制、权威和控制为其主要的存在基础。而在现代企业管理中，这些存在基础受到了前所未有的动摇。今天的知识革命迫使商业经营采取日新月异的新方式。属于工业化时代的垂直组织、指令与控制等观念正在衰退，取而代之的是全新的外援型、规范最小化、网络、多种多样的其他组织形式等概念。基于此种变化，有人把 21 世纪的管理描述为“海豚式管理”，这种管理范式和领袖范式是对现代管理及现代领袖的形象化描述。

管理学中，将军队式的严格管理称为“鲨鱼式”管理，同时将家庭式的温和管理称为“海豚式”管理。“鲨鱼式”管理者嗜好权力，严厉无情，强调竞争、效率和成绩高于一切；“戛裨鱼式”则表现为所谓的“仁慈权威者”形象，或者说“社会工作者”形象，他们回避竞争、人情至上，只想获得普遍的好评，无个性、不自信、易受影响，工作效率低、业绩差；而“海豚式”管理者则是信念坚定，追求公平，既关心工作成果，更关心员工成长，他们用脑和心来领导，以自信、宽容来运作，是刚柔结合、有血有肉的管理者形象。具体表现为：

（1）在对待员工的态度上。“海豚式”管理者尊重下属，对属下员工宽容、仁慈，慎重对待下属的要求，认真听取下属的意见，努力赢得员工的忠诚，与下属保持密切关系，成果与人情并重。

（2）在领导作风上。他们有明确的工作目标、持之以恒的工作作风和灵活的工作方式，处理问题时沉稳、客观、果断、情理并重，实事求是地面对错误，随时接受批评并予以纠正，及时寻求工作的改进和充实。

（3）在领导品质上。他们有慷慨的气度和宽广的胸怀，与员工“分享信息”，并认为这是提高员工对企业忠诚度的最佳法宝，强调与下属分享权责，分享荣誉，他们自信、果断，努力营造信任性的组织文化，认为信任性的文化是培养成员自信和自尊的最佳方式，也是企业业绩的动力源。他们总是保持积极的工作态度，也就是说工作态度更加积极、正面、富于感染力。

三、集权、分权和授权

（一）集权与分权的相对性

集权是指决策权在组织系统中较高层次的一定程度的集中；与此相对应，分权是指决策权在组织系统中较低管理层次的一定程度的分散。集权和分权是一个相对的概念。绝对的集权意味着组织中的全部权力集中在一个主管手中，组织活动的所有决策均由主管做出，主管直接面对所有的实施执行者，没有任何中间管理人员，没有任何中层管理机构。这在现代社会经济组织中显然是不可能的。而绝对的分权则意味着全部权力分散在各个管理部门，甚至分散在各个执行、操作者手中，没有任何集中的权力，因此主管的职位显然是多余的，一个统一的组织也不复存在。所以，在现实社会中的组织，可能是集权的成分多一点，也可能是分权的成分多一点。我们需要研究的，不是应该集权还是分权，而是哪些权力宜于集中，哪些权力宜于分散，在什么样的情况下集权的成分应多一点，何时又需要较多的分权。

（二）集权

1．组织中的集权倾向

集权与分权虽然同样必不可少，但组织中几乎普遍存在一种集权的倾向。集权倾向主要与组织的历史和领导的个性有关，但有时也可能是为了追求行政上的效率。

（1）组织的历史。如果组织是在自身较小规模的基础上逐渐发展起来，并且发展过程中亦无其他组织的加入，那么集权倾向可能更为明显。因为组织规模较小时，大部分决策都是由最高主管（层）直接制定和组织实施的。决策权的使用可能成为习惯，一旦失去这些权力，主管便可能产生失去了对“自己的组织”控制的感觉。因此，即使事业不断发展，规模不断扩大，最高主管或最高管理层仍然愿意保留着不应集中的大部分权力。

（2）领导人的个性。权力是赋予一定职位的管理人员的，它是地位的象征。权力的运用可以证实、保证并提高其使用者在组织中的地位。组织中个性较强和自信的领导者往往喜欢所辖部门完全按照自己的意志来运行，而集中控制权力则是保证个人意志绝对被服从的先决条件。当然，集中地使用权力，统一地使用和协调本部门的各种力量，创造比较明显的工作成绩，也是提高自己在组织中的地位、增加升迁机会的重要途径。

（3）政策的统一与行政效率。从积极方面来看，集权化倾向的普遍存在有时也是为了获得它的贡献。集权至少可以带来两个方面的好处：一是可以保证组织总体政策的统一性；二是可以保证决策执行的速度，集中的权力制定出组织各单位必须执行的政策，可以使整个组织统一认识，统一行动，统一处理对内对外的各种问题，防止各自为政，政出多门，互相矛盾；同时，集权体制下，决策的制定可能是一个缓慢的过程，但任何问题一经决策，便可借助高度集中的行政指挥体系，使各个层次“闻风而动”，迅速组织实施。

2．过度集权的弊端

一个组织，当它的规模还比较小的时候，高度集权可能是必须的，而且可以充分显示出其优越性。但随着组织规模的发展，如果将许多决策权过度地集中在较高的管理层次，则可能表现出种种弊端，其中最主要的有以下几种：

（1）不利于合理决策。要做到正确、合理地决策，组织的最高管理层必须迅速、准确地把握组织的具体情况，而且各项决策与命令需准确、及时地传达到下属各执行单位。然而，在过度集权的管理体制下，随着组织规模的扩大，组织的最高管理层领导者很难再一一把握下面的具体情况，他们总会显得心有余而力不足，而且往往会因层次过多而造成信息失真，这就无法保证正确决策。

（2）不利于下属的积极性。由于实行高度集权，几乎所有的决策权都集中在最高管理层，结果使中下层管理者变成了纯粹的执行者，他们只能按照上面的指示、命令和规定的程序行事，没有任何的决策权、发言权和自主权，他们变成了上传下达和被动执行的“主管机械人”，积极性和创造性受到压抑，导致其工作热情低下，并且会减弱其对组织关心的程度。

（3）阻碍信息交流。在高度集权的组织里，由于决策层与中下层的执行单位之间存在多级管理层次，信息传输路线长，经过环节多，因而信息的交流比较困难，使下情难以上达。如果高层管理者的官僚主义严重，如有些老总由于习惯了大权在握，不愿作实际调查，又喜欢某些人的汇报，就可能在组织内部造成一种欺上瞒下、阿谀奉承的不良风气，最高层领导者就会变成“睁眼瞎”，对下面的实情一无所知，这势必会导致他们做出与事实相违背的错误决策，而这种决策的错误给组织带来的损害将是致命的，甚至是毁灭性的。

（4）助长组织中的官僚主义。过度集权的管理体制，势必需要制定许多繁琐的办事程序和各种各样的规章制度以确保权力的实现，而这极易助长官僚主义作风，使组织机关化，办事公式化，使组织显得毫无活力。

当然，集权也有一些优势，诸如专门化的技能、才干与技术，对于地点相对分散的组织来说，有时候不仅无法负担，而且也不现实；分散经营通常会增加营业费用和人员，而产品、资金及监控等方面的协调，也增加了分权经营的成本；通讯技术的最新发展使得资金流动、信用状况、交通运输及数据处理变得快捷、容易等。

（三）分权

相对于集权便是分权。所谓分权，就是组织领导层把其决策权分配给下级组织结构和部门的负责人，以便他们能行使这些权力，支配组织某些资源，自主解决某些问题，完成其工作职责。一个组织内部要实行分工，就必须分权，否则，组织便无法运转。

20 世纪 20 年代的福特公司是美国三大汽车公司之一，该公司的总裁老福特采取专权式领导，大权独揽，唯我独尊。与此同时，美国通用汽车的新总裁斯隆在公司本部集权的基础上，采用了一种“集中政策分散经营”的管理体制，成立了管理委员会，重大的决策由管理委员会集体决定，下面设立了若干事业部。斯隆的努力没有白费，到1928年通用汽车公司的市场占有率超过了福特汽车公司。老福特气急败坏，却一筹莫展。

1. 分权的优势与局限

通用公司在实行分权以后，市场上占有率超过了福特汽车。可见，分权有它特有的优势，主要表现在：①减轻最高管理层某些决策上的负担并迫使高层管理人员放权；②在决策上给管理人员更多的自主权和独立性；③促进建立和运用可能增进人们的积极性的广泛控制机制；④鼓励制定决策和承担职权的责任，分权将权力分散至某个具体责任人的身上，避免了互相推卸责任的状况；⑤能做到对各个组织单位的执行情况进行比较，各个组织在相同的情况下进行工作，可以看出哪些组织单位的执行情况比较好，也便于各个组织部门之间进行借鉴；⑥有助于产品多样化，避免产品的同一化；⑦促进一般的管理人员的培养，并且有助于适应飞速变化的环境。

但是，分权也有它的局限性，具体地说，主要有如下几点：①使得实现统一的政策更加困难，由于各个单位有了职权以后，在组织中会产生“勾心斗角”的情况，各自为政从而影响统一政策的实现；②增加了分权组织单位协调的复杂性；③可能导致上层管理人员的部分权力失控；④可能受到控制技术不足的限制；⑤可能受到没有合格的管理人员的限制；⑥涉及培训管理人员的大量费用；⑦可能受到外部力量的限制；⑧可能受到计划性与控制制度不够充分的约束。

2. 分权的标志

要研究和指导组织的分权，首先要确定判别组织是否实行了分权以及分权程度的标志。评价分权程度的标志主要有以下四个：

（1）决策的频度。组织中较低管理层次制定的决策的频度或数目越大，则分权程度越高。

（2）决策的幅度。组织中较低层次决策的范围越广，涉及的职能越多，则分权程度越高。比如，按地区划分的管理单位，如果只有对生产问题的决策权，则组织的分权程度较低；相反，如果对市场营销、甚至财务也有一定的决策权，则企业在一定程度上是一个分权化组织。

（3）决策的重要性。决策的重要性可以从两个方面来衡量：一是决策的影响程度；二是决策涉及的费用。如果组织中较低层次的决策只影响该部门的日常管理，而不影响部门的今后发展，决策对整个组织的影响程度较小，则组织的分权程度较低，反之则高；类似地，低层次管理部门能够制定需要 10 万元费用的决策的组织，其分权程度就要比另一个相应层次的管理部门只能做出需要 5 万元费用的决策组织要高。

（4）对决策的控制程度。如果高层次对较低层次的决策没有任何控制，则分权程度极高；如果低层次在决策后要向高一级管理部门报告备案，则分权程度次之；如果低层次部门在决策前要征询上级部门的意见，向其“咨询”，则分权程度更低。

3. 分权的影响因素

分权虽然是必要的，组织中也存在许多因素有利于分权，但同时也存在不少妨碍分权的因素。

（1）组织中促进分权的因素。组织活动及其管理在诸多方面要求分权，其中最主要的因素如下：

1）组织的规模。组织的规模越大，管理的层次越多。多层次管理人员为了协调和指挥下属的活动，必然要求相应的权力。因此，权力往往随着组织规模的扩大和管理层次的增加而与职责一起逐层分解。同时，当组织规模达到一定程度以后，决策权仍高度集中，则可能导致“规模负经济”。因此，分权往往是发展中的组织避免或至少推迟达到“最佳规模”的手段。

2）活动的分散性。组织的某个工作单位如果远离总部，则往往需要分权。这是因为对总部来说，不在现场指挥难以正确、有效地指挥现场的操作；同时，分散在各地区的单位主管往往表现出强烈的自治欲望，这种欲望如果不能得到一定程度的满足，则可能破坏组织的效率。

3）培训管理人员的需要。“在游泳中学会游泳，在权力的使用中学会使用权力。低层次管理人员如果很少有实践权力的机会或只有实践很少权力的机会，则难以培养成为能够统御全局的人才，从而不能使组织在内部培养高层管理的后备力量。相反，独当一面的分权化单位主管可以非常迅速地适应总经理的工作。

（2）组织中不利于分权的因素。组织中不利于分权的因素主要包括：

1）政策的统一性。组织作为一个统一的社会单位，要求内部各方面的政策是统一的。如果一个企业在同一产品销售给不同用户的价格上、在员工的报酬标准上等方面采取不同的政策，则可能导致统一组织的解体。分权可能对组织的统一性起到某种破坏作用。

2）缺乏受过良好训练的管理人员。分权与管理人员的培训是互为因果的。现有组织的重新设计不能不考虑组织现有管理人员的素质：分权化导致基层决策权力增加，要求这些权力被正确、有效地运用。只有如此，才符合分权的初衷，才能促进组织效率的提高。然而，正确地运用权力，要求管理人员具有相应的素质。如果现有组织缺乏足够的符合要求的低层次管理人员，则往往对进一步分权造成限制。缺乏受过良好训练的管理人员，也往往成为组织的主管不愿分权的借口。

4．分权的途径

权力的分散可以通过两个途径来实现：组织设计中的权力分配（我们称之为制度分权）与主管人员在工作中的授权。制度分权与授权的结果虽然相同，都是使较低层次的管理人员行使较多的决策权，即权力的分散，许多教科书也因此而对它们不作区分，甚至把授权视为分权的主要手段，然而实际上，这两者是有重要区别的。制度分权，是在组织设计时，考虑到组织规模和组织活动的特征，在工作分析和职务部门设计的基础上，根据各管理岗位工作的要求，规定必要的职责和权限。而授权则是担任一定管理职务的领导者在实际工作中，为充分利用专门人才的知识和技能，或者在出现新增业务的情况下，将部分解决问题、处理新增业务的权力委任给下属。制度分权与授权的含义不同，决定了它们具有如下区别：

（1）制度分权是在详细分析、认真论证的基础上进行的，因此具有一定的必然性；而工作中的授权则往往与管理者个人的能力和精力、下属的特长、业务发展情况相联系，因此具有很大的随机性。

（2）制度分权是将权力分配给某个职位，因此，权力的性质、应用范围和程度的确定，需根据整个组织构造的要求；而授权是将权力委任给下属，因此，委托何种权力、委任后应如何控制，不仅要考虑工作的要求，而且要依据下属的工作能力。

（3）分配给某个管理职位的权力，如果调整的话，不仅影响该职位或部门，而且会影响与组织其他部门的关系。因此，制度分权是相对稳定的。除非整个组织结构重新调整，否则制度分权不会收回。相反，由于授权是某个主管将自己担任的职务所拥有的权限因具体工作的需要而委托给下属，这种委任可以是长期的，也可以是临时的。虽然长期的授权可能制度化，在组织结构调整时成为制度分权，但由于授权不是放弃权力，在组织再设计之前，不管是长期的还是临时的授权，授权者都可以收回，使之重新集中在自己手中。

（4）制度分权主要是一条组织工作的原则，以及在此原则指导下的组织设计中的纵向分工；而授权则主要是领导者在特定管理工作中的一种领导艺术，一种调动下属积极性、充分发挥下属作用的方法。

另外，有必要指出的是，作为分权的两种途径，制度分权与授权是互相补充的。组织设计中难以详细规定每项职权的运作，难以预料每个管理岗位上工作人员的能力，同时也难以预测每个管理部门可能出现的新问题，因此，需要通过各层次管理者在工作中的授权来补充制度分权的不足。

（四）集权和分权的平衡

集权和分权对于组织来讲都是必要的和重要的，是缺一不可的，也是相对的。该由下级获得的权力而过于集中，那是上级的“擅权”；同样，该由上级掌握的权力而过于分散，那就是上级的“失职”。集权与分权都有各自的优点和弊端，完全集权和完全分权都是不可行的，因此，要因时而宜地制定集权策略或分权策略，在一定时期内和一定的环境条件下，组织可以改变策略，制定最符合特定情况下的集权和分权策略，循环采用集权或者分权能带给企业诸多生机与活力。当然，做好控制和监督工作是十分必要的。

（五）组织授权

1. 授权的内容

授权与分权虽然都与职权下放有关，但两者是有区别的。分权一般是组织最高管理层的职责，授权则是各个层次的管理者都应掌握的一门职能。分权是授权的基础，授权以分权为前提。授权的内容包括如下三个方面：①分派任务。授权人向被授权人交代任务。②委任权力。授予被授权人相应的权力，使之有权处理原本无权处理的工作。③明确责任。要求被授权人对托付的工作负责。负责不仅包括完成指派的任务，也包括向上级汇报任务的执行情况和成果。授权不是将职权放弃或让渡，因此授权者不会由于将职权授予别人而丧失它，授出的一切权力都可以由授权者收回和重新授出。

2. 授权的好处

授权可以为管理者带来如下好处：

（1）得到下属的尊敬。授权是对下属信任的表示。管理者应充分地相信下属，让下属有权处理其工作范围内的各种问题，这样做将得到下属对上司的尊敬和信任，下属不需要监督也会尽其所能把工作做好。

（2）有利于发挥下属的聪明才智。让下属有机会去做属于他们本身的工作而不加干预，将使下属以更加积极和出色的表现来证明上司的信任是正确的，他们将会发挥其聪明才智，运用其想像力和创造性把事情办好。

（3）可以减轻上司的工作负担。上司把一部分工作让下属去处理，将会大大地减轻工作负担。这既能使上司有更充分的时间和精力去思考企业经营管理中的重大问题，又有利于加速下属的成长。

3. 有效授权

有效授权给企业带来的好处是众所周知的，但并非所有的企业管理者都能做到有效授权。据中国人力资源开发网对近50位各种类型企业的中高层管理者的调查表明，所有受访者都认为：在工作中懂得授权很重要，但对自己的授权管理感到“满意”或“比较满意”的不到20%，其余的均为“不太满意”或“很不满意”。以上数字给企业管理者提出了一个令人深思的问题，我们该如何进行有效授权？

（1）确定授权的对象和授权的方法。在准备授权时，我们首先要确定给什么样的人授权，应当采取什么样的方法授权，授权的范围又是什么。通过分析，我们一般可以将企业的人员分为以下几种：元帅型员工、大将型员工、士兵型员工、阑尾型员工，对他们进行委派工作任务和授权时，我们应当采取不同的授权方法。企业领导者在授权时必须因时、因事、因人、因地、因条件不同，而确定授权的方法、权限大小、内容等。同时，要求被授权的员工敢于付出、敢于承担责任，且应具有积极热情的态度和真才实学。

（2）确定目标是有效授权的灵魂。亚里士多德说：“要想成功，首先要有一个明确的、现实的目标——一个奋斗的目标。”以下两种授权方式：第一种：“小张，你负责本年度A产品的推销工作，加油干吧，公司将给你丰厚的奖励。”第二种：“小李，你负责本年度A产品在C地区的推广，公司希望达到40%的市场占有率，如果成功，公司将给你5万元的奖励。”结果会怎么样？小张被授权后，四顾茫然，不知道自己的努力方向。小李呢？他接受的是明确的、富有挑战性的目标，此项任务立即引起了他的兴趣，小李主动调动自己的潜在能力，积极向目标奋进，授权的成效也立竿见影，业绩很好。当一个人不知道他该驶向哪个港口时，所有的风向都是错误的。要想通过授权取得巅峰业绩，一定要使员工能够看见远处的最终目标，只有清晰的目标导向才能把成功的欲望深深植于员工的意识中，使员工更快、更好、更有动力地完成工作，到达目的地。目标不明确，不但起不到激励的作用，还会使被授权者感到茫然、无所适从。因此，授权时，企业管理者一开始就应清楚地告诉员工，公司试图达到什么目标，让员工对授权目标有个明确的、具体的认识。这样，员工才能根据这个了然于胸的目标，依据自己的能力，迈出第一步、第二步、第三步，直到成功。

（3）不要重复授权。授权必须明确到具体的个人，不能含糊其辞，更不能重复授权。现实工作中经常出现这样的现象：上午，张经理对小李说："请你今天做一个市场调查，统计一下我市几家大型超市饮料的定价范围！"下午，张经理见到小王后又把同样的任务交给了小王。结果造成小李、小王之间的猜疑，怀疑自己的能力不行，甚至认为张经理在无事生非，在制造同事之间的矛盾，小李、小王的工作积极性也因此下降，工作成绩黯然失色。企业管理者在授权时出现重复授权可能是无意的，可能只是在口头上的随便讲讲，但是下级员工就会在领导语意不明确的情况下，以为这是领导交给自己的任务。这样，就会出现双头马车，造成公司资源的浪费，甚至造成公司员工的不团结。所以，企业领导者授权时一定要清楚明白，千万不要出现重复授权的现象。

（4）授权要信任下属。"用人不疑，疑人不用"，作为企业领导者，如果你将某一项任务交给下属去办，那么你要充分信任下属能办好，因为信任具有无比的激励威力，是授权的精髓和支柱。在信任中授权对任何员工来说，都是一件非常快乐而富有吸引力的事，它极大地满足了员工内心的成功欲望，因信任而自信无比，灵感迸发，工作积极性骤增。不被信任，会让员工感到不自信，不自信就会使他们感觉自己不会成功，进而感到自己被轻视或抛弃，从而产生愤怒、厌烦等不良的抵触情绪，甚至把自己的本职工作也"晾在一旁"。经营之神松下幸之助说："最成功的统御管理是让人乐于拼命而无怨无悔，实现这一切靠的就是信任。"所以，当企业管理者给下级授权时应当充分信任下级员工能担当此任。

（5）授权时要将责任和权力一起交给下属。授权有个误区，就是在授权时只给下属相应的责任而没有给下属充分的权力，这种授责不授权的做法是大错而特错的。例如，供应部经理让采购员去采购一批纸张，但相关的价格范围决定权、供应商的选择权、质量标准界定权等由谁负责都没跟他说清楚，然后采购员做什么，事事都需向供应部经理汇报，他不汇报，就批评他，出错了又让采购员承担责任。这种授权方式不叫授权，而叫推卸责任。下属履行其职责，必须要有相应的权力。只有责任而没有权力，不利于激发下属的工作热情，即使处理职责范围内的问题也须不断请示管理者，这势必造成下属的压抑；只有权力而没有责任，则有可能会使下属不恰当地滥用权力，这最终会增加企业管理者的过程控制难度。

（6）进行反馈与控制。作为企业管理者，在授权的过程中，为保证下属能及时完成任务，管理者必须对被授权者的工作不断进行检查，掌握工作进展信息，或要求被授权者及时反馈工作进展情况，对偏离目标的行为要及时进行引导和纠正。同时，管理者必须及时进行调控：当被授权者由于主观不努力，没有很好地完成工作任务时，必须给予纠正；对不能胜任工作的下属要及时更换；对滥用职权，严重违法乱纪者，要及时收回权力，并予以严厉惩处；对由于客观原因造成工作无法按时完成的，必须进行适当协助。诸葛亮分配关云长守荆州，最后关云长大意失荆州，这都是由于诸葛亮对荆州的信息了解不够，对关云长的工作开展情况了解不够，进而失去了必要的调控造成的。授权不是不加监控的授权，在授权的同时应附以有效的控制措施，这样才能使授权发挥更好的作用。授权就像踢足球一样，教练必须根据每位球员的特点安排其打合适的位置，明确每位球员在球场上的职责；在比赛过程中，教练又要根据球员的场上表现及时地换人、换位，同时还要提醒场上队员应注意的事项，做到对全场比赛的有效控制。只有这样，企业管理者才能更好地做好授权管理工作，被授权者才能取得优异的工作绩效。

案例 康佳——制度与权力之辩

如何协调企业内部各种力量的均衡，如何协调制度与权力的均衡？康佳提出了中国企业管理提升的第三条道路，这就是制度化、流程化与高度权变相结合的运行模式，其精髓正是平衡感。

1999 年，康佳处于空前辉煌的历史时期。但在接下来的 2 年中，因整体市场的不景气和经营不善导致康佳陷入 6.9 亿元巨亏的泥潭，先后有 470 多位康佳的业务骨干选择离开。2 年之后，康佳重回市场主流地位。2003 年，康佳实现销售收入达 128 亿元，同比增长 60%，比鼎盛时期的 1999 年增长 26%；彩电内销量比困境中的 2001 年增长 90% 多；手机业务则增长了 749%。

是什么样的力量使得一家企业迅速起死回生？凝聚与离散、提升与衰败、进取与保守、扩张与收缩……这些企业运作过程中的种种力量，宛如人体内的交感神经和副交感神经一样，交替控制着机体的运转和新陈代谢。康佳，似乎找到了让企业健康发展的真正秘诀，这就是，掌控平衡感。

“如果你想让你的身体自由，你就要让身体内部的各个系统是可控化的。”康佳总裁侯松容总结道，“当企业内部做到制度化与流程化后，你越是能够高度权变地应对外部自由变化的市场。”

1．制度与权力之辩

侯松容很像是《基业长青》一书中描述的那种造钟的公司领袖：他们不追求自身的英雄神话，不以能准确预见到产业的兴盛或衰败即仅仅是“报时”而沾沾自喜。“我希望康佳在我任上能把一些能力固化下来，我不希望我将来的离开会使康佳发生大的动荡。”侯松容说，“我们就是要把70% ~80%的工作都变成标准化的、制度化的、流程化的东西，使这种制度和流程所描述的运行方式成为公司固有的能力，离开任何人，这个能力都存续。”

2002年封云飞时任企业管理部总监，就是负责制度的梳理和优化以及制订。在他看来，此时出台的最重要的制度，是“关于制度的制度”：《康佳集团内部管理制度与业务流程管理规定》。这份文件签发于2002年9月，主要是对制度的形成和修订等环节做出具体规定，以避免制度出台不规范或相互打架的问题。

封云飞举了个例子。以前每个部门都要做业务计划，但是五花八门，模板不一，流程不同，内容不同，处罚力度也不一样。而人与人之间对同一个规定的理解不同，就会造成行为上的差异。出台了这份“关于制度的制度”后，康佳要求每一个部门都要用相同的模板。这样微小但是重要的改变，就是在重新塑造着康佳人的外在行为。

“什么是企业文化？企业文化就是历史对于现实的投影，是我们所有人过去的行为的积淀，要提升企业文化，唯一的办法就是提升我们的行为，特别是管理行为。”侯松容说。

侯松容从不掩饰作为一个制度爱好者的主张。他举了麦当劳和中餐的例子来说明企业实行制度化和流程化运作之后的好处：第一是标准化，标准化带来流程的可扩展性，也就是可以不断复制；第二是把个人能力固化在公司；第三是可升级性，整个公司组织因此变成学习型组织。

如何处理制度描述之外的例外事件？“例外事件，就需要管理者介入。”侯松容说，“而不断重复出现的相同事件，就产生了制度需求。”比如，一家分公司申请买部车，现有的制度没有对此规定，就需要总裁审批；这一事件如果出现在多个分公司或事业部中，就需要制定一个制度来规定什么样的情况下分公司有权限自主决定买车。“这就把例外变成了例行。”侯松容解释道。

如何保证制度的执行和有效？“这取决于决策者是否经常使用这个制度，所以我们要求所有制度流程都有可操作的模板，而且要有检查点。”封云飞说。康佳出台的大量制度都带有非常具体的模板，也就是图式或者表格，这些模板都设计了一些很细致的所谓检查点，管理人员可以根据这些检查点来审批报告。

康佳的制度化变革是自下而上的，以部门或小组为单位。“这比自上而下地推行变革效果会好很多。”封云飞说。在研发流程基础上，推行以产品经理为导向的项目管理制；在制造部门，学三星推“卓越制造”计划；在营销领域推IPM，也就是集成营销管理；在采购方面，则推行供应商优化管理。

制度固化了公司的行为，进而成为深入公司血脉的气质。“康佳在这2年中变得更理性了。”侯松容说，“我相信即使我离开，一些制度和流程的工作方法也会在康佳延续下去。”

“我们每级管理者不断地制定制度，来限制自己的权力，不断地循环这样的过程，这样企业就可以打造出一个制度化的、标准化的流程。”侯松容总结道。

在封云飞看来，制度对权力所产生的作用不全是约束力：“过去是拍脑袋下订单和订计划，但这种随意性也不是决策者所愿意的，主要是他也不知道如何更好地下订单。制度就是让这个过程变得更科学，使拍错脑袋的几率降低。”通过制度流程，让大家更多地用更科学的方法来做事情。

制度的产生是为了约束权力的滥用，但当制度产生后，“就是让大家用足够的理由去突破它。”封云飞说，这时就需要进行制度创新，将例外事件纳入制度规范的范围，从而保证制度的有效和“新鲜”。

“很难讲在这个过程中我的权力是变大了还是变小了。”侯松容说，“管理者是立法人，有权修订制度，但制度出台后，你的行为就要受约束。”制度的再造是对管理者责任和权力重新分配的过程，当然，也是一种平衡的过程。

2. 中国企业管理提升的第三条道路

2003年10月，在深圳高交会论坛上，侯松容在发言中明确提出了中国企业管理提升的第三条道路。

所谓的第一条道路是东方式的高度权变的企业运行方式。它强调具体问题具体分析，凡事讲灵活机动，很少规定动作，大部分是自选动作。它倾向于按照东方国家人情化、感悟式、经验式的管理方式来运营企业，不同的管理者，就有不同的管理方法。企业经营能力不是较多地固化于企业，而是主要存在于企业家和企业家领导下的各个行为个体。

“这条道路是本土发展取向的道路，发展得好，就是一种充满了伟大的个人英雄主义气概的、史诗般的道路。”侯松容说，“发展得不理想，就会变成跑马式的、游击队式的流寇做法。”

第二条道路，是完全流程化、制度化的企业运行方式，企业经营能力不是固化于个人，而是固化于企业标准化的制度和流程体系之中。

这种制度、流程标准化到了什么程度呢？一个极端的例子是，日本某企业，规定凡开会只有1个小时后方可以上洗手间；上洗手间时，各组人员必须遵循特定的线路安排，保证人和人之间不要撞车。也就是说，上洗手间这件事也被制度化和流程化了。

“中国企业所要开创的第三条道路，是高度制度化、流程化和创造性的高度权变相结合的企业管理运行方式。”侯松容说，“这就是企业要在战略层保持高度权变的灵活性，要在运营层建立制度化的流程体系，要在基层作战单元预留权变的空间，并在三层结构中保持协调和均衡。它是企业运行中制度和权变、人治和法治在不同时空下的有机结合。”

企业面对千变万化的市场，事实上不可能由一套固定的放之四海而皆准的机制来运行。这就需要权变，但权变的能力不能只是公司领袖一个人，而应变成企业自身的能力。企业整体越是能够按照制度化、流程化的方式运作，就越能够权变地对待市场。

同样地，在企业制度化过程中，同化与异化是交替出现和相互作用的。那些引起权变的东西，当它多次出现的时候，企业就把它固化起来，称之为流程，这就是同化作用；当某些流程发生多次不适应的时候，企业就把它释放出来，让员工在某种程度上去打擦边球，或是整个破坏这个流程，称之为权变，这就是异化作用。在此过程中，企业的平衡机制就建立起来了。

侯松容认为，企业走向制度化的致密结构，并不是要忽视企业家的作用。“如果企业家的所有能力都能固化在企业中，那就不需要企业家这种动物了。”侯松容说，“但这是不可能的，因为不管如何固化，始终会有变化，而且固化同样需要行为主导者。”

而且，企业的战略层和基本作战单元的权变力与运营层的制度力必然存在着摩擦和冲突。要润滑这种摩擦和冲突，不仅仅要靠管理科学，还要靠管理艺术；不仅需要严明的纪律，还需要强大的感召力。

企业家正是这种润滑剂。

在侯松容看来，康佳就是要实践这条中国企业管理提升的第三条道路：“它体现了制度与权变的平衡，体现了人治与法治的平衡，体现了同化与异化的平衡，也体现了整体战略与局部战术的平衡。平衡发展，这是第三条道路的精髓所在。”

如果把企业比作为人格化的法人，企业的终极目标是什么？“企业也有自己的精神关注。”侯松容说，“企业在发展过程中既要服务于员工、股东和社会，同时也是在解决法人自身的精神归宿问题。”这就是如何创造财富并为社会进步做贡献。“中国企业的中短期使命则是，建立世界级的品牌，要在和跨国公司竞争当中保持自己的尊严。”

（本案例摘自“中国人力资源开发网”。
http://www.chinahrd.net/zhi_sk/article ID = 24823）

XianDai QiYe
ZuZhi GuanLi
ChuangXin

第七章　组织变革与创新的实施

在组织的变革与创新过程中，往往会遇到意想不到的阻力，如果不能有效地化解这些阻力，组织的变革与创新非但不能取得预期的效果，往往还会适得其反，这也是现实中很多企业在变革和创新中遭遇失败的原因。

一、组织革新

（一）组织变革、组织创新和组织革新

“变革”一词主要是指组织的目标状态与组织的现状之间的差距。组织变革从理论上可以定义为：它们是组织用系统思想加以指导后发生的一些变化。

创新是对现有做法或技术的突破，是对在它出现之时的技术状态的重大突破。创新可以是稍稍不同于当前的做法，也可以是涉及重新确定组织取向的激进而剧烈的革新。组织创新可以定义为：组织采用了一种相对于所处的行业、市场和一般环境来讲都是崭新的某种构想或行为。第一家建立学习型组织的企业被认为是创新者，而后来的企业则被认为是实施了革新。

通过以上对组织变革和创新的界定，我们可以认为组织创新依附于组织变革，是组织变革的一种先进的表现形式。组织变革是对企业自身过去的组织模式的一种否定和改变，而组织创新则是对一个特定时期所有企业的组织模式的一种否定和超越。

面对动态的、变化不断而又必须去适应的环境，越来越多的组织意识到以变制动的重要性和必要性。为了生存，组织必须不断地变革和创新，为了表述的方便，本书将组织变革和组织创新结合在一起，统称为组织革新。我们认为组织革新可以定义为：组织为了自身的生存和发展对不合时宜的组织结构及工作关系等进行有计划的改变和创新的过程或活动。

（二）组织的生命周期理论

组织革新的有效实施，必须建立在对组织生命周期理论的理解的基础之上，因此，我们有必要先介绍一下组织和组织的生命周期理论。

现代组织理论认为，任何组织都是开放的社会技术系统。首先，组织是一个与环境相互影响、相互作用的开放系统。它不断地从环境中输入能量，经过内部的转换过程，又不断地以产品或服务的形态再输出到环境当中去，从而使

组织不断地运行和发展。其次，组织是一个社会技术系统。它既包括结构和技术方面，也包括社会心理和管理方面；不仅是物物关系，而且也是人与人的关系和人与物的关系。最后，组织是一个整合系统。组织建立在其各子系统相互依存以及与环境相互作用的基础之上。

组织像任何有机体一样，都有其生命周期。格林纳（Greiner）认为一个组织的成长大致可分为创业、聚合、规范化、成熟、再发展或衰退五个阶段。每个阶段的组织结构、领导方式、管理体制和职工心态都有其特点。每一阶段最后都面临着某种危机和管理问题，都要采用一定策略解决这些危机以达到成长的目的。下面分别讲述组织生命周期的五个阶段。

第一阶段为创业阶段。这是组织的幼年时期，此阶段随着组织发展，管理问题日趋复杂，使创业者感到无法以个人的非正式沟通来解决问题，因此而产生“领导危机”。

第二阶段为聚合阶段。这是组织的青年时期，此阶段因高层主管已习惯于集权管理，一时难以改变，从而产生“自主性危机”。

第三阶段为规范化阶段。这是组织的中年时期，此阶段高层主管感到由于采取过分分权与自由管理，企业业务发展分散，各阶层、各部门各自为政，本位主义盛行，因此而产生“失控危机”。

第四阶段为成熟阶段。为了防止“失控危机”，组织又采取集权管理，拟定许多规章制度、工作程序和手续。随着业务的发展和逐渐复杂，这些规定、制度成了妨碍效率的官样文章，文牍主义盛行，由此产生了“官僚主义危机”或“硬化危机”。

第五阶段是再发展或衰退阶段。此阶段组织的发展前景既可以通过组织革新与创新重新获得再发展，也可以更趋向成熟、稳定，也可能由于不适应环境的变化而走向衰退。

以上各阶段的危机，说明了组织像任何有机体一样，都是有生命周期的，组织在不同的时期面临不同的问题，需要采用不同的决策、管理方式，或衰退，或发展。

一个健康的有活力的组织会时刻总结、评估自己的组织效能，掌握组织自身的发展规律，敏锐地洞察外界环境的变化，扬长避短不断自我完善，有计划、主动地寻求各种革新和创新以求生存和发展。

组织并不一定都按照上述的阶段顺序发展，但我们从组织的生命周期理论中不难看出，组织在不同的时期会面临不同的问题，需要采取不同的管理方式。卡斯特等学者认为，在组织初建、急速成长和衰亡的时期，适应和革新对于组织的生存是至关重要的；但是对于达到成熟期的组织来说，稳定性和持续性更为重要。由此可见，变动性和稳定性是组织的基本属性，既要强调组织的稳定性，也不能否定组织的变动性，因为处于停顿、保守状态的组织很容易被这个充满竞争的社会所淘汰。总之，组织要生存和发展，就要适时革新和创新。

（三）组织革新的形式

所有的组织都会不断地进行一定的革新。组织管理部门需要不断调整工作程序，录用新的干部或员工，设立新的部门或机构，改革原有的规章与制度，实施新的信息技术，等等。组织总是面临各方面的革新压力，如来自竞争对手的、信息技术的、客户需求的各种压力。因此，组织革新已经成为管理的重要任务之一。组织革新的形式根据不同的标准可以分为以下几种类型：

1. 按革新的计划程度分类

根据革新的计划程度，可以把组织革新分为以下三种形式：

（1）有计划的革新。即企业有计划地、积极地推动组织的革新和创新。

（2）没有计划的革新。这种革新发生在组织“活动的间歇”，也就是说，可得到的资源比目前需要的多。这些革新之所以不是有计划的，是因为组织不能真正预测到什么时候可以得到额外的资源。

（3）“痛苦”的革新。指的是组织被迫进行革新，如当组织发现危机并采取措施时。

2. 按革新的深度分类

根据革新的深度，组织革新可以有以下三种形式：

（1）组织结构的革新。这是通过改变正式工作结构及职权关系来改善绩效。组织结构的改变通常牵涉到工作的再设计，这使得一些正式的工作内容和职责的定义发生变化。组织结构的革新也包括上下级关系的改变。例如，在企业创业阶段，老总经常直接插手各种大小事情，中层主管没有相应的自主权和决策权。但是，当公司发展到相当大的规模时，组织结构可能会朝着事业部的方式改变，这样各事业部主管就获得相当大的自主决策权。

结构革新所涉及的内容主要有权力分配、结构调整、工作设计、绩效评估、报酬制度和控制系统设计等。

对于这些革新内容进行具体分析，能帮助我们更好地理解结构革新的内涵。①权力重新分配。结构革新首先要考虑的问题就是组织的集权与分权问题。组织所处的环境不同，组织发展的阶段不同，组织正规化程度不同，这些都会影响到组织的集权和分权的程度。因此，组织的管理者要根据形势的变化对组织权力进行重新分配。②结构再设计。它包括对结构要素的调整（如合并或增设部门、增减管理层次等）和整个结构的重新设计（如从直线制结构到直线－职能制结构）以及组织整体的结构扩张（如通过兼并、收买、控股等方式扩张）或缩减（如通过卖出或取消分支机构等形式收缩）。③工作再设计。管理者可以通过重新设计职位体系、工作程序、修订职务说明书、丰富职务内容、实行弹性工作日制等方式来革新组织结构。④绩效评估和奖励制度的改变。组织发展的不同阶段，对员工的要求会有很大差别，同时，员工的需要也会发生较大的变化，因此，管理者必须及时改变对员工的评价和奖励制度，以适应变化的要求。⑤控制系统的改变。组织的控制系统包括对财务、人力资源、生产过程、产品质量、投资计划等方面的控制。组织控制系统要随技术、市场、内部资源情况做出相应的调整。

（2）人员的革新。所谓人员的革新，是指对员工态度、技能和知识基础的改变。这可以通过从组织内外选择能满足组织发展需要的员工、向现有员工提供适当的培训以及促进员工之间进行技能和知识的共享与互补来实现。人员革新的最终目的在于提高员工的劳动生产率，并使员工与他人协同一致地完成组织指派的工作任务。建立团队是实现员工技能和知识共享与互补的最典型形式。团队技术的运用，首先是必须确认问题的所在与本质，然后是整个团队成员相互讨论、交换意见，以确认发生此问题的真正原因，进而讨论各种可能产生的正负面效应，最后是从这些方案中评估、选择出最恰当最可行的方案并实施。

（3）技术的革新。一个组织的技术水平标志着该组织将投入转化为产出的能力。组织的技术革新是指管理人员通过改变从原料的投入到转变成为产品的整个过程所使用的技术促使人们的工作内容、工作顺序、工艺程序的改变，以达到影响人的行为、提高工作绩效的目的。改变技术意味着运用各种新技术来提高工作效率，具体形式有设备更新和工艺流程的革新。不同类型的技术对组织结构和下级员工的工作行为会产生不同的影响，这些影响包括：①影响工作分工与工作内容；②影响下级的社会关系；③影响工作环境；④影响管理者所需要的技能；⑤影响工作的类型；⑥影响员工工资；⑦影响工作时间。因此，在考虑技术革新问题时，不仅要考虑新技术可能带来的效益，而且还要考虑新技术可能对组织结构和下级员工的行为带来的影响。

（四）组织革新的要素

组织革新始于组织战略的重新审视和制定。组织重新审定自己的经营战略往往是迫于市场、技术及其他环境因素的压力，或是为了抓住未来新的市场机遇。因此，新的战略往往从根本上不同于原有的战略。为了实现新的战略，组织需要确定一系列相应的目标及任务，这些目标和任务的完成又需要相应的工作分工和流程。这一变化需要相应的组织结构和人力资源与之相匹配。除了这些组织硬件外，新的战略思想要求组织造就新的文化以促进其目标的有效实现。事实上，在整个组织系统中，每一个因素都会对其他因素产生影响，妨碍或是促进其他因素功能的发挥，从而最终影响着组织战略的实现。

1. 工作流程

战略目标确定以后，总任务也随之而定。但完成总任务需要在可操作的层次上对总任务进行分解，形成不同的分任务，并将其赋予一定的工作群体。工作流程就是联接各细分任务及相应群体和职能的方式。工作流程应该与战略任务相一致，各环节的联接方式主要视任务复杂性而定。分任务之间有密切联系者需要复杂的联系，分任务之间相对独立者可采用简单的联接方式。

2. 组织结构

每一种组织结构都有其优缺点。好的组织结构就是与公司战略任务、目标以及工作流程相适应的组织结构。目前，许多企业为了增强对市场的应变能力、进一步贴近顾客、减少管理成本以及增强纵向及横向部门的协作和沟通，多采用扁平式结构、网络结构和蜂窝结构等更有效的组织结构。一些公司在组织结构的划分上抛弃传统的市场、生产和营销职能分工，从而使组织更反映不同的市场需求。组织结构的改变同时意味着组织内部以及组织与外部环境之间的指挥、控制、协调方式也发生相应变化，这一点体现在企业基本运作方式、管理制度和企业文化上。只有这些方面相互的一致性才能保证组织结构的有效运行。

3. 人力资源系统

人力资源系统要解决的问题有：人员的能力是否有利于新的战略任务目标的实现？是否与新的业务流程、组织结构和企业文化相适应？需要实施何种培训提高和开发相应的技能？应建立怎样的绩效评估、奖励制度和晋升制度以激励员工实现新目标的工作动力，并保证其与新的业务流程、组织结构和企业文化相适应？

一个将创新作为企业发展战略的公司应该对员工的自主性予以鼓励，而不是看成对上级的不敬和威胁；应该对员工在尝试中所产生的失误予以宽容，而不是一有错就追究个人责任。如果希望发挥团队作用，评估和奖励就不能只针对个人，而是应加强团队绩效的权重。扁平组织或团队结构要求员工具有很高的人际沟通技能和协调能力，同时以更强的企业文化作为支撑。着眼于国际化发展的公司必须将全球化工作能力作为重要因素考虑。

4. 组织文化

在所有的革新环节中，文化革新可能是最艰巨的一环，但也是最重要、最根本的一环。如果不能塑造出与新的战略远景和目标相一致的企业文化，其他革新就难以充分、持久地发挥作用。对企业文化的诊断主要分析其是否与企业战略目标相一致？是否与业务流程、组织结构、人力资源系统相适应？仅仅靠宣传是不能为企业培育出其所应有的企业文化的。文化塑造能否成功，最关键的因素是领导以其行动而不是说教向周围和下级传达怎样的价值内涵，并且在各种场合和不同时候，其所传达的信息是否一致。同时，企业的组织结构、人力资源管理及其相应制度、规范也是所提倡的组织文化能否在组织中立地生根的基础保障。比如，要实现创新战略，就必须培育弃旧革新的价值观；要完成需要高度协调的任务，就必须培育互助、合作的团队精神；要实现可对市场迅速、灵活应变的战略，就必须培育敢想敢干、自主负责的独立意识。

二、组织革新的动力与阻力分析

组织革新时常面临动力和阻力这两种力量的对比。动力就是指发动、赞成、支持并努力去实施革新的驱动力。总的来说，组织革新的动力来源于人们对革新的必要性和革新的好处的认识。组织革新的阻力，则是指人们反对革新、阻挠革新甚至对抗革新的制约力，这种制约力可能来源于个体，也可能来源于组织群体。

（一）革新的动力

很多因素会成为组织革新的动力，我们可以从组织内部和外部两个方面进行分析。

1. 组织革新的外部动力

组织革新的外部环境推动力包含政治、经济、文化、技术、市场等方面的各种因素和压力，其中与革新动力密切相关的有以下几方面：

（1）社会发展。综观世界上成功的企业，无一不把企业发展与社会发展统一起来。关注社会发展，关心大众利益，会使企业获得更加广阔的生存空间，并有利于企业的持续发展。组织革新的结果会改变组织成员的思维方式和行为准则。因此，为确保组织革新成功，必须始终关注社会发展的大趋势，这其中不仅包括经济技术发展趋势，也包括社会对组织要求的变化，管理者应把社会发展趋势纳入发展战略，并转化为全体员工的行动观念，切实体现于员工的工作行为中。

（2）技术发展特征。20 世纪 50 年代，英国女管理学家琼·伍德沃德（Joan Woodward）对英国南埃塞克斯郡的 100 家工业企业进行了直接而全面的调查研究。她把调查的企业按经营绩效分为上、中、下三个等级，从而发现经营成功的企业的组织结构与其所属的技术类型之间存在着相互对应的关系，见表 7－1。而经营不成功的企业（处于平均成功程度以下），通常其组织结构特征偏离了其技术特征。

表 7－1　技术类型与企业组织结构特征间的相互关系

组织结构特征	技术类型		
	单件小批量生产	大批量生产	连续生产
管理层次数目	3	4	6
高层领导的管理幅度	4	7	10
基层领导的管理幅度	23	48	15
基本工人与辅助工人的比例	9: 1	4: 1	1: 1
大学毕业的管理人员所占比重	低	中等	高
经理人员与全体员工的比例	低	中等	高

续表 7－1

组织结构特征	技术类型		
	单件小批量生产	大批量生产	连续生产
技术工人的数量	高	低	高
规范化的程序	少	多	少
集权程度	低	高	低
口头沟通的数量	高	低	高
书面沟通的数量	低	高	低
整体结构类型	柔性的	刚性的	柔性的

机械化、自动化，特别是计算机技术对于组织管理产生了广泛的影响，成为组织革新的推动力。由于高新技术的日益采用，计算机数控、计算机辅助设计、计算机集成制造以及网络技术等的广泛应用，对组织的结构、体制、群体管理和社会心理系统等提出了革新的要求。尤其是网络系统的应用显著缩短了管理和经营的时间和距离，电子商务打开了新的商业机会，也迫使企业领导人重新思考组织的构架和员工的胜任力要求，知识管理成为重点。

（3）市场竞争特征。全球化经济形成新的伙伴关系、战略联盟和竞争格局，迫使企业改变原有经营与竞争方式。同时，国内市场竞争也日趋激烈，劳务市场正在发生深刻的变化，使得企业为提高竞争能力而加快重组步伐，大量的裁员和并购，管理人才日益成为竞争的焦点。

上述三种变化是组织革新的外部根源。一个组织要求得生存和发展，就必须与外部环境取得平衡。组织对外部环境的变化是不可控制的，但是它可以从组织内部进行革新，不断调整自身以保持对外部环境的适应。

2. 组织革新的内部动力

管理者应该意识到，当组织内部出现下列情况时，也需要对组织进行革新。

（1）组织战略。美国著名企业史学家钱德勒通过对美国 70 家大型公司，特别是通用汽车公司、杜邦公司、美孚石油公司和西尔斯－罗巴克公司的发展史的考察，对企业战略与组织结构之间的关系进行了深入研究，得出“组织必须服从企业战略”的著名结论。组织设计与革新必须考虑未来的发展战略。

任何战略都不是一成不变的，随着组织规模的扩大、环境的变化、经营重心的转移，战略也要相应不断地发展变化。战略变化要求组织作相应的调整，重新确立关键性职能及其承担机构的地位，调整好各职能部门之间的分工协作关系，甚至改变组织成员的工作方式方法。战略变化了，而组织没有作相应的调整，那么组织不仅不会有助于战略的顺利实施，反而会成为战略实施的障碍。因此，在进行组织革新时，一定要始终关注战略。

（2）组织成长。组织成长意味着组织规模的扩大、经营范围的拓展、生存期限的延长。根据前述的组织生命周期理论，在组织成长的不同阶段中，有着不同的组织工作重点和不同的组织特征。从某种意义上说，组织成长是因为不断的组织革新得以实现的。

（3）人员与管理特征。由于社会的发展，组织成员的来源和技能背景构成更为多样化，企业组织需要更为有效的人力资源管理。人力资源管理无疑成为组织革新的推动力。为了保证组织战略的实现，需要对企业组织的任务做出有效的预测、计划和协调，对组织成员进行多层次的培训，对企业不断进行积极的挖潜、变革和创新等。这些管理活动是组织变革的必要基础和条件。

（二）革新的阻力

在个体和组织行为的研究中，有一项成果最丰富的发现，就是组织和成员抵制革新。超过半数的组织革新以失败告终的首要原因并不是员工能力不够或企业资源不足，而是组织革新遭到抵制。事实上，从某种角度来说，这种革新的阻力有积极的意义，它使组织中的行为具有一定的稳定性和可预见性。如果没有什么阻力的话，那么组织中的行为就是混乱而随意的。革新的阻力还可能成为建设性的冲突源。很多时候，对某项新方案的抵制会激发有关革新关于缺点的有益讨论，从而获得更完善的决策。但是，革新的阻力也有着显而易见的缺点：它阻碍了适应和进步。

革新的阻力可以表现为公开的、直接的和潜在的、间接的。为了便于识别，我们有必要从个体和组织两个方面来划分一下阻力源。

1. 个体阻力

革新的个体阻力源来自于个人的知觉、个性和需要等。罗宾斯认为，个体抵制革新的原因主要来自于习惯、安全感、经济因素、对未知的恐惧和选择性信息加工五个方面，如图 7－1 所示。

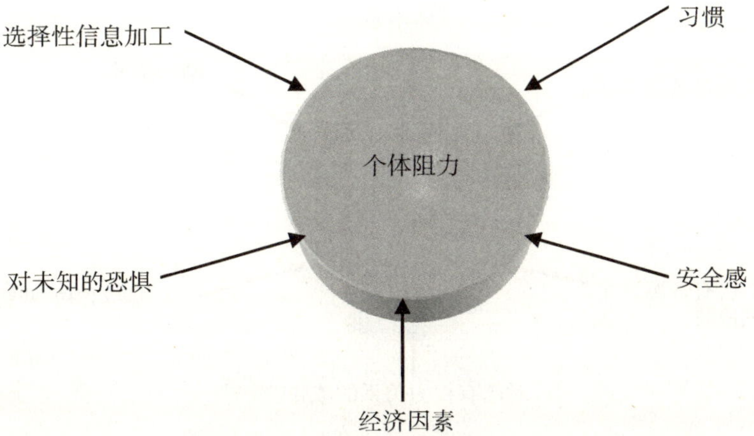

图 7－1 组织变革的个体阻力

归纳起来，产生个体阻力的原因主要有以下两个方面：

（1）心理因素造成的阻力。组织革新首先会打破原有的稳定格局，破坏某些人的职业认同感、依赖性，使他们产生某种程度的不安全感，因而那些具有高安全感需要的人们会有可能抵制革新；其次，革新是用模糊性和不确定性来代替已知。也就是说，革新带来的后果是未知的，存在着成功和失败两种可能性。预期不稳定，会使人们对革新的前途产生怀疑和担心，形成抵制革新的心理；此外，还有人出于职权上的考虑，担心革新会使自己的地位、职权发生变化，因而抵制革新。

（2）经济因素造成的阻力。经济收入在人们心中有着举足轻重的地位。如果组织革新会使个人的直接或间接收入降低的话，必然会受到抵制。例如，机构部门合并精简，会使个人失去职权甚至是职位，减少了个人的收入，会给组织革新造成阻力。

2. 组织阻力

组织机构一旦建立就必须保持稳定性和持久性，所以说组织就其本质来说就是保守的。组织层面的革新阻力主要来源于结构惰性、有限的变革关注、群体惰性、对专业知识的威胁、对已有权力关系的威胁和对已有资源分配的威胁六个方面，如图 7－2 所示。

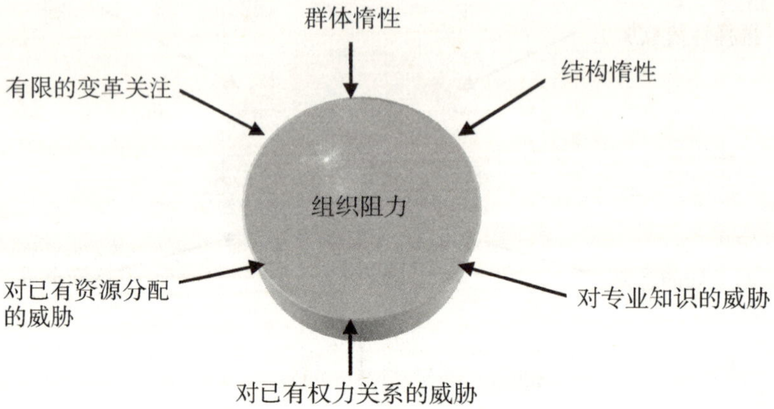

图 7－2　组织变革的组织阻力

组织革新可能遇到的阻力除了来自个体的心理因素或经济因素外，还有来自于组织层面的因素。组织阻力的产生可能来自于以下几个方面：

（1）管理层不支持、不配合。组织的任何一项革新都必须得到来自于管理层的支持。如果管理层不重视组织革新，认为组织不需要革新，或者本身观念陈旧，不愿意轻易改革时，会有意无意地阻碍革新。

（2）没有建立与改革相适应的组织结构或管理制度。

（3）组织惯性。员工的工作方式已经成为一种工作习惯。在长期的工作中，员工与员工之间、员工与领导之间，员工与组织之间已经形成了某种默契或契约，一旦实行革新，就意味着改变员工业已形成的工作关系和工作方式，必然会引起员工的不满。成功是一种惯性，失败也会成为一种惯性。无论是掉进了哪种惯性的怪圈中，都会桎梏组织的成长。员工会在这种惯性中固步自封，不求改变和进步；组织会在这种惯性中，缺失对环境的洞察力、敏感度和应变力，不是骄傲自满，就是畏首畏尾，这种惯性会使组织的活力大减，犹如死水一潭。

（三）消除阻力的方法

组织的革新是一个破旧立新的过程，自然会面临推动力和制约力相互交织的过程。组织革新管理者的任务是采取必要的措施改变这两种力量的对比，以保证组织革新的顺利进行。有实践表明，在不消除阻力的情况下增强驱动力，可能会加剧组织中的紧张状态，从而无形中也增强了组织革新的阻力；在增强驱动力的同时又注意消除阻力，更有利于加快组织革新的进程。

1．了解组织革新的阶段性特征

科特·勒温把组织革新阶段分为“解冻”、“改变”、“重新冻结”三个阶段。“解冻”就是组织要打算革新就必须放弃现在的稳定状态，解冻为组织革新提供动力。“改变”则是一个需要承担新风险、澄清混乱的过程。“重新冻结”意味着组织革新在组织中生根，以防止出现倒退。

从革新阻力消除的角度来看，针对每一阶段的特点，阻力消除的重点有所不同。“解冻”阶段主要刺激组织成员去改变他们原来的态度、习惯和传统，促使组织成员认识到按照旧的组织模式不能达到希望的结果。组织要使其成员意识到革新的迫切性，并设法使旧的态度和行为消退掉。“改变”阶段重在指明改革的方向，实施革新，使组织成员形成新的态度和行为的过程。在这一阶段认同和内化起着重要作用。学习一种新的观念或确立一种新的态度的最有效的方法之一就是看看其他人是怎么做的，并且把他们作为自己的榜样，这就是认同。选择榜样之后，通过学习、模仿其态度和行为，并把这种态度和行为转化为自身内在的心理过程则是内化。通过认同和内化能有效地加速革新的过程。“重新冻结”阶段则要利用必要的强化方法使新的态度和行为方式固定下来，使之持久化。

2．提高组织中领导者革新管理的技能

管理者在激发组织革新过程中发挥着至关重要的作用。为此，在组织革新的过程中，管理者要努力成为革新型领导。管理者要能够为企业的未来进行定位，通过勾勒出一幅企业远景并积极进行宣传，从而引导人们从理智上信服组织的远景。同时，管理者还要做员工的表率，鼓励员工尽早行动并坚持不懈。

另外，革新的领导还要勇于承担革新过程中出现的失误。在组织革新的过程中，组织的各项新的规章制度还处在试运行阶段，往往不能明确地界定员工的责、权、利。但是，革新中经常会遇到新情况、新问题，出现失误又难以避免。这样，由谁来承担革新过程中经常出现的失误，就成了对组织管理者的一个严峻的挑战。管理者应该在出现问题的时候主动承担责任，然后与员工一起认真研究产生问题的原因，并提出系统、全面的解决方案来消除由此带来的影响，并避免类似问题的再度出现。

管理者对成功实施组织革新的期望的高低也将对创新的真正成功起重要作用。如果企业管理者对此具有较高的成功期望，创新就更有可能成功。虽然期望本身不足以推动或阻碍重大的革新，但是它往往可以转换成具体的管理行为，从而减少或增加了革新的可能性。

3. 重视组织革新对员工切身利益的影响

要成功实施组织革新，企业要保证员工，特别是核心员工能从这个革新中得到回报。很自然地，基于“经济人”假设的员工会考虑“革新能给我带来什么?”如果他们发现实施革新只给他们带来损失而没有任何收益，他们当然就不会对创新有热情。即使他们在口头上表示支持革新，但是实际上可能采取种种行动抵制革新的实施。另外，组织革新对不同员工切身利益的影响是不同的，因此，认真分析员工之间的差异性就显得非常关键。

面对组织革新，员工可能会产生三种不同的想法：①怕自己的个人利益受影响；②担心自己在革新中受益后，同事有意见；③漠不关心。针对这些问题，组织要利用不同场合和宣传手段，结合实际宣讲组织革新的必要性和重要意义。对于那些害怕革新革到自己的头上，自己成为革新的受害者的员工，尽量避免采取激进的方案，以便给他们一个自我调节、适应竞争的缓冲过程。只要他们努力工作，组织绝对不会断了他们的“生财之道”。相反，那些担心“自己收益，同事有意见”的员工，通常是组织的核心成员。与其他员工相比，他们的工作积极性对组织整体有更大的影响。对于他们，组织要进一步强调市场意识，还要详细说明“对事不对人”的设计思想，并使他们清楚组织对他们的高期望。对于那些习惯于安逸，不愿意承担竞争风险，对革新漠不关心的员工，企业要让他们明白市场竞争的残酷性，让他们意识到企业的发展是和员工的饭碗紧密联系在一起的，企业不革新就要落后甚至死亡，安逸的生活是难以长久的。

4. 选取合作的策略

减少革新的阻力就是要争取合作，合作的途径有很多，主要有以下几种：

（1）宣传和沟通。企业员工在革新之前，大多抱有抵触和观望心理，因此，宣传和沟通的有效性是方案能否被广泛接受并最终被实施的重要保障。这不仅仅是简单的革新方案的介绍和培训，而是需要一种全方位、多层次的思想交流和观念引导。通过座谈、讲座、宣传手册、板报等多种途径持续不断地对企业员工进行大到国际、国内形势，小到随手关灯，虚实结合，方案与理念相得益彰的教育培训，以客观、公正的态度化解部分内部矛盾，在企业内形成良好的舆论氛围，保证主流思想与企业革新目标相一致。同时，企业员工往往对自身和企业状况有更真实的把握，在沟通中也可以促使管理层不断调整自己的思路，更好地把握方案的实践意义。

（2）参与和投入。研究表明，人们对某事的参与程度越大，就越会承担工作责任，支持工作的进程。因此，当有关人员能够参与有关革新的设计讨论时，参与会导致承诺，抵制革新的现象就会显著减少。参与和投入方法在管理人员所得信息不充分或者岗位权力较弱时使用比较有效。但是，这种方法常常比较费时间，在革新计划不充分时，有一定风险。

（3）群体的促进和支持。许多管理心理学家提出，运用“革新的群体动力学”，可以推动组织革新。这里包括创造强烈的群体归属感；设置群体共同目标，培养群体规范，建立关键成员威信，改变成员态度、价值观和行为等。这种方法在人们由于心理调整不良而产生抵制时使用比较有效。

（4）谈判与奖励。必要时，管理者可以给予切实的激励以换取合作，以某些有价值的东西换取阻力的降低。

（5）操纵和拉拢。操纵是暗地里施加的影响力，有时管理者利用更微妙、更隐蔽的技巧来实施革新。反对者或者反对团体通常会成为拉拢的对象。

（6）强制。强制就是对抵制者直接实施威胁和压力。威胁调职、不予提拔、消极的绩效评估等，都是管理者对反对者采取的最后惩罚措施。这种方法的优点是操作简单、见效快。其弊端是难以被员工接受，从而造成受到惩罚的员工的离职或者以各种形式对革新进行破坏。

三、组织革新的过程

（一）内外部环境分析

组织内外部环境的变化是组织革新的根本原因。内外部环境分析为组织革新提供最基本的依据。因此，内外部环境分析的目的是发现那些会促使组织进行革新的因素，并让决策者明确是否有必要进行革新。一般来说，面对内外部环境的变化，组织并不会马上就无法运转。在这种情况下，管理者很容易忽视组织革新的必要性。如果等到组织无法运转时再进行组织革新，那就为时已晚了。因此，决策者必须保持高度警觉，抓住组织革新的征兆，及时进行组织革新。一些需要引起注意的组织革新征兆包括：

（1）企业经营成绩的下降，如市场占有率下降，产品质量下降，消耗和浪费严重，企业资金周转不灵等。

(2) 企业生产经营缺乏创新，如企业缺乏新的战略和适应性措施，缺乏新的产品和技术更新，没有新的管理办法或新的管理办法推行起来困难等。

(3) 组织机构本身弊端的显露，如决策迟缓，指挥不灵，信息交流不畅，机构臃肿，职责重叠，管理幅度过大，扯皮增多，人事纠纷增多，管理效率下降等。

(4) 员工士气低落，不满情绪增加，如管理人员离职率增加，员工旷工率，病、事假率增加等。

当一个企业出现以上征兆时，应及时进行组织诊断，用以判定企业组织结构是否有加以革新的必要。

以上这些征兆仅仅是组织运作过程中的一些表面现象。造成这些现象的原因通常是多方面的。通过内外部环境分析，可以对问题进行详细的定义和描述。这样就可以从组织所出现的各种表面征兆的背后，找出问题的真正原因，抓住问题的本质。在此基础上考察需要何种革新来解决存在的问题，这些革新会产生哪些正负面效应，用什么标准来评价革新的结果等。常见的组织内外部环境分析的工具有 SWOT 分析、价值链分析等。

需要指出的是，许多组织奉行“每年都要变一变”的管理模式，或者将组织的革新与组织领导人的变更联系在一起，而在革新之前不做认真的内外部环境分析。这样就不可避免地使组织革新成为无的放矢，使员工对组织革新应付了事。另外，组织革新并不是简单地适应当前环境，它更需要具有前瞻性。组织革新并不是一项日常的管理工作，革新后的组织具有较强的相对稳定性。因此，必须要分析内外部环境未来的变化趋势。在当前复杂多变的竞争环境中，很多组织自身可能缺乏能胜任的人员来很好地完成这一任务，为此组织领导者可考虑借用“外脑”，建立一个由内部相关人员与外部专家结合的工作小组来承担分析组织内外部环境的任务。

（二）建立革新的长期目标

目标导向是成功组织革新的最基本特征，而无目标的组织革新通常会变成蛮干。所以，问题确立后，决策者就必须明确组织应该达成什么样的目标。由于组织革新对组织有长期影响，在确定目标时，不能仅仅集中在短期的得失，而必须关注长期目标。建立目标是产生革新方案以及实施和评价革新方案的依据。在建立目标的过程中，必须遵从 SMART 原则，即目标必须是明确的、可评估的、可接受的、难度适中的和有时限的。具体的目标通常会比含糊不清的目标有更好的效果。企业年市场占有率提升5%或企业年销售利润提高3%等目标是比较容易评估的。相反，笼统地要求“提高市场占有率和销售利润”的目标就很难评估。组织目标必须要能被组织成员接受，不被接受的目标不可能很好地发挥其应有的作用。太容易实现的目标难以激发员工的工作热情。研究表明，有一定难度的目标，也就是需要付出一定的努力才能达成的目标比唾手可得的目标效果更好。但是，过于困难、无法达到的目标会使人受到挫折、丧失信心，从而失去其价值。最后，任何目标都是有时限的，组织革新的不同阶段都应有不同的、明确的目标。

（三）制定革新方案

在这个阶段，组织要针对识别出的问题和确立的革新目标，提出各种不同的革新方案。然后依据组织资源制约情况，评价并从中选择出最合适该组织的革新方案。需要特别指出的是，在革新方案形成的整个过程中，领导风格和组织文化通常起到重要作用。即使完全相同的组织，领导风格不同的决策者可能会选择完全不同的革新方案来执行。可以说，组织领导者在革新方案的形成过程中扮演着至关重要的角色。在很大程度上，他们左右着革新方案。组织文化的重要性正日益获得人们的认可。虽然组织文化不是一成不变的，但是它具有很高的稳定性，并不是处于动态变化之中。这样，如何将组织革新与组织文化相匹配就成为选择革新方案时必须考虑的条件。

（四）革新方案的实施和评估

实施革新方案时，必须考虑两个问题：一是实施革新的时机；二是革新牵涉的范围。在某些情况下，革新关系到组织的存亡，组织必须立即实施，从而争取时间来挽救组织。相反，在另一些组织，如果不进行前期的准备而马上实施革新，可能适得其反，会对组织产生负面的影响。因此，实施组织革新要根据实际情况掌握最佳时间。从革新涉及的范围来看，一项革新可能遍及整个组织，也可能仅仅与组织的某个部门有关。当革新牵涉的范围广泛，革新的实施与组织正常运营发生冲突时，革新就应该在组织运营较闲暇、时间宽裕时进行。需要注意的是，组织革新涉及的范围与其重要性并没有必然的联系。也就是说，一些牵涉面窄的革新也可能关系到组织的生死存亡，可能比那些涉及面宽的革新更重要。一般来说，牵涉面广泛的革新相对于牵涉面窄的革新在实施过程中往往具有更大的难度。考虑到组织革新过程的复杂性，在革新实施过程中，最好是阶段性推进，切不可操之过急，以免适得其反。

组织革新方案的实施可以采用三种不同形式。第一种形式是权力集中式。即组织实施革新的权力全部掌控在组织最高管理层的手中，并且明确规定在实施过程中部属应该负责的工作。第二种形式是权力分享式。即实施组织革新的权力由组织最高管理层与部属共同分享、共同负责。第三种形式为授权式。即实施组织革新的权力全部由部属掌控和统筹。虽然有学者认为在这三种方式中，权力分享式相对较好，但是采取权变的观点来看待这些方式的相对有效性可能更为合理。也就是说，在不同的组织中，对于不同的组织革新方案，可能没有一个绝对“最佳”的方式存在。在一种情况下，第一种方式可能最有效，但是在其他情况下，另外两种方式可能变得更有效。因此，在选择具体方式时，必须根据组织特征和革新方案的特征来具体问题具体分析。

组织革新成功与否需要根据其实施的效果来说明。因此，在革新方案实施后，需要对实施结果进行评价和分析。一般来说，组织革新对组织的影响是全方位的，并且不是完全一致的，组织革新可能在某些方面对组织带来正面的影响，但是在其他方面可能造成负面的影响。在这种情况下，如何衡量革新产生的效果经常会成为争论的焦点。事实上，一个重要的评价标准就是事先确立组织革新的长期目标。在正常的情况下，通过实施组织革新会更好地实现这些长期目标。由于组织革新的整个实施过程一般要持续一段较长的时间，确立阶段性的目标来评价革新实施的效果也非常重要。这些阶段性目标应该与事先确立的长期目标相匹配，并保持一致。

虽然我们希望组织革新的实施效果与预期目标相一致，但是这种希望并不总是能够实现的。在这种情况下，反馈和纠错行为是必不可少的。在革新实施过程中，要根据实施的有效性，及时做出必要的修正活动，以使革新目标能够顺利完成。在当前组织内外部环境都呈现跳跃式变化的情况下，这种纠错或修正活动应该是在预料之中的。

以上几个阶段的有序进行是保证组织革新成功的关键。但是组织革新的成功与否还受到其他许多因素的影响。在组织革新的实施过程中，我们也不能忽视这些因素。首先，革新推动者必须在组织中拥有很强的影响力。他们需要具备足够的能力，能获得组织成员的尊重和信任，只有这样才能使组织成员信服组织革新的预期结果，从而愿意为之付出努力。其次，必须让组织成员真正了解组织革新的含义，并确信组织有进行革新的需要与准备。如果组织成员没有了解组织革新的真正目的，革新就可能沦为形式上的口号，这样，组织革新的成功实施也就无从谈起。再次，组织最高管理层必须参与并支持革新。最高管理层的态度与行为会直接影响组织成员全体的态度与行动。如果革新方案无法获得最高管理层的全力支持与响应，也就很难获得其他组织成员的信任与接受。最后，实施组织革新要有全局观念。只有以全面性、系统性的思考方式，而不是局限在部门或个人的利益上，组织革新才有可能获得真正的成功。

案例 胜德公司的组织革新

胜德是一家具有10多年历史的企业，在业内有较大的名气。它所处的行业曾经是暴利行业，利润率高达50%～60%。处在这样一个增长的行业，胜德公司采用的是一种粗犷型管理，业务流程、部门职责都不是很清晰，资源配备也不合理，产品质量控制能力很差。管理方面存在的这些问题使得胜德公司的运营成本很高。由于行业利润高，所以公司对粗犷型管理的负面效应感觉不明显，甚至没有感觉。但是好景不常，近年来，行业竞争日趋激烈，营业利润率由60%骤然降到了25%以下。这时，粗犷经营下的高成本问题就凸现出来了。2002年，胜德公司营业收入不足7000万元，管理费用和销售费用两项加起来达1500多万元。

面对市场竞争和成本的压力，老总决定压缩成本。半年的第一个工作日，公司老总就召集全公司员工开会，宣布从3月1日开始执行两项新的举措：①公司按销售额6%的比率给公司在全国各地的办事处提供销售费用。费用低于销售额6%的，节约部分归自己，超出部分则由办事处自己承担；②将行政、后勤、生产人员的工资三七开，70%是固定工资，30%是浮动工资，根据公司总体效益情况进行发放。老总想通过这两项新的举措来促使员工努力工作，扭转公司销售业绩下滑、收益为零的局面。可是没想到，决定一宣布，在公司上下引起轰动。业务员抱怨不公平，各地的办事处甚至传言将联合起来抵制这一新举措。行政、后勤、生产部门的员工也感到委屈，一些高素质的员工先后挂冠而去，公司元气大伤。

在行业利润萎缩、市场竞争日趋激烈的形势下提出降低成本的新举措，这本身就是一种管理创新，思路无疑是正确的。但是，这种正确的思路为什么会导致公司元气大伤呢？这种结果是否就是进行管理创新的必然结果呢？

任何革新都是要付出代价的。但是，革新代价的大小是可以通过革新管理来控制的。胜德公司之所以为实施新的举措付出巨大代价，是因为老总缺乏革新管理的技能。任何革新都会遇到阻力和障碍。革新管理的过程就是克服障碍、化解阻力的过程。化解的方法得当，革新成本就小；反之，革新成本就高。

革新是高效地做错误的事情→低效地做正确的事情→高效地做正确的事情这样一个过程。所谓错误的事情是指，由于环境的改变，原本正确的事情变得不正确了。这时，组织需要停止做错误的事情，开始做正确的事情。但是由于不熟练，组织在初学做正确的事情时工作绩效会很差，需要经过一段时间，人们做正确事情的效率才能提高到原有水平。

革新障碍多种多样，但归纳起来主要有三种：①视而不见，认识不到原本正确的事情已经变得不正确了；②知而不行，不愿意尝试做新的正确的事情；③有始无终，中途放弃做正确的事情。对任何一种障碍的忽视或解决不当，都有可能导致革新成本增加，甚至使革新失败。下面我们结合胜德公司的案例来讨论如何克服这三个障碍。

1. 对员工说真话

视而不见，是指员工没有意识到革新的必要性，看不见革新的理由，因而反对进行革新。如果老总发动一场革新，那么他首先就应该告诉员工革新的真实原因，这样才有可能获得员工对革新的支持。老总应该告诉他们公司内部和外部的什么力量在要求公司革新。如果这些力量已经对公司产生了影响，告诉他们这些影响表现在什么地方、程度怎样。如果这些因素的影响还没有显现出来，而你清楚地看到影响是不可避免的，那么把你下结论的证据亮出来给他们看。

有的老总可能认为，员工没有必要知道革新的真正原因，我发出革新的命令，他们就得跟着我干。也许，凭着你的个人威望和魅力，你可以闯过这一关，让不了解革新理由的人跟着你踏上革新的征途，但是，不用多久你就会发现，在这场革新中，你成了光杆司令，什么事情都要你亲自驱动。

在宣布新的举措之前，胜德公司老总通过对比的方式来让员工认识到革新的必要性。例如，把最近5年销售利润的变化用走势图表示出来，让利润空间的萎缩走势形象地展现在员工眼前。同时，把最近5年公司成本的变化也用走势图表示出来，让员工看到利润的萎缩意味着什么。然后让员工讨论怎么办。让员工自己得出要采取措施压缩成本的结论，比从老总口中说出来更能深入人心。

2. 让员工有信心

革新的第二个障碍是知而不行，员工虽然看到革新的必要性，打心底里拥护革新，但谁也不愿意行动。胜德公司压缩成本的革新问题就出在这里。员工为什么会拥护革新但又不参与革新呢？一般可能有两方面的原因。

员工不参与的第一个原因是革新没有一个明确而现实的目标。目标不明确，员工不知道要干什么，即使想参与革新也没法行动。目标脱离实际，明显不可能达到，员工自然也不会动。有时，目标是可以达到的，但是员工看不到自己可以达到这个目标。这时，需要想出各种办法让员工相信他们能够办得到。

员工不参与的第二个原因是他们没有达成目标的必要条件。目标明确而且现实，但是员工没有足够的技能来实现这个目标，或者在企业现有的技术条件或管理格局下没法实现这个目标。这正是胜德公司革新问题的症结所在。

为了促进销售，老总决定打破地域界限，允许业务员跨地区销售，严格将销售费用与销售业绩挂钩。这样做可能在一定程度上刺激销售人员。但是，销售上不去，除了业务员本身的原因之外，还有其他许多原因。例如，公司成立10年，市场部的历史只有1年，而且还没有起到收集市场信息以指导新产品开发的作用。公司从来没有组织技术、销售等方面的人员对现有产品进行分析，发展赚钱的产品，砍掉不赚钱的产品。公司市场定位模糊，许多产品都缺乏竞争力。此外，公司的产品和服务质量问题也给销售人员增添了许多麻烦。如果这些问题不解决，就对销售人员进行费用包干，等于让他们承担整个公司管理不善的后果。

将行政、后勤、生产人员的工资三七开，70%是固定工资，30%作为浮动工资，根据公司总体效益情况进行发放。这确实是具有挑战性的措施，可以激发员工努力工作。但是，老总却忽略了这样一个事实，即公司的高运营成本以及产品和服务质量问题都是由粗犷型管理造成的。例如，公司没有一个能有效协调销售、技术、生产等部门活动的销售流程，造成许多浪费和客户抱怨。按照现有的流程和资源分配格局进行运作，企业很难达到老总所期望的绩效。而业务流程的改造、资源分配的调整需要一定的特殊技能和知识，而胜德的员工并不具备这种能力。新的工资制度在很大程度上无异于是在降工资。部分素质高的员工看不到工资改善的可能，所以挂冠而去。其他留下来的员工面对这种局面更是无能为力。

如果老总在宣布削减成本举措的同时，投入相当的力量进行业务流程的改造和机构的调整，并且结合流程再造对员工进行一些相关技能的培训，让员工看到，他们确实能够通过努力来实现老总提出的目标，那么，结果就会是两样。

3．让员工有奔头

员工意识到革新是必须的，并且他们有能力实现革新的目标，他们就会积极投入到革新中去吗？不会的。因为还缺乏动力，即他们参与革新所能给他们带来的好处。换句话说，需要有效的考核和激励机制来激励员工积极投入革新。例如，参与流程再造意味着要学习和尝试新的东西，要改变原来习以为常的行为方式，意味着要与同事争得面红耳赤，意味着要因为动脑筋、想办法而夜不能寐，意味着要加班加点，等等。如果这些努力得不到应有的承认，员工就会采取多一事不如少一事的态度，开会报个到，布置的任务能拖就拖，不能拖就哄。所以，克服“知而不行”的障碍的重要一点就是要让员工有奔头。

胜德公司老总宣布的压缩成本的举措是一种激励机制。如果把这种激励机制同流程改造联系起来就会起到很好的效果。例如，老总可以宣布：“我们公司在3个月之后开始执行这一新的举措。从现在开始的3个月内，我们将对业务流程进行改进，规范我们公司的管理，以达到降低成本的目的。”这样，大伙们会为了在3个月后实际收入不下降而积极地参与，献计献策，齐心协力把公司的管理提升到一个新的水平。

4．及时加油打气

领导革新要克服的第三个障碍是行而不达。员工不仅接受革新的理由，而且还积极投入到革新之中。老总一定会觉得可以松一口气，甚至可以坐等革新目标的实现了吧？如果您真是这样做的话，一二个月以后您去检查成果时会大吃一惊：一切照旧！为什么呢？因为，企业的革新首先是人的改变，人的态度和行为方式的改变。企业战略、业务流程、管理系统的改变就好比轮子，而行为的改变则是路面，光有轮子而没有路面，轮子就会空转；没有行为的改变，其他的革新都会落空。改变行为是一个痛苦的过程，就像用右手写了几十年字的人突然要改成用左手写字一样，人很容易厌倦。如果这时没有外部的支持和鼓励，那么这种学习的努力就会很快被放弃。此外，革新过程中，每个人前进的速度、投入的程度都不一样，如果得不到表彰和鼓励，先进的就会向后进的看齐，最后大家都停了下来。

为了让革新进行到底，革新的领导者需要采取两项对策。第一项是给员工提供必要的支持，既包括技术上的支持，也包括精神上的支持。比如，当员工在改造业务流程时遇到技术上的困难，老总可以请外面的顾问来帮助员工改进流程。这就是技术上的支持；员工在尝试新的方法时遭遇失败，这时老总出来给员工撑腰打气；员工感到厌倦、沮丧、失落时，老总出来听员工倾诉；员工之间发生冲突时，老总出来调解。这些就是精神的支持。

鼓励员工将革新进行到底的第二项措施是，及时地表彰和奖励所取得的每一个成果。表彰和奖励是一种信息，它表示领导层是认真的，仍然坚持着预定的革新目标。如果没有这种信息，员工就可能会认为，领导已经不关心革新之初确定的目标了，因此，没有必要再白费力气认真对待。表彰和奖励是革新过程中的心灵加油站，起着鼓舞士气的作用。革新是一个痛苦的过程，有时候人们仿佛觉得是在原地踏步，没有丝毫的进展，因而没有信心再继续走下去。这时，对所取得的成果进行表彰，可以让员工看到所取得的成就，为下一阶段的革新提供动力。值得注意的是，表彰和奖励要及时，否则，员工可能在受到表彰之前就早已撤出了革新过程，甚至开始阻碍革新了。表彰和奖励可以是物质奖励，也可以是精神奖励，形式应该多样化，不能千篇一律。否则，成为例行公事，表彰和奖励的作用就会大打折扣。

（本案例摘自“点亮网”。
http://www.dianliang.com/hr/zhishi/biange/200606/hr_87544.html）

XianDai QiYe ZuZhi GuanLi ChuangXin

第八章　组织管理创新的机制

现实中，多数企业的机制更多的是鼓励“守规矩”的员工，企业要想鼓励创新就必须建立有利于创新的管理机制。

一、创新概述

（一）创新的含义

在英文中，创新是 Innovation，这个词起源于拉丁语，它的原意有三层含义：第一，更新；第二，创造新的东西；第三，改变。创新作为一种理论，最早是由美国哈佛大学教授熊彼特在 1912 年提出的。他从经济的角度来解释创新，认为创新就是要建立一种生产函数，实现生产要素的从未有过的组合。他从企业的角度提出了创新的五个方面：①研制或引进新产品；②运用新技术；③开辟新市场；④采用新原料或原材料的新供给；⑤建立新组织形式。20 世纪 50 年代，美国管理学家彼得·德鲁克把创新引进管理领域，有了管理创新。他认为创新就是赋予资源以新的创造财富能力的行为。现在，"创新"两个字已扩展到了社会的方方面面，包括思想理论创新、科学技术创新、管理创新、经营创新、机制创新、制度创新、知识创新等。因此，我们现在可以说，创新是指现实生活中一切有创造性意义的研究和发明、见解和活动。

创新其实并不神秘，任何对常规的变动都可以称之为创新，它蕴含于工作、生活的每一刻。小姜只是 HP 的一名招聘助理，她的工作就是把那些慕 HP 之名而来的成千上万的简历进行分门别类，按岗位分送给各用人部门的经理。这是一份很"简单"的工作，似乎不需要动脑筋进行创新。但是，与她的前任不同，当小姜开始做这份工作时，她不是简单地把简历送交上去，她会仔细阅读每一份简历，把简历中的关键词标识出来，并在后面写上她自己对这份材料的一个初步评价。当她把这样经过初步处理后的简历送给直线经理们时，通过她所做的标记，直线经理们能快速判别出某个人的核心能力或关键素质，大大节约了他们的时间。因此，小姜成为最受直线经理欢迎的员工之一，她在普通的岗位上扮演了业务伙伴的角色。

（二）创新主体

主体是实践活动的承担者。从实践活动的本质属性看，可以将“主体”这一概念的内在规定性归结为以下三点：①主体具有由需要激发的进行对象性活动的能动性；②主体具有在自利目的推动下的创造性；③主体具有对自身活动进行自我控制和自我调节的自主性。相应地，在创新领域中，创新主体应满足以下几方面特征：①具有对创新活动自主的决策权；②具有进行创新活动所要求的能力；③承担创新活动的责任与风险；④获取创新活动的收益。创新主体是具有创新的动力和能力、创新投入、活动和收益的承担者。

1．企业是创新的主体

企业是创新的主体。首先，创新是一项与市场密切相关的经济活动，只有企业才会在市场机制的激励和约束下从事创新。其次，根据新古典经济学派的创新理论，创新是指生产要素的重新组合，这种组合只有企业家通过市场来实现，这个作用是其他组织和个人无法替代的。再次，技术创新需要很多与产业有关的特定知识，它们是产业技术创新的基础。应当强调，作为创新主体的企业是指适应市场经济要求的现代企业制度意义上的企业。这里，企业规模的大小不是决定企业能否成为创新主体的决定因素。科技型小企业与大企业在技术创新中都十分重要，各有其特点。大企业具有较强大的资金和技术实力，它们有能力从事产品创新和大规模的工艺创新；而科技型小企业因机制灵活，创新动力大，一旦有资金帮助，会更愿意从事创新。如果广义地理解创新，那么在国家创新系统中，还可以把政府作为制度创新的主体，把研究机构和大学作为知识创新的主体。

2．企业家是企业创新的核心和推动者

熊彼特曾分析过，所谓企业家，所从事的就是前无古人的创新性行为，他们的创意往往看起来是如此背离常识，但他们能以百折不挠的意志，将自己的创意不断地推销给社会公众和商业伙伴，来改变人们的观念获得支持。一旦他们的创意获得了商业成功，则企业家即是对社会做出了实质性的贡献。熊彼特认为，创新带来的才是真正的“经济发展”，没有创新的商业行为带来的只是“数字”的改变。因此，熊彼特强调，企业家创新是社会发展的原动力。

著名的管理学家彼得·德鲁克曾经预言，我们所需要的是一个富于企业家精神的社会，在这个社会里，创新和企业家精神是正常的、稳定的和连续不断

的需要。他把企业家精神明确界定为社会创新的精神。德鲁克明确指出，社会创新已明显地成为管理的新领域。它认为，各种理论、价值观念以及人类脑和手的全部产物，都会老化、僵化，会变得“过时”，会变成“折磨”。因此，在社会与经济中，在公共服务机构与企业中间同样都需要创新和企业家精神。正是由于创新和企业家精神注重实效而非死守教条，朴素谦逊而不自以为是，所以它们能使任何社会、经济、行业、公共服务式企业既灵活又能自我更新。正如管理部门已经成为当代所有机构的具体机关，成为使我们这个由各种组织构成的社会融为一体的机关一样，创新和企业家精神也必须成为我们的各种组织、我们的经济、我们的社会维持生机的活动所不可分割的组成部分。德鲁克认为，企业家精神是基于一种经济和社会的理论。这种理论认为变革是正常的，而且确定是健康的，并且认为社会中，特别是经济中的主要任务是做出某种与众不同的事情来，而不是把人们已经做的事情做得更好一些。德鲁克以他特有的机敏、睿智和深邃的目光，站在历史发展的立场上提出了下面的立论和问题：富有企业家精神的社会出现，或许是历史上的一个重大转折。

我们认为，要做一个成功的“企业家”，必须具备一些常人很难具备的特质和功能。按照现代市场经济的观点，企业家最基本的特质和功能就是创新。企业家是企业的化身或人格化。在英文中，这个概念原本就有进取、冒险、胆识、兴办、创见等含义。因此，所谓企业家精神，说到底是企业家的创新精神。我们认为，在现代市场经济条件下，企业家的创新精神至少包括如下几个方面：

（1）不断追求产品创新的精神。这种创新精神的要点在于，不仅能够创造一个好的品牌，而且能够通过不断追求产品质量的改进与提高，来维护、发展和完善这个品牌，并通过这种创新来获取最大限度的长期收益。

（2）不断追求技术创新的精神。技术是企业生存与发展的主动脉。作为一个企业家，必须具有不断追求技术创新的精神。这里说的新技术，既包括高新技术的创新，也包括小的革新与发明。擅长新的技术发现和发明，勇于引入新的技术和工艺，不断创造新的生产方式和方法，以此来推动企业技术的不断升级和生产方式的不断发展，是企业家的一个重要使命。

（3）不断开拓和创新市场的精神。这种创新精神的要点是，能够根据市场经济发展的实际，对市场结构、市场分布进行分析与比较，并通过分析与比较，发现和开拓新的市场，占领市场发展的制高点，提高企业的生产经营效率与收益。

（4）敢于和善于进行组织和制度创新的精神。不仅要善于学习和模仿别人的成功经验和做法，而且要敢于和善于突破与超越别人的成功经验和做法，同时还要敢于和善于在总结、综合前人经验的基础上进行组织与机制的再创新，实现企业组织和制度的新突破，以提高企业的发展力和竞争力。

3. 员工是企业创新的主体

美国现代管理学家斯蒂芬·P. 罗宾斯认为："变革推动者既可以是管理者，也可以是非管理者，还可以是组织内的员工。"企业员工是企业创新的坚实基础，是企业创新力量的源泉。企业员工往往是创新"火花"的提供者，方案实施的操作者等。员工包括企业的行政人员、技术人员和普通员工。他们在企业生产经营的第一线，是所从事工作的专家。他们很清楚地知道工作效率低下的原因，也知道改进工作效率的方法。但是，传统的组织管理方式注重组织性、规范性和制度化，强调企业的利益和组织的统一，尽管这种管理方式在一定时间内对企业发展起了较大促进作用，但由于其更侧重于"制度文化"，强调共性、忽视个性，随着市场经济的发展，其压抑人才作用发挥的缺陷也暴露了出来。现代社会企业面临的最大的特征就是变化，市场、技术等决定企业生死存亡的因素都在飞速地变化着，企业必须迅速地对这种变化做出反应。在这种情况下，员工从事的不再是简单的重复性的工作，员工必须充分发挥积极性、主动性和创造性，这样才能使企业在激烈的市场竞争中处于不败之地。

（三）创新的障碍

创新就是对常规的突破。常规不仅体现为维持日常生活秩序的法律规范、风俗习惯、伦理道德、学术权威等，更为重要的是，常规是人们价值观选择的结果，任何常规都在人们的价值观体系中确立了其地位，获得了价值观上的支持。常规的改变必然意味着价值观的重新选择。正因为常规是如此重要，所以创新才非常困难。

1. 思维惯性

思维惯性又称思维定势，是指人们用某种固定的思维模式去分析问题和解决问题的思维模式。思维惯性不是天生的，而是通过后天不断的学习积累、长期的生活经历以及宝贵的人生实践和经验累积中逐渐获得养成的。思维惯性让我们在思考问题之前先画了一个圈子，然后再到事先画好的圈子中去找答案。

让我们来看一个很多人都听过的故事：一位记者到山区采访，在山坡上遇到一个年龄很小的孩童正在放羊。记者便问他："为什么不上学而在这里放羊？"放羊娃反问："为什么要上学？放羊挺好。"记者很惊诧，接着问："那你放羊是为什么?”“羊长大了可以卖钱啊。”孩童答道。“那有了钱以后又要做什么呢?”记者又问。“卖了羊有足够的钱后，可以盖房子。”“盖房子又是为了什么呢?”“娶媳妇。”“娶媳妇以后呢?”“生娃。”放羊娃有点不耐烦了。“娃长大了干什么?”记者又接着追问。“放羊。”

很多人看到这个故事之后，会笑话放羊娃的愚昧。事实上，放羊娃是很聪明的，他很清楚地知道如何去追求幸福。只不过他生活的经历决定了他画的圈子太小了，他为幸福画的圈子里只包括“放羊、赚钱、盖房子、娶媳妇、生娃”。设想一下，如果把他放到大城市中来，他的圈子会很快地扩大。其实，我们每个人都有一个圈子，只不过由于经历的不同，画的圈子大小不一样而已。

2. 创新的意愿

高收益往往伴随着高风险，创新在为企业带来高收益的同时，也必然伴随着风险。一项研究表明：新产品的失败率，消费品是40%，工业品是20%，服务产品是18%。企业必须能够承担风险。很多企业由于惧怕风险而不敢创新。一家中小企业的老板的话非常具有代表性。“创新？尝新当然好了，但是创新也是要花钱的，而且失败了怎么办？我现在每年好歹有几百万元的收入，要是失败了可就什么都没有了。”

谁得到创新的收益？好的创新确实会带来巨大的收益，但现实中创新的收益往往不能被创新主体完全获得，非创新主体往往以很低的成本就能获得创新的收益。

在市场上，并非所有的创新都能通过知识产权获得法律的保护，这样其他企业就可以通过模仿等方式享受创新的收益。在企业内部，创新的员工也不总是能获得创新的收益。

3. 创新的能力

传统的企业组织是按照分工的原则来构建的，在这种组织中，员工往往局限于专业的角度来思考问题，员工的能力和知识结构也是根据所从事的工作来培训的。而创新是对常规的突破，这就要求创新者不仅对自己所从事的工作要有深刻的理解，还需要熟悉其他方面的知识，这样才能够打破专业的局限以新的视角来思考问题。因此，创新需要具备多方面的、交叉的、综合的知识与能力，基于此，波音公司完善了它的员工培训机制，在新的培训机制下，一名机械师可以去学习 MBA 的课程，甚至学习厨艺，而这些都是公司出钱。

（四）创新机制

创建创新型企业，就应让创新成为企业每位员工的习惯。只有把每个人的创造力都调动起来，引导员工培育精益求精的工作态度与主动求变的意识，让员工成为做工作的有心人，从点滴小事做起，从改变工作的环境或工作的方法做起，才能创造一个适合创新的企业氛围。而这需要建立和完善有利于企业创新的机制。

机制泛指一个系统中，各元素之间的相互作用的过程和功能。机制有多重含义。例如，用机器制造的；机器的构造和工作原理；有机体的构造、功能和相互关系；泛指一个复杂的工作系统和某些自然现象的物理、化学规律，等等。与我们常说的机制相近的含义是指做事情的方式、方法，但又不等同于这个意思。简单地说，机制就是制度加方法或者制度化了的方法。

（1）机制是经过实践检验证明有效的、较为固定的方法，企业的管理工作不因负责人的变动而随意变动，而单纯的工作方式、方法是可以根据个人主观随意改变的。

（2）机制本身含有制度的因素，并且要求所有相关人员遵守，而单纯的工作方式、方法往往体现为个人做事的一种偏好或经验。例如，监督机制，不仅指人人必须遵守的制度，而且应该包括各种监督的手段和方法，只有二者结合起来才能发挥作用。

（3）机制是在各种有效方式、方法的基础上总结和提炼的，而方式、方法往往只是做事的一种形式和思路。机制一定是经过实践检验有效的方式、方法，并进行一定的加工，使之系统化、理论化，这样才能有效地指导实践。而单纯的工作方式和方法则因人而异，并不要求上升到理论高度。

（4）机制一般是依靠多种方式、方法来起作用的，而方式、方法可以是单一起作用的。建立完善的机制，才能保证创新工作的落实、推动、纠错、评价等，使企业创新成为持久的而非偶然的行为。

二、建立有利于创新的外部机制

（一）产权激励

对创新成果而言，新产品或新方法推出的同时，大部分技术内涵也将暴露出来，由于复制知识的成本要比创造知识的成本低得多，这给利益寻租的人创造了模仿的机会。排除模仿这种易对技术创新受益造成侵权的有效措施就是建立知识产权，这也是最经济有效、持久的创新激励手段。产权保护保证了研发人员的创新成果不受侵害，满足了研发人员个人对拥有成果的成就感。但对创新成果给予产权保护也有不利的一面，若保护期过长，不利于成果产业化和提高整个社会的产业技术水平。兼顾研发人员和社会两方面的利益，确定一个适宜的产权保护期是很重要的。

（二）市场激励

市场可以公平地决定技术创新者的所得，可以消除技术创新不确定性而产生的消极因素，还可以通过竞争迫使企业不断创新。可以说，市场形成了对技术创新进行自组织的机制，市场过程就是一个对技术创新进行自组织的过程，市场本身就是对企业技术创新的一种激励。这是因为：

（1）在市场经济中，由于受消费者偏好和市场交换规则的约束，可采用的生产方式和行为方式都是有限的。因此，针对市场而言，参与市场本身就是一个创新的过程。

（2）市场可以减少技术创新的不确定性。不确定性是创新的内在属性，也是制约创新的一大因素。在市场经济下，多个企业为某新产品进行竞争性研究开发，形成一个竞争性的创新环境，有助于尽快找到创新捷径，提高创新的效率。

（3）市场为创新提供动力。创新风险明显存在，因为创新的投资不可逆。但创新成功可获得巨大的收益的市场经济行为更能吸引创新者，诱使许多人创新。

（4）市场通过竞争，会给企业带来压力，迫使企业不断创新，不创新无疑等于慢性自杀。美国著名的王安电脑公司的破产，便是一个著名的例子。

（三）政府政策激励

企业技术创新不仅是一种经济活动，同时也表现出很强的社会性。创新是一种创造性的过程，一般面临着高额的成本支出和很大的不确定性。因此，政府的政策激励是创新活动不可缺少的一环。正如法国创新政策专家高丁所说的那样，政府的创新政策支持了创新者，减少了创新障碍，并营造了有利于创新的制度和文化氛围。政府的创新激励政策是一种组合政策。创新激励政策最根本的特征在于将分离的、由不同部门制定和实施的各类政策整合起来，形成一个整体，并发挥出整体效益。进一步说，创新激励政策实施过程是一个将多种政策进行匹配的过程。创新激励政策的组合特征决定了其政策效用的水平取决于各项政策之间的匹配程度。匹配性是衡量创新激励政策质量的基点。这种匹配体现在以下几方面：①科技教育政策与产业政策的匹配；②长期政策与中、短期政策的匹配；③创新供给刺激与需求刺激政策的匹配；④市场调控政策与行政干预政策的匹配；⑤针对不同创新阶段的政策匹配。

1. 制定落实支持自主创新的优惠政策措施

目前，国务院已经正式出台了《实施〈国家中长期科学和支持发展纲要2006—2020年〉的若干配套政策》。建议有关部门和地方政府尽快制定与之相适应的政策措施，特别在科技投入、税收激励、金融支持、政府采购和知识产权保护等方面，加大工作力度，积极营造良好的政策和制度环境，不断加大财政科技投入。

（1）切实落实税收激励政策。完善税收抵扣、减免和加速折旧等政策，加大对企业自主创新投入的所得税前抵扣力度，允许企业加速研究开发仪器设备折旧，允许企业按规定以技术开发费用抵扣税收，同时研究开发新产品、新技术、新工艺所发生的各种费用可不受比例限制计入管理费用。

（2）加强金融服务支持力度。通过政府基金、贴息、担保等方式，加强政策性和商业金融机构对企业自主创新、科技产业化的支持力度，引导银行和科技型中小企业之间建立起稳定的银企关系。

（3）积极实施政府采购政策。建立财政性资金采购自主创新产品制度，认真组织对自主创新产品的认定，确定政府采购自主创新产品目录，并实行动态管理。各级政府机关、事业单位和团体组织用财政性资金进行采购的，在同等条件下，优先购买列入目录的本地产品。

（4）加大知识产权保护力度。进一步完善知识产权保护制度，强化保护意识，提高管理水平，打击侵犯商标、专利等知识产权违法犯罪行为，依法维护中小企业的利益。

2. 建立风险投资机制和融资担保体系

抓紧建立风险投资机制，规范风险投资运作，积极探索风险资本进入、退出的有效实现形式。鼓励有关部门和地方政府设立创新风险投资引导基金，通过参股和提供融资担保等方式扶持创业风险投资企业的设立和发展，引导社会资金流向创业风险投资企业，加大对处于种子期和起步期的创业企业的支持力度，并积极引进国际资本和国际大财团开展风险投资业务和融资担保业务。

大力加强融资担保体系建设。建立和完善信用担保的行业准入、风险控制和补偿机制，积极引导和激励社会资金建立中小企业信用担保机构，选择一批实力较强的担保机构给予扶持或贷款支持。支持具备条件的中小企业依法开展股权融资、项目融资以及法律未禁止的其他方式的直接融资。积极推进中小企业制度创新，优先支持有条件的科技型中小企业，在国内主板和深圳中小企业板块上市融资。

3. 推进高素质研发人才和企业家队伍建设

加强对海内外优秀人才的引进，规划建设好留学人员创业园，特别是以重大科技项目为载体，采取团队整体引进、核心人才带动引进、高新技术项目开发引进等方式，重点引进高新技术产业、支柱产业、新兴产业等领域急需的高层次人才。

支持中小企业培养和吸引创新人才。建议制定出台优惠政策，鼓励高校毕业生到市县和中小企业就业，鼓励科技人员从事成果转化。建议探索建立科技人员创业失败保险基金和创业保险险种，努力减轻研发人员创业失败的压力。

高度重视发挥企业家在自主创新中的作用，建立健全对企业家的激励机制，激发企业家推进自主创新的积极性，培养造就一批具有现代经营管理思想、富有创新精神的企业家队伍。

4. 健全完善技术创新平台和市场服务体系

支持重点高校、科研机构、国家重点实验室和科学研究中心的发展，建设一批高水平的科学研究和技术开发基地，形成一大批具有自主知识产权的科技成果和技术产品。鼓励并支持有条件的大企业和企业集团的技术开发中心向中小企业开放。在中小企业比较集中和具有产业集聚优势的地区，重点支持建立一批公共技术支持平台，或者以大中城市为中心建立区域性的科技创业中心。

支持各地、尤其是国家和省级高新区加强以创业服务为重点的科技企业孵化体系建设，鼓励企业、科研单位、行业协会等创办专业性的科技企业孵化器，鼓励社会资本进入科技孵化领域，认真落实好对入孵企业的政策优惠。

加快建立公共研发、技术交易、科技信息咨询、投融资、知识产权和技术项目孵化等创新服务平台。积极促进各类技术服务机构发展，建立起体系完备、功能健全、服务完善、监管合理的社会服务体系。促进技术市场与产权市场、金融市场的衔接，推动技术成果转化为现实生产力。

三、建立有利于创新的内部机制

（一）建立有利于创新的沟通机制

1. 沟通的含义及意义

所谓沟通，是人与人之间的思想和信息的交换，是将信息由一个人传达给另一个人，逐渐广泛传播的过程。著名组织管理学家巴纳德认为，“沟通是把一个组织中的成员联系在一起，以实现共同目标的手段”。没有沟通，就没有管理。沟通不良几乎是每个企业都存在的老毛病，企业的机构越是复杂，其沟通越是困难。往往基层的许多建设性意见未来得及反馈至高层决策者，便已被层层扼杀，而高层决策的传达，常常也无法以原貌展现在所有人员面前。

现代企业人与人之间，部门与部门之间，企业上下级之间，以及其他各个方面之间，特别需要彼此进行沟通，互相理解，互通信息。然而，在现实生活中，人与人之间却常常横隔着一道道无形的“墙”，妨碍彼此的沟通。尽管现代化的通讯设备非常神奇，但却无法穿透这种看不见的“墙”。如果沟通的渠道长期堵塞，信息不交流，感情不融洽，关系不协调，就会影响工作，甚至使企业每况愈下。仔细分析起来，我们会随时看到这种“墙”的存在。比如，在企业的生产活动中，有的业务部门不明确自己的生产活动应当与整个企业的生产计划协调一致，有的甚至不择手段地去追求本单位的私利，不考虑其他业务部门的利益，更不愿意与其他部门进行合作。有的管理人员则主观武断，一个人说了算，听不得下级的意见，更听不得对自己的错误的批评，他们不懂得上下级之间要经常进行沟通，不懂得如果下级的意见和建议受到忽视、冷漠，就会挫伤他们的积极性和对企业的责任感，下级就会消极、沉闷下去。这样的话，一旦企业发生什么紧急情况，需要全体员工出主意、想办法、共渡难关时，员工就会无动于衷，不会有任何的热情和积极性，在这种情况下也就很难鼓励员工去创新。所以，要管理好现代企业，就要不断加强企业内部的互通信息、传递资料、交流感情，让员工清楚地知道公司的方针、政策和所处的形势，并且逐步建立起一套完善的沟通系统，这样员工才有积极性、有能力去开展创新。

美国一家公司的总经理非常重视员工之间的相互沟通与交流，他曾有过一项“创举”，即把公司餐厅里4人用的小圆桌全部换成长方形的大长桌。这是一项重大的改变，因为用小圆桌时，总是那4个互相熟悉的人坐在一起用餐。而改用大长桌情形就不同了，一些彼此陌生的人就有机会坐在一起闲谈，如此一来，研究部的员工就能遇上来自其他部门的营销人员或者是生产制造工程师，他们在相互接触中，可以互相交换意见，获取各自所需的信息。而且他们可以互相启发，碰撞出“思想的火花”，由此公司的经营得到了大幅度的改善。沟通在管理中的作用是多方面的，其中突出地表现在以下三个方面：

（1）沟通有助于改进个人以及群众做出的决策。任何决策都会涉及到干什么、怎么干、何时干等问题。每当遇到这些急需解决的问题，管理者就需要从广泛的企业内部的沟通中获取大量的信息情报，然后进行决策，或建议有关人员做出决策，以迅速解决问题。下属人员也可以主动与上级管理人员沟通，提出自己的建议，供领导者做决策时参考，或经过沟通，取得上级领导的认可，自行决策。企业内部的沟通为各个部门和人员进行决策提供了信息，增强了判断能力。

（2）沟通促使企业员工协调有效地工作。企业中各个部门和各个职务是相互依存的，依存性越大，对协调的需要越高，而协调只有通过沟通才能实现。没有适当的沟通，管理者对下属的要求也不会知道，下属就可能对分配给他们的任务和要求他们完成的工作有错误的理解，使工作任务不能正确圆满地完成，导致企业在效益方面的损失。

（3）沟通有利于领导者激励下属，建立良好的人际关系和组织氛围，提高员工的士气。除了技术性和协调性的信息外，企业员工还需要鼓励性的信息。它可以使领导者了解员工的需要，关心员工的疾苦，在决策中就会考虑员工的要求，以提高他们的工作热情。人一般都会要求对自己的工作能力有一个恰当的评价。如果领导的表扬、认可或者满意能够通过各种渠道及时传递给员工，就会造成某种工作激励。同时，企业内部良好的人际关系更离不开沟通。思想上和感情上的沟通可以增进彼此的了解，消除误解、隔阂和猜忌，即使不能达到完全理解，至少也可以取得谅解，使企业有和谐的组织氛围，所谓“大家心往一处想，劲往一处使”就是有效沟通的结果。

2. 改进沟通的措施

（1）建立全方位的沟通机制。几乎所有的企业在发展过程中都会碰到沟通不良的问题，一般来说，企业的机构越复杂，管理层次越多，职能越不明晰，其沟通的效果就越差，高层指令传达到基层的时候往往已经走样；同样，基层人员的建议与意见未到达管理者之前，历经层层反映往往已经消失殆尽。建立全方位的沟通体制，首先要摒弃那种只是由公司领导层向下属发布命令，下属的反馈和意见却很少有人倾听的单向沟通模式，这样的沟通方式不仅无助于监督与管理，长此以往也会严重挫伤员工的积极性。

良好的沟通机制应该是多角度、双向的、多级的。应该在企业内部建立全方位的沟通机制，形成管理层与部门领导、部门领导与普通员工、管理层与普通员工、普通员工之间的多层次交流对话机制，保持沟通渠道的畅通，要让员工意识到管理层乐于倾听他们的意见；他们所做的一切都在被关注；使每个员工都有参与和发展的机会，从而增强管理者和员工之间的相互理解、尊重和感情交流。在这一点上，IBM公司的内部沟通经验值得借鉴。IBM的高层领导经常深入基层，与普通员工亲切交谈，了解他们的切身感受；同时鼓励员工向上级，甚至直接向公司总裁反映问题，在公司内部形成平等的工作氛围。IBM专门设立了意见箱，为了避免流于形式，意见箱由专人负责整理转交给相关的负责人，每年公司都能够收到数十万张意见卡。

（2）注重非正式沟通。公司内部的沟通方式不外乎正式沟通和非正式沟通两种。所谓正式沟通，就是通过固有的组织结构按照规定的信息传递渠道进行的信息交流和传达。例如，公文的传递、通知及相关信息的传达、例行的会议和谈话等。这种沟通方式对信息传达的途径、格式和对象都有严格的规定，具有沟通效果好、易于保密、有较强的约束力等优点；其缺点是方式刻板、沟通速度较慢、缺乏相应的反馈和互动交流。非正式沟通指的是通过正式沟通渠道以外的信息交流和传达方式。我们平常所说的“小道消息”也是非正式沟通方式的一种。由于企业内部非正式组织的存在，作为社会人的公司员工往往会通过非正式渠道获取和反馈大量信息，如果能够对企业内部非正式的沟通渠道加以合理利用和引导，就可以帮助企业管理者获得许多无法从正式渠道取得的信息，在达成理解的同时解决潜在的问题，从而最大限度地提升企业内部的凝聚力，发挥整体效应。

（3）规范沟通制度。沟通的技巧和方法固然重要，但我们应该明白，沟通不仅仅是一种临时性的技巧和方法，而且是一种组织制度，要获得有效的沟通效果必须有制度性的措施，我们应该针对本企业的特点及发展的需要，对企业内原有的沟通制度进行不断的改革和补充。

内部沟通制度可考虑从以下几个方面完善：一是建立健全规范公司会议系统，使公司各种指令、计划信息能上传下达，相互协调，围绕企业各项指标的完成统筹执行。通过月会、周例会、调度会、座谈会、班前班后会等形式，快速地将信息进行有效的传递，使大家按计划有条不紊地进行，步调一致，方向目标明确，提高工作效率和效能，使目标完成得到保障。二是建立建议制度，针对公司全体员工开展“合理化建议”活动，设立合理化建议箱和合理化建议奖。这项制度主要是鼓励员工就他们关心的任何问题提出意见，实际上也是为了避免向上沟通的信息被滤掉所采取的强行向上沟通的办法。但是，单纯的鼓励是不够的，因为等级和权力的差别肯定会形成阻碍。企业内必须建立一套有效的建议制度，保证强行向上沟通，诸如接待日、意见箱、领导者直接深入基层、物质奖励等。三是出版公司内部刊物，定期发行，发到公司各个层面，把公司生产经营动态进行有效汇总，整合公司信息，统一全体员工思想。四是建立“沟通日”制度。定期设置一天为“沟通日”，在“沟通日”，公司总经理的门是敞开着的，欢迎各级层员工进来沟通谈话。无论是意见还是建议，一并笑纳，快速做出改进，了解各级层员工的需求动态，尽可能满足他们，真正实现“以人为本”，提高员工满意度，把员工当做绩效伙伴而非“打工者”雇员，形成命运共同体，而非单纯利益共同体。五是定期举办联欢会，运动会，表彰会，优秀员工、干部旅游活动等，使大家干得起劲，玩得开心，觉得自己与公司已密不可分，人企合一，共同成长，把公司当成自己创业、施展才能的大舞台，产生良好的效果。只要有经常性的沟通制度，公司员工的向心力和凝聚力就会增强，员工就会把公司看成自己的家，就会热心参与公司的一切事务，由于员工的心情舒畅了，所以工作效率和机构效能也会提高。

（二）建立有利于创新的激励机制

1．激励的含义及意义

激励是指激发人的行为的心理过程。激励过程就是一个由需要开始，到需要得到满足为止的连锁反应。在组织管理中，激励可以理解为创设满足员工各种需要的条件，激发员工的动机，使之产生实现组织目标的特定行为的过程。心理学家一般认为，人的一切行为都是由动机支配的。动机是由需要引起的，行为的方向是寻找目标、满足需要。动机是人们付出努力或精力去满足某一需求或达到某一目的心理活动。激励作为管理的一项职能，是根据某个具体目标，为满足人们生理、心理的愿望、兴趣、情感等方面的需要，通过有效地启迪和引导人的心灵，激发人的动机，挖掘人的潜能，使之充满内在的活力，朝着所期望（或规定）的目标前进的一种目的性十分明确的管理活动。通俗地讲，激励就是要充分调动和发挥人们的主动性、积极性与创造性，用大家的聪明才智去实现组织的目标，也就是激发员工的热情与干劲。激励机制就是在组织系统中，激励主体与激励客体之间通过激励因素相互作用的方式，其实质是要求管理者抱着人性的观念，通过理性化的制度来规范员工的行为，调动员工的工作积极性，谋求管理的人性化和制度化之间的平衡，以达到有序管理和有效管理。激励的作用主要表现在以下几个方面：

（1）有利于挖掘员工的潜力。“明察秋毫而不见车薪，是不为也，非不能也。”就是说，一个人如果眼睛能发现细微的毫毛，却坚持说他看不见一车柴薪，是因为他不想这么干，并不是因为他没有这个能力。一个人能力再高，如果激励水平很低，缺乏足够的自动力，也必然不会有好的工作效绩；反之，一个人能力一般，如果受到充分的激励，发挥出巨大的热情，也必然会有出色的表现。由此可见，激励对调动下属的积极性有着极为重要的影响。行为学家通过大量的调查发现，绝大多数组织在激发工作人员动机方面都具有很大的潜力。哈佛大学的威廉·詹姆斯教授就曾发现，部门员工一般仅需发挥出20%～30%的个人能力，就足以保住饭碗而不被解雇；如果受到充分的激励，其工作能力能发挥出80%～90%，其中50%～60%的差距是激励的作用所致，这一定量分析的结果不得不让我们深思。每当出现困难情况影响工作任务完成时，我们总是习惯于考虑现有设备和环境条件的改进，殊不知，我们身边的下属身上还有如此大的潜力未被开发，如果我们把注意力集中在运用激励手段鼓舞员工士气上，很多看似不可逾越的困难和障碍很可能会迎刃而解。

（2）有利于提高员工的素质。通过激励来控制和调节人的行为趋向，会给学习和实践带来巨大的动力，从而会导致个人素质的不断提高。如对精诚敬业、业务熟练、贡献突出的员工进行奖励，对马虎应付、没有业绩、屡教不改的员工给予适当的惩罚，无疑能发挥奖一励百、惩一儆百的作用，有助于全体员工业务素质的提高。

（3）有利于增强组织的凝聚力。行为学家研究表明，对一种个体行为的激励，会导致或消除某种群体行为的产生。也就是说，激励不仅仅直接作用于个人，而且还间接影响其周围的人。激励有助于形成一种竞争气氛，对整个组织都有着至关重要的影响。

2. 激励创新的手段

（1）物质激励。在物质激励过程中，应把思维创新并有实效的行为作为重要奖励因素，以调动员工的创新意识，鼓励员工的创新行为。企业通过物质奖励调动员工创新的积极性时，应对创新进行绩效评价，在此基础上，以创新绩效、进展情况和个人的贡献率给予物质奖励。国外有人对影响研发人员的工作效率的 80 项激励方式进行了研究，得出以金钱作为激励手段使工作效率提高程度最大，达到 30%，其他激励方式仅能提高 8% ~16%。

物质激励应与相应的制度结合起来。员工对他们所得的报酬是否满意不是只看其绝对值，而且要进行社会纵向或横向比较，判断自己是否得到了公平对待，一旦产生不公平感，就会损害他们的积极性，甚至产生内耗。因此，企业必须通过建立一套制度，使物质奖励与创新的行为和结果有效地联系起来，这样才能创造一种氛围，鼓励员工人人创新，而不是产生不必要的内耗，使员工能以最佳的效率为实现企业目标多做贡献。

（2）精神奖励。物质激励自身也存在一些缺陷。美国管理学家皮特曾指出重赏会带来副作用，它会使大家彼此封锁消息，影响工作的正常开展。而精神激励可以在较高层次上调动员工的工作积极性，其激励深度大，维持时间也较长。精神激励的方法有许多，这里介绍以下四种：

1）目标激励。企业目标是企业凝集力的核心，它能够在理性和信念的层次上激励员工。

有这样一个故事：有个人经过一个建筑工地，问工匠在做什么，三个工匠各有不同的回答。

第一个工匠回答："我在养家糊口，混口饭吃。"

第二个工匠回答："我在做最棒的石匠工作。"

第三个工匠回答："我们在修建一座雄伟的大厦，我是其中一员。"

好的目标能够发挥激励的作用，由于目标的不同，员工的工作效率是不一样的。毫无疑问，在这个故事中，第三个工匠的效率是最高的。作为管理者，就是要在员工心中树立一个宏伟的目标，一旦这个目标被员工所认同，就会极大地激励员工的积极性。

2）信任激励。信任激励是一种基本激励方式。对员工信任体现在相信员工、依靠员工、发扬员工的主人翁精神上；对下属的信任则体现在平等待人，尊重下属的劳动、职权和意见上，这种信任体现在“用人不疑，疑人不用”上，而且还表现在放手使用上。只有建立在信任基础之上的放手使用，才能最大限度地发挥人才的主观能动性和创造性。有时甚至还可超水平地发挥，取得意想不到的成绩。

3）参与激励。现代人力资源管理的实践经验和研究表明，现代的员工都有参与管理的要求和愿望，创造和提供一切机会让员工参与管理是调动他们积极性的有效方法。通过参与，形成员工对企业的归属感、认同感，可以进一步满足自尊和自我实现的需要。

4）荣誉激励。从人的动机看，人人都具有肯定自我、争取荣誉的需要。对于一些工作表现比较突出，具有代表性的先进人物，给予必要的精神奖励，都是很好的精神激励方法。对各级各类人才来说，激励还要以精神激励为主，因为这可以体现对人尊重的需要。我们来看看“皮格马利翁效应”给我们的启示：

远古时候，塞浦路斯王子皮格马利翁喜爱雕塑。一天，他成功地塑造了一个美女的形象，爱不释手，每天以深情的眼光观赏不止。看着看着，美女竟活了，这是一个神话，但心理学家却从中得到很大的启发。

1968 年，美国心理学家罗森塔尔和雅可布来到一所小学，他俩从一至六年级中各选 3 个班，在这 18 个班的学生中进行了一次煞有介事的“发展测验”。然后，他俩以赞美的口吻将有优异发展可能的学生名单通知有关老师。名单中有些在老师意料之中，有些却不然，甚至是水平较差的学生。对此，罗森塔尔解释说：“请注意，我讲的是发展，而非现在的情况。”于是老师们从内心接受了这份名单。罗森塔尔叮咛教师不要把名单外传，只准教师自己知道，否则就会影响实验结果的可靠性。8 个月后，他俩又来到这所学校，对 18 个班进行复试，结果他们提供的名单上的学生成绩有了显著进步，而且情感、性格更为开朗，求知欲望强，敢于发表意见，与教师关系也特别融洽。

这到底是怎么一回事？原来这是罗森塔尔和雅可布进行的一次期望心理实验。他们提供的名单纯粹是随便抽取的，根本没有考虑学生的知识水平和智力水平。他们通过“权威性的谎言”暗示教师，坚定教师对名单上学生的信心，调动了教师独特的深情，虽然教师始终把这些名单藏在心灵深处，但掩饰不住的深情仍然通过眼神、笑貌、音调滋润着这些学生的心田，实际上他们扮演了皮格马利翁的角色。学生们潜移默化地受到影响，他们变得更加自信、自爱、自尊、自强，变得更加幸福和快乐，奋发向上的激流在他们的血管中荡漾。这个令人赞叹不已的实验，后来被誉为“皮格马利翁效应”或“罗森塔尔效应”。

（3）情感激励。情感激励就是加强企业管理者与研发人员的感情沟通，尊重员工，使之始终保持良好的情绪和高昂的工作热情。情绪具有一种动机激发功能，因为在心境良好的状态下工作，就会思路开阔、思维敏捷、解决问题迅速。因此，加强企业管理者和研发人员之间的沟通与协调，是情感激励的有效方式。

（三）建立有利于创新的企业文化

1. 企业文化及其在创新中的作用

企业文化（Corporate Culture）作为一种崭新的管理思潮和理论，是企业管理的理论与实践相互关系的一种最新反映，是企业在长期的生产经营管理实践活动中，通过企业领导者主动倡导和精心培育并为全体员工认同和遵守的，具有本企业特色的价值观念、道德规范、企业精神、行为准则、传统习俗、员工文化素质，以及蕴含于企业形象、企业制度、企业产品之中的某些物化精神的总和。企业文化在内部结构上划分为物质层、制度层、精神层三个层次。物质层是企业的物化形象的外在表现和对社会的影响，是企业文化中的浅层基础文化，主要包括企业环境、企业器物、企业标识三个方面的内容；制度层是企业文化的中介层，它是社会文化和民族文化的精华在企业生产和经营活动中的再现，主要包括人际关系、企业领导体制和为进行正常生产经营活动而制定的规章制度；企业精神文化是整个企业文化系统的核心，是企业全体员工的共同行为模式，以及指导和支配行为共同持有的价值标准、信念、态度、行为准则、规范等。它主要包括企业哲学、企业价值观、企业精神和企业道德等。企业文化通过这三个层次在企业的发展中积淀了适合本企业的道德观、价值观、行为规范等，并在广泛的范围内影响着企业创新的价值选择和行为准则。

（1）企业文化创新有利于形成企业整体运行的价值观。企业文化作为企业发展的深层动因，价值观是企业文化的核心，是一个组织和企业的基本概念和信念。对企业来说，其核心任务是如何在竞争激烈的市场上谋求生存，为消费者提供合适的产品和服务。但企业对核心任务的认同并不能保证企业成员具有共同目标，而价值观的确立则为企业及其员工的行为准则界定了成功和追求的目标，使企业形成一种共同的境界，大家站得高了，看得远了，有目标了，不迷茫了。尤其是在企业外部环境发生重大变化或者在企业转型、多元价值观并存的时期，企业文化创新和价值观的重塑就显得更为关键。

（2）企业文化创新有利于营造灵活协调的企业营运环境。企业作为社会大系统中的一个子系统，需要不断地与周围环境进行物质、能量与信息的交换。企业通过创新可以不断适应环境变化的需要，研究环境变化的规律和要求，明确与经济发展趋势相适应的社会需求及潜在需求，完善企业的各种薄弱环节，调整企业战略，塑造全新的企业文化，在与环境的相互影响中达到动态平衡，从而为企业营造良性循环的市场环境，促使企业进入良性运作状态。

（3）企业文化创新有利于提高企业的整体素质，培养合作意识。根据企业文化的同心圆理论，企业文化由内至外分为理念文化、制度文化、行为文化和物质文化，这些文化的整合、创新与相互作用，一方面促进企业员工整体创新意识的提高，另一方面由于共同文化的熏陶，基于创新的企业文化直接影响到员工的行为准则、职业道德与价值取向，形成共同的意识和行为导向。

2. 鼓励创新的企业文化的特征

鼓励创新的企业文化有利于培养员工的创新精神，增强员工的创新意识，使创新成为每一个员工的一种习惯。鼓励创新的企业文化应具备以下特征：

（1）以人为本是实现技术创新的基本保障。企业的技术创新必须拥有优秀的科技人才，这种科技人才往往是拥有跨学科知识的科学家、工程师等学者型人才，企业要实现技术创新就必须不断加强科技人才的队伍建设，激发他们的积极性、主动性，才能不断加速企业技术创新的步伐。而优秀的企业文化正是把企业管理置于启迪人智、塑造人魂、激发人意、凝聚人力的人文基础上，对人的终极关注正是企业文化建设追求的至高境界，以人为本是技术创新与企业文化建设的共同出发点。

（2）企业家的精神是实现技术创新的关键。在经济学界，对企业家做出精辟论述的是研究技术创新的鼻祖——熊彼特，他认为“每一个人只有当他实践上对生产要素实现新组合时才是一个企业家”。在熊彼特看来，企业家的精神是创新，只有创新的经理或领导才是企业家，企业家的任务就是“创造性的破坏”，就是不安于现状，不断地打破常规。这种不断创新的企业家精神也正是企业文化建设所倡导的，创新、冒险、求实、追求卓越的精神也必将是企业家精神的精髓，并且在企业进行企业文化建设的过程中，企业家也必定要将这些精神文化作为企业文化，不断激励企业的员工，促进企业各种创新的顺利进行。

(3) 创新的文化环境是实现技术创新的基础。人的创新积极性的发挥，要靠内在动力，也离不开外在环境的支持。内在的动力主要来自于训练创新性思维和培养创新品格。外在环境在于企业的天时、地利、人和，在于企业的文化环境建设。从技术创新的内涵我们可以看出，技术创新需要一个创新的环境，良好的创新环境有利于发挥人才的创新性。美国明尼苏达采矿制造公司在基督徒十诫的基础上，明文规定了“第十一诫”，即“你断不可扼杀任何一个有关新产品的设想”，以此作为全公司员工的行为准则，并专门成立了“新事业开拓组”，公司领导还做出了“容忍失败”的保证。在“第十一诫”的激励下，该公司开发出100多项新产品，使公司在竞争中立于不败之地，而公司也因“创新”闻名全美国。可以看出，这种创新的文化环境正是通过精神文化、行为文化的建设来实现的。

3. 创建有利于创新的企业文化

(1) 树立“以人为本”的人力资源管理观念。威廉·大内在《Z理论》一书中曾这样写到：“管理人的不是制度，而是以人为本的健康的企业文化环境。”而“现代企业竞争力的重点正从产品竞争上升到企业文化竞争，没有文化的企业是绝对没有竞争力的”。

人是文化的载体，企业文化建设必须树立“以人为本”的人力资源管理观念。这种“以人为本”和“人高于一切”的价值观，认为人是社会最重要的资源，企业员工是公司最为重要的资产。尊重人、理解人、信赖人，积极创造条件让员工参与管理和创新，围绕“以人为本”构建和创新企业的价值观，从而把从事技术创新活动的员工的价值观统一到企业核心价值观上来，营造技术创新的精神氛围，保证技术创新活动目标的实现。

有着悠久、成熟的企业文化的惠普公司重视“硬件”建设，更重视“软件环境”的建设，多少年来，惠普都尊奉着这样一个原则：“相信任何人都会追求完美和创造性，只要给予适合的环境，他们一定会成功。”这就是著名的“惠普之道”。本着这个信念，惠普着力营造轻松和谐的工作氛围，充分信任和尊重员工，让他们时刻保持良好的情绪，充分发挥他们的才能和想像力。

(2) 充分发挥企业家精神的作用。企业家是企业精神生成的黏合剂，是促进企业精神形成、推动技术创新的内在动力。一个合格的企业家精神所引导的技术创新是主动的“我要创新”的行为。企业文化通过企业家精神，直接决定技术创新的规模、水平、重点和方式。企业家通过对企业经营、管理和技术创新所面临的问题进行深层思考，汲取营养，提炼企业家精神，然后再通过宣传、教育等手段化为企业精神。因此，从某种角度来说，企业文化是企业家的人格化。而企业家作为技术创新的发起者、主宰者，其精神的精髓——技术创新精神就成了企业文化人格化的主要价值导向和特征之一。

美国英特尔公司的创始人摩尔在1968年公司创立初期就给自己构筑了打破陈规、创新求进的商业模式——不断改进芯片的设计，以技术创新满足计算机制造商及软件、硬件产品公司的更新换代，提高性能的需要。摩尔提出，只要不断创新，自己淘汰自己，才能获得高额利润，推进企业发展。正是“摩尔定律”构筑了今天英特尔雄厚的技术优势。

（3）创造优越的文化环境。优越的文化氛围能够为技术创新营造有利的软环境。作为企业主体的员工首先是一个“学习型的人”，这类人只有不断学习，不断自我超越，才能跟上时代的步伐，因此，企业文化建设首先应为员工创造一个宽松的学习环境，通过在企业内树立终身学习和知识共享的理念来营造一种有利于学习的文化氛围。其次，应重视对技术创新人才的双重关怀。一方面要尊重他们的知识，把最新的科技成果用于管理之中；另一方面要把人从高技术的压力下解放出来，重新确立人的主体地位，克服高新技术带来的价值失落和消极情绪，找回精神支柱和文化归属。最后，既要鼓励个人主义精神，更要鼓励集体主义精神。中国传统文化的集体主义思想有利于技术创新的顺利发展，但个人主义的冒险精神却常受到压抑，总之，现代的技术创新越来越倾向于合作，个人冒险和探索精神不可缺少，而塑造一个以企业家为核心，以集体智慧和共同努力为基础的企业文化环境更为重要。

案例 英特尔公司企业文化创新

英特尔的创始人摩尔从20世纪70年代起就构筑了其赖以成功的商业模式——不断改进芯片的设计，以技术创新满足计算机制造商及软硬件产品公司更新换代、提高性能的需要。摩尔提出，计算机的性能每18个月翻一番，只有不断创新，才能赢得高额利润并将获得的利润再投入到下一轮的技术开发中去。

英特尔不断领先于同行，始终占据着微处理器市场的极大市场份额，利润率连年上升，但英特尔并不满足于现状，依然以极大的频率“自己淘汰自己”。英特尔公司让人们真切地感受到创新才能使企业获得永久的活力。

（一）公司文化的六项准则

英特尔在公司中确立了企业文化的六项准则，这六项准则是：客户服务、员工满意、遵守纪律、质量至上、尝试风险和结果导向。

贯彻公司文化首先要由高层人员带头，一些看起来不太重要的小事，如果高层管理人员不努力做好，就会影响到全体员工的执行。所以，公司的主要领导，人人倡导对事业执著进取的价值观。公司总裁巴雷特说，如果有什么关键因素指导我们如何推进企业发展的话，那么这个关键因素就是公司文化。20 世纪 80 年代世界上风靡“走动式”管理，这种管理模式是强调企业家身先士卒体察下属，了解真情。“走动式”管理又称为看得到的管理，企业主管经常走动于生产第一线，与员工见面、交谈，希望员工对他提出意见，能够认识他，甚至与他争辩是非，是一种现场的管理。作为跨国公司的总裁，每年巡视英特尔公司国内外的所有工厂已成为巴雷特的工作惯例，人们给了他一个称号，叫“环球飞行管理者”，他担任公司高层管理工作已经有 15 年，他的家在英特尔公司最大的制造基地菲尼克斯，而不是英特尔公司设在硅谷的总部。前总裁葛鲁夫说，巴雷特的累积飞行里程足以买下美国西部航空公司了。

巴雷特早期的工作是负责英特尔公司的质量保证计划，他像侦探一样执著，像研究生一样急切地寻找解决问题的途径。1986 年，公司高层领导诺伊斯、穆尔和葛鲁夫要巴雷特搞清楚日立、NEC 和东芝为什么有那么高的效率，尽管当时有很多美国人抱怨日本公司以低于成本的价格向美国倾销产品，但一个不可否认的事实是日本在芯片制造上的速度和质量是无与伦比的。实际上，此时的英特尔公司由于在竞争中惨遭打击，已从一度是该公司支柱产业的存储器制造领域全线撤退，解雇了将近 30% 的员工才使公司没有倒闭。在惨淡经营的那些日子里，巴雷特向购买芯片的大主顾们打听他们在日本供应商处参观时的见闻，他还亲自到英特尔公司自己的日本合作伙伴那里进行调查，并且研究每一条有关竞争者如何设计和管理他们业务的公开的或学术上的信息，回到公司后，从头到尾地改革了英特尔的制造流程，并且设计了一种能够在所有下属工厂快速推广的新制造技术。

（二）推进制度和旧组织文化的革新

一种组织文化是一套积累的准则、信仰、仪式、活动、传统习惯。一个组织文化可喻为一个有投入、中间过程和产出的池塘，投入就是从外面流入的活水，中间过程就是池塘中生物之间的共生关系，产出就是新形成的涌入其他系统的水流。组织有人员、思想、目标和技术等新鲜投入，中间过程和产出包括规则、角色关系、相互作用的方法、态度、价值观和信仰。当一个新的组织成员第一次接触到一种新文化时，他马上能感知的是这种文化和他熟悉的旧文化诸方面的差异。然而，在旧文化中习以为常的人们很难对所处的文化加以变革，如何将家长专制式的文化、官僚主义的文化改变为协作参与型的文化是企业文化变革的重要课题。加利福尼亚圣弗朗西斯科北部的硅谷因信息技术业的活跃而闻名遐迩。人们认为，对这里取得的成功而言，其流行的文化是比经济、技术因素更重要的关键原因。这种文化的主要内容是：

包容失败——对待破产就像对待一场过去战争的创伤；

追求风险——把技术问题视为一个机会；

对公司再投资——在硅谷挣的钱绝大部分都用于那里的投资；

对变化充满热情——“不是我们让自己过时，就是参与竞争”；

论功行赏——年龄和经验无足轻重；

沉迷于产品的改进——对新思想和新产品的迷恋；

合作——职员是借来的，思想是共享的，偏爱是互换的；

任何人都可参与——每个人都有挣大钱的平等机会。

英特尔在对旧组织、制度文化实施变革中强调了“冲破旧习惯”、“变低效为高效”、“以文化推进经济增长”的策略。芯片市场销量竞争转向价格竞争，这意味着英特尔公司面临更严峻的挑战，公司决定将资本投入放慢，要利用自己的专长致力于提高已有的生产能力和效率。公司决策层认为，经过10年的稳步增长，在我们的组织中既形成了创造性张力，也滋生了一些坏的习惯，组织变得臃肿而低效，公司必须冲破旧习惯、旧文化，开拓新的业务，变低效为高效。巴雷特在确定英特尔新的增长点这个问题上酝酿了一些想法，将把更多的注意力放在一些专用芯片上，这些芯片可以支持个人计算机处理数码照片和影像，他还在努力使英特尔公司转向网络设备领域，尤其是小型企业使用的联网设备。他对英特尔介入电子商务也很热心，采取的方式是与SAP合作，提供互联网商务处理服务，以帮助各类企业更好地管理他们的供货、生产和销售等管理体系。

巴雷特认为，组织文化的成长是分阶段的，一般分诞生期、青春期和成熟期。要克服组织文化在每个阶段的危机，都需要一个文化的转型，这个文化转型可能是来自内部机制的要求，即使是社会形态和工作固定在某一个阶段上，在组织从诞生向青春期到成熟期的成长过程中，组织文化也会经历一系列变革。

在年轻的刚发展起来的组织中，其文化可能是家长专制式的，也可能是协作参与型的。如果工作配置是个人化的，工作技术是手工操作的，组织设计是简单的、直线式的，整个组织很可能是创业者个人的一条长长的影子。反之，如果工作配置是自主独立的，工作技术是日新月异、动荡变化的，组织设计是矩阵式或有机的，组织的文化就可能是协作参与型的。当组织向青春期发展时，需要培养身份意识，增强控制，它的文化可能倾向于官僚主义。当组织迈向成熟期，对创新的需要可能重新出现，面对日新月异、动荡不定的技术环境，组织设计要变成有机的，工作配置要成为独立自主的，企业文化则要求变成协作参与型的。如果竞争较少而且技术稳定，组织的设计可能会保持其机械、保守、缺乏改革意识。目前，绝大多数欠发达国家中文化上有偏向家长专制的倾向，社会上官僚主义的结构基本上独领风骚，而在发达国家中则极力向协作参与型过渡。由于处于前沿的科学技术，有效个人需求层次和滞后的组织设计、工作配置及社会准则之间的不协调，会导致内部改革的张力，首席执行官的取向在发展一种合适文化的过程中起着关键作用，发展出来的这种文化应能和组织发展阶段、工作及员工的专业化程度，以及占主流的社会形态等相一致。当社会形态、组织设计、工作配置、首席执行官的取向、人们的需求从传统向大规模生产和以后的阶段迈进的时候，组织的文化也必然要变革，但文化变革不是轻而易举的，组织在一段时间内会蒙上一层“外壳”而不易改变，人们的观念也会穿上“铠甲”而不愿改变，所以，组织文化的变革会经历阵痛。跨越了这个阶段之后，企业就会形成与新业务和新发展规划相适应的组织文化。巴雷特说，全世界目前有2亿台个人计算机，不久这个数字将上升到10亿，而且大多数机器都将会联网。我们要重新制定我们的战略，以新的组织文化推进产业的发展，弄清楚这个产业将给我们带来什么样的商机。

(1) 企业决策层的创新意识、创新理念是企业成功的关键。摩尔定律的实质是树立企业的危机意识和竞争意识。尽管世界上85%以上的个人电脑上装的都是英特尔的奔腾系列微处理器，但在英特尔内部，人人仍有一种危机感，英特尔副总裁保·奥特里尼说：“为了保持英特尔的领先地位，我们每天从早上6点起来工作，晚上6点下班，有时晚上还要加班加点，一天至少要工作12个小时。”在英特尔公司，只能完成领班交给的任务的雇员是不会有大出息的，只有善于动脑筋、总结经验和具有创新精神的雇员才能在英特尔立足和晋升。要创新仅仅靠8小时是远远不够的，大家都是利用工作之余看书和做试验，更新自己的知识，拿出准确的试验数据证明自己的新见解。各级管理部门鼓励雇员献计献策。负责企业公共关系的霍华德·海伊说，如果微软、IBM等跨国公司在消费者心中的形象比英特尔好，就要努力争取战胜竞争对手。激烈的竞争导致硅谷出现两个奇特的现象：①硅谷里单身特别多，人人都非常忙碌，无暇顾及家庭。②硅谷的“星期五电子商场”周末总是顾客盈门，公司的工程师和雇员差不多周末都到那里去，主要不是去采购家用电器产品，而是了解市场动态，如自己发明的哪些产品和专利已经被应用，市场上出现了哪些新产品和新技术，在自己的科研领域中有没有新的机遇等。他们也会从那里买回一些自己做试验所需要的电子元件和最新的专业出版物。因为“星期五电子商场”展品几乎一天一个样，能够最确切地反映科技成果商品化的最新进展。

(2) 英特尔的公司文化除了上面提到的六项准则外，还把求实精神和平等原则作为英特尔的科研准则。英特尔公司的创业者大多来自硅谷北端的斯坦福大学和伯克利加大学，他们在科研上的求实精神和学术上的平等原则影响着后来者。英特尔公司雇员同各级主管之间保持着经常性的交流，涉及重大问题的决策时，实行“民主集中制”，先在基层征询意见，表决通过后坚决执行。总裁、副总裁出差一般不坐头等舱，中午同雇员在同一个餐厅就餐，办公室的门从来不关，这样可以同雇员随时沟通，同他们打成一片，了解他们的愿望。充分调动员工的积极性和鼓励他们的创造性已成为英特尔吸引公司外精英的主要因素之一。

（本案例摘自“中华企业文化网”。
http://www.sinoec.net/bbs/viewforum24－0－150.html）

主要参考文献

[1] 德鲁克基金会. 未来的组织. 北京：中国人民大学出版社，2006

[2] 魏杰. 中国企业制度创新. 北京：中国发展出版社，2006

[3] 罗伯特·T. 戈伦比威斯基，格伦·H. 瓦尼. 组织发展案例：环境、行为与组织变革. 北京：中国人民大学出版社，2006

[4] 苗宇. 世界五百强管理之道全集. 北京：地震出版社，2005

[5] 阎海峰，王端旭. 现代组织理论与组织创新. 北京：人民邮电出版社，2003

[6] 张楠. 组织的问题管理. 北京：机械工业出版社，2004

[7] 加雷思·摩根. 组织. 北京：清华大学出版社，2005

[8] 埃哈尔·费埃德伯格. 权力与规则. 上海：上海人民出版社，2005

[9] 张羿. 后现代企业管理革命. 昆明：云南人民出版社，2004

[10] 张继焦. 价值链管理. 北京：中国物价出版社，2001

[11] 玖·笛德，约翰·本珊特，凯思·帕维特. 创新管理. 北京：清华大学出版社，2004

[12] 金锡万. 管理创新与应用. 北京：经济管理出版社，2003

[13] 王建民. 企业管理创新理论与实务. 北京：中国人民大学出版社，2003

[14] 侯先荣，吴奕湖. 企业创新管理理论与实践. 北京：电子工业出版社，2003

[15] 周景勤. 管理创新二十三讲. 北京：北京大学出版社，2002

[16] 陈述文. 组织管理学. 大连：大连理工大学出版社，2005

[17] 理查德·H. 霍尔. 组织：结构、过程及结果. 上海：上海财经大学出版社，2003

[18] 理查德·L. 达夫特. 理论与设计. 北京：清华大学出版社，2003

[19] 梅绍祖，James T. C. Teng. 流程再造：理论、方法、技术. 北京：清华大学出版社，2004

[20] 肖旭. 企业进化论. 广州：广州出版社，2000

[21] 潘兵. 未来的国有企业. 北京：经济科学出版社，1998

[22] 陈惠湘. 中国企业批判. 北京：北京大学出版社，1998